自民党幹事長

二階俊博伝

大下英治 著

エムディエヌコーポレーション

写真提供:朝日新聞社

自民党幹事長　二階俊博伝

装幀・デザイン　前橋隆道
　　　　　　　　千賀由美
本文ＤＴＰ　　　メディアタブレット

はじめに

自民党の二階俊博《にかいとしひろ》幹事長は、令和二年九月八日に、政治の恩師と仰ぐ田中角栄《たなかかくえい》のそれまでの幹事長としての最長通算在職日数一四九七日を塗り替え、歴代一位となった。

さらに、菅義偉《すがよしひで》総理を幹事長として強力に支え続けている。おそらく、二階の幹事長最長記録は、今後破られることはあるまい。その意味では、二階は、まさに「最後のドン」とも言えよう。

田中は、「与党政治家として最高のポジションは、幹事長だ！」と断言したという。

「幹事長は、黒子の親玉みたいなものだ」と言われる。与党の国政選挙を取り仕切る公認権を持ち、党の資金と人事、情報調査、国会運営、さらに連立を組む他党との交渉窓口となるのが幹事長だ。総務会長、政務調査会長とともに、党三役として総裁を補佐する。党則上、総裁に次ぐ事実上のナンバー2であり、党務全般を幹事長が握る。永田町では、幹事長は「主要閣僚ポスト二つ分」と言われている。

幹事長の最大の仕事は、選挙活動を指揮し、勝利することである。特に、衆議院議員総選挙で小選挙区制が導入されたことにより、従来から大きかった幹事長の「公認権」の影響力がさらに増している。小選挙区制では、政党から公認を受けない候補が立候補して当選することが、中選挙区時代に比べて格段に難しくなったからだ。

名幹事長として知られる田中角栄は、佐藤栄作《さとうえいさく》政権のもとで、二度、自民党幹事長に就任している。

田中角栄は、昭和四十年五月末、佐藤総理に呼ばれ、官邸の総理執務室を訪ねた。

佐藤は、田中をソファーに座らせるなり、顔をほころばせ、上機嫌で言った。

「六月三日の内閣改造・党役員人事で、きみに幹事長をやってもらうことに決めたよ」

田中は、「幹事長」と聞き、浅黒い顔を引き締め、頭を下げた。

「ありがたく、お受け致します」

田中は、心のなかで凱歌をあげていた。

〈ついに、総理になるためのあと一つの役を摑《つか》んだぞ〉

〈入閣候補は、いくらでもいる。はっきり言えば、誰でもなれる。しかし、総理大臣というのは、そうではない。やはり閣僚では大蔵大臣（現・財務大臣）、党では三役の要《かなめ》の幹事長、最低この二つをやらないとなれない。合わせて一本である。佐藤栄作、池田勇人《いけだはやと》、みなそうである。だいたい、財政、経済もわからんヤツが、総理になれるわけがない〉

幹事長も、大蔵大臣も、両方とも経済を、つまり金を握っている。幹事長は、そのうえに選挙の達人でなければ務まらない。

田中が、宰相《さいしょう》になるには蔵相と「合わせて一本」と考える党三役は、幹事長でなければならない。他の二役（自民党総務会長、政務調査会長）では、総理には器量不足という認識があった。

田中はその瞬間、念願の幹事長の座を手に入れたのだ。

が、田中は、昭和四十一年十二月に幹事長を降ろされた。後任の幹事長は、田中とポスト佐藤を狙っていた福田赳夫《ふくだたけお》であった。

田中は、都市政策調査会長という閑職《かんしょく》に追いやられた。これで、田中は、完全に福田に差をつけられた、と周囲の誰もが見た。が、田中はなお、執念を燃やしていた。

昭和四十三年十一月下旬、田中角栄は、総理官邸執務室で、佐藤栄作に申し渡された。

「今度の改造で、再び幹事長をやってくれ」

田中は、精悍《せいかん》な顔をほころばせて答えた。

「引き受けさせていただきます」

田中は、興奮していた。これで、福田との戦いを、再び五分に持ち込めるのだ。

昭和四十四年十二月末の総選挙は、田中が幹事長として采配を振ることになった。

田中は、この総選挙で自民党二八六、保守系無所属を加えると、三百議席の大台に乗せたのである。田中は、佐藤総理にその功績を買われ、党幹事長に留任した。

なお、この時の初当選組には、小沢一郎《おざわいちろう》、羽田孜《はたつとむ》、菅義偉総理の政治の師である梶山静六《かじやませいろく》など十七人が田中派に加わり、「田中派の初年兵」を自任し、のちの田中派「木曜クラブ」の中核となる。

幹事長のタイプには、田中角栄とは正反対に「宰相を目指さず、黒子の参謀に徹し実権を握る」巨魁《きょかい》も永田町には存在する。かの中曽根康弘《なかそねやすひろ》が「三木武吉《みきぶきち》以来の大物」と評した金丸信《かねまるしん》、竹下派の野中広務《のなかひろむ》、そして現職の二階俊博などがその代表例である。

二階は、昭和五十八年十二月十九日投開票の衆院選で田中派から出馬し、初当選を飾った。

二階は、当選後間もなく、文京区目白台《めじろだい》の田中角栄邸をぶらりと訪ねた。この日、東京では珍しく大雪が降っていた。

田中は、二階に言った。

「顎《あご》で人を使ってはいけない。口でいろんなことを語って人を引き付けようとか、人を指導しようなんて考えても、そんなものには誰も付いてこない。人は、やっぱり汗を流して頑張る人の背中に付いて来てくれるんだ」

田中は、ふと庭に目をやった。降りしきる雪を眺めながら、自らに言い聞かせるように言った。

「今日みたいな大雪の日に代議士をやってなくて、新潟におれば、おれは屋根の雪掻《か》きをしている。自分の家の雪を降ろせば、今度は近所で人手のない家の雪を助け合いで降ろすことになっているので手伝いに行かなきゃいかん。だから、一日中、寒いなかを雪掻きしていることだってある。そのことを思えば、この暖かい東京で働かせてもらっていることをありがたいと思わないといけない。だから、政治をやっていて、辛いとか、きついとか、厳しいとか、そんなことを思ったことは一度もない」

二階の同期当選組の一人に田中の娘、眞紀子《まきこ》の夫である田中直紀《たなかなおき》がいた。そのため、目白の田中邸で、田中を囲む勉強会が定期的に開かれた。

田中は二階らに、さまざまな政治の要諦を教えた。

「いいか、一生懸命勉強して議員立法を成立させていくんだ。そうやって実力をつけていけば、たとえ一年生議員であろうと、大臣の椅子に座って説明や答弁ができる。マスコミに取り上げてもらおうと、おべんちゃらを言っているようでは駄目だ。政治家は行動しないといけない。行動して、仕事をすれば、マスコミは自然についてくる。政治家のなかには、朝刊を読んで初めて行動する者もおるが、そんなのは政治家じゃない」

田中は自分の手がけた議員立法「道路三法」について語ってくれた。

道路三法というのは、一・道路法、二・ガソリン税法（道路整備費の財源等に関する臨時措置法）、三・有料道路法（道路整備特別措置法）の三法であった。

昭和二十七年六月六日に公布となった有料道路法と合わせて、田中がつくった道路三法がその後の日本経済の発展に大きく貢献したことは言うまでもない。

田中は、二階らに強調した。

「自らの手で立法することにより、政治や政策の方向を示すことこそ、政治家本来の機能である」

田中自身がおこなった議員立法は三十三件であるが、メインで動かずとも、なんらかの形で関わった法案まで含めれば、その数はさらに多くなるという。

田中は当選回数についても語った。

「政治家の基準、評価は難しく、やはり当選回数というのが大きくものをいってくる。時には、抜擢《ばってき》人事をおこなうが、これは、実に難しい。抜擢されたものは、喜ぶが、同期や他の人に恨《うら》まれてしまう。しかし、知事経験者や事務次官経験者は、一期早く大臣になってもらうからな」

田中は、「選挙の神様」と言われていたが、絶えず選挙について考えていたという。

「昨日、夜中に目が覚めたので、北海道から沖縄まで、我が派の議員の名前を書いて朝までかかって点検してみた。そしたら、これは応援に行ってあげないといけない、この人は役につけてあげないといけない、この人は資金を援助してあげないといけない、といろんなことがわかった。しかし、紙がなかったので、チリ紙に書いた。中身をもちろん見せることはできんがな」

田中は、政治家にとっていかに弁舌が大切かについても語った。

「いいか、政治家の資質は、五十人の前で話ができる人、五百人の前で話ができる人、千人の前で話ができる人、という具合に分けられる。しかし、五千人の前で話をし、私語をさせないでぴたっと聞かせることができるのは、そうはいない。いまのところ、中曽根康弘と田中角栄くらいなもんだな。きみらも、そうなれるように頑張れ」

田中は、打ち明けた。

「ある夜遅く、おれの家を訪ねてきた野党議員がいる。秘書が明日にしてもらおうと言ったが、おれは素早く応接間にその議員を通すように命じ、服を着替えて応接間に向かった。こんな夜更けに、しかも党の違うおれのところを訪ねて来るというのは、余程のことだ。その議員は、お金を借りに来た。その金が無ければ大変なことになるのだろう。おれにできることなら、と渡した。だからといって、おれは別にその議員に何も期待はしていないさ。それまで三つおれの悪口を言っていたところを、二つくらいにおさめてくれるだろうさ」

二階は、田中の教えを肝に銘じて政治活動を続けていく。

中曽根康弘元総理は、二階のことをこう評価していた。

「竹下《たけした》（登《のぼる》）君の気配りと、ミッチー（渡辺美智雄《わたなべみちお》）の馬力を兼ね備えている」

筆者は、さらにこう見ている。

竹下登の気配りと、金丸信の突破力を兼ね備えている政治家なのではないか、と。

実は、田中角栄は、その気配りと、相手が震え上がるほどの攻撃力を兼ね備えていた。竹下と金丸は、「巨魁」田中角栄の両面を、それぞれ半面ずつ備えていたとも言えよう。

総理大臣に上り詰めた竹下登の魅力について、二階は語る。

「竹下先生は、周りに敵対意識やライバル意識を抱かせずに、兄貴分のような立場で引っ張っていくような人望がありました。また偉ぶるところがまったくなかった。私も若い頃に竹下先生から『自分のことを自分で偉いと思った瞬間に、その人間の成長は止まってしまうよ』とおっしゃっていただき、以来自らを戒めるようにしてきました。竹下さんの真似《まね》は誰にもできませんよ」

竹下は、常に謙虚さを信条としたという。

「竹下さんの徹底した謙虚さ、気配りは、やはり人に見せない自信の裏返しなのかもしれません。竹下先生は、一つのことを達成する時でも、慎重に焦らず急がず、時間をかけてじっくりと達成していく。時間をかけながら、与党内だけでなく野党も含めて合意形成をつくっていくその政治姿勢は、本当に見習いたいものです」

竹下登は、政界屈指の選挙通でもあったという。

「若い政治家に対して、選挙がいかに大事か、選挙を勝ち抜かないと政治をやれない、ということを強く訴えてらっしゃったことがあります。長くて辛い坂道だが、覚悟してその道を懸命に歩むべきだ、と時々おっしゃっていました」

金丸信は、とぼけたような印象を与えながら、時々ボソッと漏らすちょっとした発言によって、政局をリードすることが多かった、と二階は言う。

「よく観測気球なんて言われていましたが、政局の流れをうまくつくったり、その反対に少しトーンを落としたり、そういう絶妙な発言をするのはとてもうまかった。とぼけたふりをしても、まともなところを突いていく」

　メディアには、二階のことを金丸に類似していると評する声もある。

「そんなことはありませんが、金丸先生は『大人物』でしたね。金丸先生は、人の評価なんかも、厳しいというか正確というか、よく見ていましたよ」

　筆者はかつて、リクルート事件で宮沢喜一《みやざわきいち》の名前が挙がった際に、金丸のもとに取材に行ったたことがある。その時、普段はおっとりとした金丸が「宮沢のバカめが！」と激高したことに驚いた記憶がある。

　金丸には、不思議と大親分のような雰囲気があり、結果的に竹下登と二人三脚で組んだことで、大きな政治力を発揮した。

　二階が、金丸とその盟友である竹下登とのコンビについて語る。

「二人とも肝胆《かんたん》相照らす仲で、二人が一緒に天下を獲ろうと取り組んだこと、決断をされたことが、二人それぞれの政治家としての道を大きく拓いたと思います。竹下先生も金丸先生の力がなければ、総理大臣になれなかったかもしれませんし、金丸先生も竹下先生の存在がなければ、幹事長や副総裁として重きをなせなかったかもしれません」

　気配りの人である竹下登と、どこかとぼけたところがあるが、ここぞの場面で抜群の勝負勘を発揮する金丸信のコンビは、非常にバランスが良かったという。

「お二人とも意識していたかどうかはともかく、競い合う部分もありつつ、支え合って政治家として大成していったところがあったんじゃないでしょうか」

二階は、「竹下の気配りと金丸の突進力を兼ね備えている」わけでもあるが、気配りだけできるタイプは突進力に欠ける。逆説的に突進力はあるが、気配りに欠けると根回しができない。両方兼ね備えている人物は数少ないのである。

田中角栄はその両方を兼ね備えていた巨人であった。

二階が政界である意味、恐れられているのは、人脈の豊富さと情報の多さによる。

現在、自民党政調会長の下村博文《しもむらはくぶん》は、かって谷垣禎一《たにがきさだかず》幹事長時代と二階幹事長時代にも幹事長代行として支えていた。谷垣幹事長時代と二階幹事長時代では、幹事長室の雰囲気が極端に変わったという。

二階の幹事長室には、千客万来方式で全国から人が押し寄せている。二階が倒れないかと心配なくらいだが、倒れても良いという凄まじい覚悟で幹事長職に取り組んでいるように見える。コロナ禍で現在は控えているが、夜の会合も数多くおこなう。二階の掴む情報は広く深い。

筆者は、二階を「人間リトマス試験紙」と呼んでいる。二階が、繋《つな》がった人物と自分の方から縁を切ることは余程のことがないとあり得ない。ということは、二階との縁が切れるのは、相手の方から余程マズイことがあり、切れたと見ている。

二階は、かつて野党にいたこともあり、公明党にも濃い人脈を築いている。与野党に広い人脈を持つ。

さらにそのパイプは中国を中心として、インドやベトナム、韓国、ロシアにまで広がっている。

中国の習近平《シー・ジンピン》主席との信頼関係は極めて深い。

二階を敵にすることは、二階の背後にいる権力をも敵にまわすことになる。

第二次安倍政権末期、安倍総理は一瞬ではあるが、岸田文雄《きしだふみお》を幹事長に据えようと考えた。が、やはり止めている。二階は懐《ふところ》に入れている時は絶対的忠誠を尽くすが、一度野に放つと、これほど恐い存在はない。

安倍総理にとって、幹事長・二階は、中国に対する態度と似ていて、「戦略的互恵関係」であったという側面もある。

安倍総理は、二階のことを「タイミングの魔術師」とまで呼んでいた。

それまで「自民党総裁は一期三年、二期まで」と決められていた党則を、なんと二階が「三期もある」と絶妙のタイミングで発言し、変更し、実現させた。

ひょっとすると、二階は「四選もあり」と仕掛けるのでは……とも見られていた。

二階は、令和二年四月十四日には、新型コロナ対策の現金給付をめぐって、「一律十万円給付」の必要性に言及し、従来の「一定の所得制限の元に三十万円給付」からの政策転換をうながし、幹事長としての存在感を示した。

二階の発言は、もともと一律給付の積極的であった公明党をも動かし、結果的に異例の補正予算案の組み替えがおこなわれた。

世論に敏感に反応した二階の動きには、公明党はもちろん、一律給付派が多かった自民党内からも称賛する声があがった。

二階は、実は、どの実力者よりも早く菅義偉を総理にと考え、密かに水面下で動いていた。

タイミングの魔術師は、「菅総理」実現にも絶妙のタイミングで「一番槍」として動き、あっという間に成し遂げてしまった。

筆者は、実は、菅義偉官房長官（当時）が総裁選出馬を正式に表明する寸前の夜に二階幹事長と二人で飲んでいた。

「いよいよ、総裁選が始まりますが、こうして飲んでいていいんですか」

二階幹事長はポツリと語った。

「幕が開いた時には、すでに勝負はついているのさ」

筆者は三十数年にわたり、幾度もの修羅場をくぐり抜けてきた二階俊博という人物を見てきたが、改めてその恐さを知らされたものだった……。

大下英治

自民党幹事長　二階俊博伝――目次

はじめに――3

序　章　菅義偉総理が語る「二階幹事長」論

田中角栄の薫陶――24
幹事長続投を進言――26
観光立国を主導――28
ゼロカーボン宣言――29

第一章　歴代最長幹事長・二階俊博の立脚点

歴代最長幹事長・二階俊博の眼――32
安倍前総理が語る二階幹事長――36
安倍前総理が語る菅義偉論――43
二階幹事長から見た安倍官邸――45

第二章　菅義偉新政権樹立

安倍総理辞任 48
幹事長一任 50
総理辞任会見 51
「ポスト安倍」の動き加速 55
菅新総裁を誕生させた四者会談 58
志帥会、電光石火で菅支持の流れをつくる 63
岸田と石破の目論見 64
河野太郎不出馬 65
菅義偉総裁選出馬 67
菅義偉総裁誕生 70
菅内閣発足 71

第三章　和歌山県御坊市に生まれて

父・俊太郎の影響 76
女医の母・菊枝の影響 82

二階俊博と甲子園――日高高校初代応援団長 85
二階俊博、初めの選挙戦 99
紀州新聞社長との駆け引き 101
国旗掲揚、国歌斉唱を主導 102
中央大学法学部進学 104
怜子夫人との出会い 107

第四章　遠藤三郎の秘書として

江﨑真澄との出会い 110
秘書として永田町を奔走する 116
師・遠藤三郎 117
病に倒れた遠藤を全力で支える 118
選挙参謀 120
懸命のリハビリ 127
不死身の七選 130
結婚と雌伏の時 131
遠藤三郎との別れ 132

第五章　和歌山県議から国政進出

一一〇票差の大激戦――138
父・俊太郎の死――143
竹下登の予言――146
阪和高速「紀南」延長を主導――148
闇将軍・田中角栄――151
国政への挑戦――156
覚悟の初出馬――159
田中角栄の胆力――162
衆議院初当選――田中角栄の選挙指南――164

第六章　激闘！　田中軍団

角栄学校――172
ニューリーダー竹下登――176
竹下登と金丸信――178
オヤジへの忠誠心――180
田中角栄倒れる――182

角栄の気遣い 184
竹下政権とリクルート事件 186
母の死 190
小沢幹事長辞任――都知事選敗北のしこり 191

第七章　政界再編の激流

経世会分裂 196
非自民連立政権の誕生 198
一・一ライン 204
羽田政権が短命に終わった理由 207
自民、ウルトラCの「社会党・村山総理」擁立で巻き返し 209
阪神・淡路大震災と二階俊博 211
危機管理能力のない村山政権 216
「壊し屋」小沢一郎――新進党解党 218
野中―古賀―二階ライン 219
野中・小沢会談――自自連立への布石 226
竹下・小沢会談を実現させる 233
自自連立への苦悩 235

運輸大臣として初入閣　239
連立離脱の危機　246
有珠山噴火と最後の握手　252
小沢一郎との決別　256
保守党幹事長に就任　262

第八章　小泉純一郎「郵政解散」と二階俊博

「自民党をぶっ壊す」――小泉旋風と保守党惨敗　266
保守新党、自民合流の舞台裏　267
自民党総務局長に就任　274
小泉改革の本丸――郵政民営化特別委員長に抜擢　276
僅差の衆議院通過　282
郵政解散――小泉純一郎という火薬庫　285

第九章　経済産業大臣として

経済産業大臣として再入閣　294
中小企業支援に注力　300

歴代総理初の特許庁視察を実現　306

第十章　政界流転

第一次安倍政権の誕生　310
慎重審議に徹する二階国対委員長　311
「政治の生産性を上げてください」――松下幸之助の諫言　312
防衛庁「省昇格」を実現　316
「郵政民営化」造反議員復党問題の核心　318
和歌山県知事に仁坂吉伸を擁立　320
安倍総理退陣　325
福田康夫との機縁　326
総務会長留任　328
幻の大連立――韓信の股くぐり　330
万事他人事――福田総理退陣　332
「エコポイント」導入を即断　334

第十一章　自民党幹事長　権力の実相

3・11と二階俊博 340
習近平との会談 344
自民党幹事長就任 349
「二階幹事長」論 351
二階幹事長が語る安倍長期政権 355
大晦日に被災地・糸魚川視察 357
「一帯一路」 362
幹事長として国政選挙を陣頭指揮 366
空海という巨人 371
二階―習近平ルート 374
新潟県知事選、勝利への執念 378
懐刀・林幹雄 388

終章　ラストボス　二階俊博の覚悟

最高の同志――妻・怜子との別れ 392
覚悟の山梨入り 394
志帥会の本質 397
怜子夫人を偲ぶ会 399

参院選の勝利のために一万三千キロ縦断する　402
幹事長続投——二階イズム　404
首里城再建　409
ジャック・マーからの手紙　411
小池百合子東京都知事の再選をリード　414
菅総理と小池都知事の距離感　419
新型コロナ対策とワクチン接種　420
東京五輪開催の意義　423
「三十五人学級」と技術立国　425
「カーボンニュートラル」と被災地の現在　426
誰一人見捨てない　428
安全保障と憲法改正　430

序章

菅義偉総理が語る「二階幹事長」論

田中角栄の薫陶

令和二年九月に内閣総理大臣に就任した菅義偉は、第二次安倍政権の官房長官として、七年八カ月の長期政権をともに支えた二階俊博幹事長について、以下のように語る。

「二階幹事長と深く付き合うようになったのは、第二次安倍内閣で二階さんが予算委員長を務められたことがきっかけです」

二階は、平成二十五年十月十五日に召集された臨時国会で衆議院予算委員会の委員長に就任した。当時、二階が予算委員長に起用された理由として、国会改革に取り組むために、国対経験が豊富で与野党に幅広い人脈を持つ二階に白羽の矢が当たった、とメディアは報じている。

菅が二階について、さらに語った。

「予算委員長の時の采配ぶりが凄かったんです。相談すると、どんな要望でも受け入れてくれる懐の深さがあり、難しい頼みでも一度約束すると、必ず実現してくれました。その時に『この方は頼りになるなあ。どんな仕事でもしっかりやっていただける』と信頼を置くようになりました」

実際、二階は予算委員長として審議を取り仕切り、予算を早期に成立させている。

平成二十六年度の予算案は、同年二月二十八日の衆院本会議で可決されたが、この時の予算委員会の審議日数は、二月十日から二十八日までの十四日間。平成十二年に総理と全閣僚が出席する基本的質疑が導入されて以降で、平成十二年と並び、最も審議日数が短いスピード通過だった。審議時間で見ても、約七十時間と三番目の早さであった。

それ以降、菅と二階の親交は徐々に深まっていったという。

「二階さんと食事をする機会も増えて、親しくさせていただくようになりました。二階さんと食事をした時に、お互いの話をすると、まったく一緒の経歴だったんです」

菅と二階の二人には、政治家としての共通点が多い。菅は小此木彦三郎《おこのぎひこさぶろう》のもとで十一年、同じく二階も遠藤三郎《えんどうさぶろう》のもとで十一年、ともに豊富な国会議員の秘書経験があった。また、菅は横浜市議を二期八年、二階も和歌山県議を二期八年と、地方議員経験者であり、世襲《せしゅう》議員の多い自民党においては、数少ない非世襲の党人派の実力者だった。

当時、菅はこうも語っている。

「二階さんも遠藤三郎先生の事務所のなかで一番年下であったため可愛がられたそうなのですが、私も、小此木事務所で一番の若手で、通産大臣の秘書官にしてもらうなど、可愛がってもらいました。それと、お互いが初めて出馬した地方議員時代の選挙も、大激戦の末での勝利だったことまで共通しています。だから、二階さんに対して親近感も沸いて、距離も近くなりました。それ以来、ご指導をいただいています」

二階は、かつて田中派に所属し、田中角栄の薫陶《くんとう》を受けた数少ない現役の国会議員の一人である。また、菅が新人議員時代に、自民党総裁選で支援した梶山静六も、田中の薫陶を受けた議員であった。

菅は田中角栄をどう見ていたのか。

「当時は憧れでした。私も秋田出身ですから。田舎の人はみんな憧れを持って、田中角栄さんを見ていたと思います。それと、私が秘書として仕えた小此木彦三郎も、田中さんとは親しくさせてもらっていました。私自身は田中角栄さんの影響を意識することはありませんが、二階さんをはじめ、田中派の流れを汲《く》む人は温かい人が多いですよね」

幹事長続投を進言

二階は、平成二十六年九月三日に実施された党役員人事と内閣改造で、党三役の一つである総務会長に就任した。この時、幹事長には谷垣禎一が起用され、政調会長には稲田朋美《いなだともみ》が就任した。

この人事以降、二階は、総務会長、そして幹事長として、今日に至るまで一貫して党の要職に起用され続けている。

菅がさらに語った。

「平成二十六年九月の党役員人事で総務会長に就任されました。安倍総理も、二階さんの予算委員長としての仕事ぶりを評価されていたので『是非やってもらおう』という気持ちになっていたようでした。総務会長としても、仕事師で、本当に頼りになりました。

六十年ぶりとなる農協改革を実現した時も、総務会で反対する方の意見にも耳を傾けながら、全体の流れをみて、最後はまとめるべきところに、しっかりとまとめてくれました。私は二階さんが総務会長の時代から内々にご相談し、まとめていただいたんです。軽減税率の問題も節目、節目で幹事長にご相談していました」

その後、二階は、平成二十八年八月三日に谷垣の後任の幹事長に就任した。菅は語った。

「その後、二階さんは幹事長になられましたが、幹事長としても党全体をしっかりまとめてもらっています。官邸と党が、一体にならないと強い政権はできませんから、幹事長としての二階さんの存在はすごく大きいですね。法案も、党内に多少の異論があるものでも、最後には国会日程に合わせて、まとめていただけますから、安心してお任せしています。安倍総理もいつも感謝されていました。幹事長の下で党にしっかりと法案を精査してもらっているのはありがたいことです。やはり、政府の仕事は『法案を成立させてこそ評価される』というところがあります。何か新しいことをするにしても、法律をつくらないと進みません。

例えば、携帯電話の事業者間で競争がしっかり働く新たな枠組みが実施されましたが、これも電気通信事業法を国会で改正することができたからです。やはり政権を維持していくには、政府と政権与党との連携がうまくとれていないと難しい。また、政府で他党のことまで対応することはできません。全体として予算枠はどうするか、法案はどういう形に仕上げるかといったことも、与野党間でお互いに意思疎通を図ることが大事だと思っています。

二階幹事長は、一度約束したことはきっちりやっていただけます。お互いに気を遣わずとも阿吽《あうん》の呼吸とでも言いますか、政府としてやりたいことを丁寧にご説明すれば、必ずやっていただけます。特に平成三十一年の通常国会は、召集が一月二十八日と普段よりも遅かったのですが、補正予算も本予算もお願いした通りに調整していただいて、とてもありがたく思いました」

なお、令和元年の参院選後の内閣改造・党役員人事で、二階幹事長を代えるのか、それとも続投させるのかが注目された際、菅は、安倍総理に「党の安定は二階幹事長でないと持ちません」と二階の幹事長続投を強く勧めた、と報じられている。安倍総理は、二階の続投を選んでいる。

観光立国を主導

二階は、長い間、観光産業の振興にも力を入れている。

菅も、第二次安倍政権発足以来、官房長官としてインバウンド（訪日外国人観光客）の増加に力を入れてきた。

現在は、コロナ禍で低迷しているが、平成二十四年に約八四〇万人だったインバウンドは、令和元年には約三二〇〇万人と第二次安倍政権の間に約四倍にまで増えている。

「二階さんはずっと以前から観光産業に着目し力を入れていましたが、私が観光産業に力を入れてきたきっかけは、自民党の野党時代に『日本はこんなにいい国なのに、なぜインバウンドが少ないのか』と思ったことです。その疑問を持った時に知ったのがデービッド・アトキンソンさんの観光についての考え方でした」

デービッド・アトキンソンは、イギリス出身の日本在住の経営者で、小西美術工藝社の社長を務め、日本の観光、文化財活用、経済政策の専門家だ。平成二十七年に著した『新・観光立国論』は、おおいに話題になり、日本を観光立国へと導く提言の書としてベストセラーになっている。

菅は語った。

「私は、ビザの緩和や免税品の対象品目の拡大などに取り組みましたが、こうした改革も、アトキンソンさんの提言にあったことなんです。彼は、日本の伝統文化や食文化には、世界最大の観光立国のフランスを凌駕するくらいの素晴らしい魅力があると語っています。フランスには例年八六〇〇万人のインバウンドが訪れますが、将来、日本もフランスと同じくらいまで増加する可能性はあります。なぜなら、アジアの海外旅行者の伸びは世界の平均の四％よりも多い六％。これからのアジア各国の成長を考えれば、日本がフランスを凌ぎ、世界一の観光立国になる可能性は十分にあるんです」

ゼロカーボン宣言

二階は、令和二年九月の自民党総裁選で、真っ先に菅義偉の擁立に動いた。二階派四十七名全員の署名を集め、菅に手渡した。いわゆる一番槍であった。その素早い動きに一気に菅への流れができた。

結果的に、菅は、議員票二八八票、県連票八九票で合計三七七票という圧倒的な票数で総裁選に勝利をおさめた。

菅はコロナ禍で低迷する観光産業の振興のために、ＧＯＴＯキャンペーン（令和二年十二月二十八日～令和三年三月七日まで一時停止）をはじめ、二階幹事長と歩調を合わせ、経済回復に力を注いでいる。

菅総理は、「温室効果ガス排出量を二〇五〇年までに実質ゼロにする」と宣言し、総裁直属の「二〇五〇年カーボンニュートラル実現推進本部」を新設。これについては、早速党内から「そんなことできるわけがない」、「実現するには原発を四基新増設しなければならない」などの声も出ている。

菅総理は、なんとその本部長に二階幹事長を据えた。菅の本気度がわかる。

第一章　歴代最長幹事長・二階俊博の立脚点

歴代最長幹事長・二階俊博の眼

二階俊博幹事長は、令和二年九月八日に、政治の師と仰ぐ田中角栄のそれまでの幹事長としての最長通算在職日数一四九七日を塗り替え、歴代一位となった。

二階は、平成二十四年十二月に第二次安倍政権が発足して以来、衆議院予算委員長、総務会長、幹事長と要職を歴任しながら、長期政権を支え続けていた。二階は、平成二十八年八月三日に自転車事故で入院した谷垣禎一前幹事長の後任として、幹事長に就任した。幹事長としては、歴代最年長の七十七歳五カ月であった。

平成二十九年には総裁任期をそれまでの連続二期六年から連続三期九年へと延ばす党則改正を主導し、結果的に、安倍総理の総裁三選と連続最長政権への道を開いた。

幹事長としては、平成二十九年十月の衆院選、令和元年七月の参院選の二つの国政選挙を勝利に導いた。さらに苦戦が予想されていた山梨県知事選挙や新潟県知事選挙でも、与党系の候補者を勝利させていた。

二階は、選挙だけでなく、外交でも安倍政権を支えた。独自のパイプを生かして中国の習近平国家主席との会談を実現し、ここ数年懸念となっていた日中関係の改善も大きく後押しした。

こうした二階の働きは、安倍総理から「自民党において最も政治的技術を持った方だ」と評価されるほどであった。

令和二年九月に内閣改造と党役員人事が迫るなかで、二階の幹事長続投を予測する声は多かった。

「二階幹事長の在任期間が長いと言っても、では次に誰がやるかと言えば、名前が挙がる人はいない」

そうした声が自民党内に大きかったからだ。

二階は、歴代で最長の幹事長となった心境を語った。

「長ければいいってものではありませんから。先人の苦労、国民の頑張りを受け止めてこそ、政治が活きる。大先輩を差し置いて、そういうことになろうとは思ってもみなかったし、考えてもおりませんでした。そういうふうに言われても、『ああ、そうですか』というよりしょうがないです」

田中角栄は、政治家として一番やりがいのあるポジションについて、総理大臣ではなく、幹事長だと語っている。

二階が語る。

「そうでしょうかね。ともかく一日一日、今日も一日終わった、明日も頑張ろうという心境です」

二階が幹事長としての心がけについて語る。

「幹事長の一番大事な仕事は、選挙に勝つこと。それから、選挙にもうひと頑張りしていただきたい人を奮起させること。選挙は、詰まるところ自分なんですよ。風がどうだとか、評論家の方々は理屈をつけていろんなことをおっしゃる。それも参考にしなければいけないが、自分が最も大事。我々の現場は、毎日が試練のなかにある。朝起きてから寝るまで、すべての時間が選挙活動です。地元において、隣近所みな見ていてくれる。それに応えていく。だからこそ毎日が真剣勝負。それが選挙。自分に有利な風なんて、どこにも吹いていない。それよりも、逆風に立ち向かっていくという気概がなければ、選挙をやっている意味がない」

近年は、小選挙区制の影響もあり、かつての小泉チルドレンのように、風の恩恵を受けて当選した議員たちのひ弱さが問題となることが多い。

二階の目は厳しい。

「少なくとも国会議員でしょ。国の命運を担おうとしている人が、自分の選挙で風頼みなんて、腑《ふ》抜けたことは通りません」

二階は、幹事長就任以降、自民党の党員拡大に熱心に取り組んでいる。

「党員の数を増やすことは、自民党が発展、向上していくかどうかのバロメーターですから。先輩方からは、『朝、新聞を読んでから走り出すような人は駄目だ。新聞の紙面を飾れ！』と言われましたけど、なかなかそうはいかない。やはり努力はしなければいけません」

二階は、現在の政界のなかで、田中角栄を間近で知る数少ない政治家の一人だ。

二階が田中角栄について、改めて語る。

「角栄先生は温かかったですよ。細部にわたって気配りがあった。夜寝るとき、皆の顔を一人ひとり思い浮かべる。

『この人には、そろそろ役職をつけてあげなければ』

『この人は、活動にお金が足りない、資金を準備してあげなければいけないな』

そういうことを枕元に置いているメモ用紙に書いておく。私は田中先生の家来にしてもらって、幸せだったと思いますね。私は何になりたいとかお願いしたことはないけど、先生は、微に入り細に入り、考えてくれていましたね」

現在、田中角栄に直接接したことのある政治家は、二階のほか小沢一郎、石破茂《いしばしげる》、伊吹文明《いぶきぶんめい》くらいだ。

令和二年九月の自民党総裁出馬への意欲を示していた石破茂は、二階に石破派のパーティーでの講演を依頼した。石破の動きは「二階詣で」とも評された。

二階が語る。

「そんなことはないよ（笑）。幹事長というのは、世話役ですからね。多くの人たちに胸襟を開いてご意見を伺う、意見交換するのは、当たり前のことです」

金丸信は、「平時の羽田（孜）、乱世の小沢（一郎）、大乱世の梶山（静六）」との人物評を残している。

コロナ禍の令和二年九月におこなわれた自民党総裁選おいては、「平時の岸田（文雄）、乱世の石破（茂）、大乱世の菅（義偉）」と筆者は見ていた。

かつての三角大福中の激しい時代を知る二階は、現在の政界をどう見ているのか。

「三木《みき》武夫《たけお》、田中角栄、大平《おおひら》正芳《まさよし》、福田赳夫、中曽根康弘のいわゆる三角大福中は、お互いが切磋琢磨しながら、やがてはみな総理になりました。その時代は幹事長に就くと、すぐ引きずりおろす勢力が出てくるものでしたが、現代はそうではない。それは、小選挙区制のいいところかも知れません。

競馬の競走より、人間の競争、人間の足の引っ張り合いの方が面白いでしょうけどね。

ただし、『国民のために』ということが第一義です。命がけでということを、表現の違いこそあれ、口にしているわけですから、危機の時代の宰相に就く人は、その強い思いがなにより大事です」

安倍前総理が語る二階幹事長

令和二年九月十八日、筆者は、退任直後の安倍晋三前総理にインタビューに応じてもらい、七年八カ月に及んだ第二次政権や、長期政権を支えた二階俊博幹事長の功績、後任の菅義偉総理について語ってもらった。

平成二十八年七月十六日、当時、幹事長だった谷垣禎一が自転車事故で、頸髄《けいずい》損傷をしたため入院する。この時、安倍総理は、職務困難を理由に辞任した谷垣の後任に、総務会長だった二階を指名した。以降、二階は幹事長として一貫して第二次安倍政権を支え続けた。

安倍がこの際の事情について語る。

「谷垣さんの前任の幹事長は石破茂さんでしたが、石破さんの後任を考えた時も、その人選に非常に苦労しました。石破さんとは総裁選をともに戦い、その時は多くの地方票を獲得されていましたから。『石破さんに代わって、誰に頼もうか』ということで、前総裁にあたり、自民党の野党時代に党をまとめていただいた谷垣さんにお願いしました。党内の信望も厚い谷垣さんに引き受けていただいたことで『石破さんが交代するのか』という党内の空気が、このときかなり落ち着いたんです。その谷垣さんが不慮の事故で幹事長を辞めざるを得ないという状況になってしまった。谷垣さんの存在は大きく、代わりになる人は滅多にいません。

やっぱり、与党が安定していなければ、政策を進めることはできない。政権の力の源泉は、党の安定に尽きます。かつての自民党には、河野一郎《こうのいちろう》のような実力者と言われた人たちがいましたが、そういう実力者として、私の頭に浮かんだのが、二階俊博さんだったんです」

河野一郎は、日本自由党の幹事長や自由民主党の総務会長を務め、第一次鳩山一郎《はとやまいちろう》内閣の農林大臣や、池田勇人内閣で副総理を務めるなど、戦後の保守政界の重鎮のひとりであった。現在、菅義偉内閣で行革担当大臣（ワクチン担当大臣兼務）を務める河野太郎《こうのたろう》の祖父にあたる。

安倍は、二階を幹事長に起用した時、二階について「自民党で最も政治的技術を持っている。まさに政治のプロ」と評している。

安倍がさらに二階の幹事長起用について語る。

「政治巧者とも言いましたが、二階さんには第一次安倍政権で国会対策委員長を務めていただいた時も、本当にしっかり仕事をしてもらっていました。そういう面では、いろいろと信頼していましたので、この人しかいないと幹事長にお願いをしました。前任の谷垣さんは、温厚な性格もあって、自民党全体を包み込むように党を掌握していました。二階さんは、長年蓄積された政治に関する知識と技術で党を掌握してくれました」

平成二十四年十二月の衆院選で勝利し、政権を奪還して以来、安倍総裁率いる自民党は、合計六度の国政選挙に勝利をおさめた。

安倍が選挙について語る。

「やはり政権の強さは、選挙で勝つことで生まれてきます。政権奪還の時の衆院選を含めて、衆参でそれぞれ三回ずつ国政選挙を乗り切りましたが、特に参院選というのは難しかったですね。衆院選の反動や、有権者のバランス感覚など、さまざまな要素が反映されやすいので、毎回、本当に薄氷を踏む思いで戦っていました。二階さんにも選挙ではとてもお世話になりました。候補者調整などで、特に力を発揮してもらいましたよ」

先に触れたように、平成二十八年八月三日に幹事長に就任した二階は、自民党の党則改正も主導し、平成二十九年三月の自民党大会で総裁任期のそれまでの「二期六年」から、「三期九年」への変更を主導している。

安倍がそのことについても語る。

「党則の改正は、高村正彦《こうむらまさひこ》副総裁が本部長を務め、茂木敏充《もてぎとしみつ》政調会長が本部長代理を務めた自民党の党・政治制度改革実行本部で党内議論を進めたのですが、党内には党則改正に反対の論陣を張っている人たちもいました。そのあたりを、やっぱり二階さんの懐の深さで政治的に治めていただきました。

二階さんは政治的な力もありますが、政治的な発言をするタイミングが抜群なんです。もちろん誰が発しても、同じ効果が生まれるわけではありません。二階さんだからこそ効果を発揮できる発言を、最良のタイミングで繰り出します。やはり秘書時代からの長い政界での経験で培った勘が抜群なんでしょうね。私は、二階さんを〝タイミングの魔術師〟だと思っています」

二階は、遠藤三郎の秘書になって以来、六十年近く政界にいる。野党経験も長いため、公明党をはじめとする他党とのパイプも誰よりも太い。

安倍も、総理在任中、さまざまな場面で二階に支えられたという。

「たとえば、予算委員会などで政府が追及されて苦境に立っていても、二階さんは、いつもどっしりとしています。会うと『こんな問題は微々たる問題ですから、党は任せておいてください』と言ってくれます。

『党も大変ですよ』なんて言ってくることは、一度もありませんでした」

二階は、中国との外交も、積極的におこなっている。安倍が二階の外交について語る。

「外交は、お互いの間口を広くしておくことが必要ですから。中国は隣国であり、体制も異なることから、中国との間にはさまざまな問題があります。なかには日本としては、きっちり筋を通さなければならないことや、国益や主権に直結することもあります。しかし、そういう問題を解決するためにも、話し合わなければなりませんから、そういう窓口を中国との間でも、常に開いておこう、というのが二階さんの考えです。時には、二階さんのルートで、先方にサインを送ったりすることはできますから。二階さんもそのあたりを心得てやっておられるんだと思います。二階さんは、長きにわたって中国との間で、パイプを培っていますから、先方にも、信頼されています」

安倍は、日本のような議院内閣制の国で、強い政権をつくるためには、与党との安定した関係が欠かせないと語る。

「やっぱり政権を維持するうえでは、与党である自民党との関係が大事なんです。以前、二〇一六年七月から二〇一九年七月にかけてイギリスの首相を務めたテリーザ・メイさんと大統領と首相の違いについて議論したことがあります。大統領というのは、常に野党と対峙し、倒される時は、野党によって倒されます。ですが、首相というのは、野党と対峙しているように見えて、実際には与党との関係において、引きずり下ろされるケースが多い。彼女もブレグジットをどうするか、与党・保守党との関係で悩まされていました。

このように首相は、野党と対峙してるだけじゃなく、後ろの与党も見ておかなければなりません。そういう意味では、二階さんが幹事長を務めてくれていることで安心できました。長期政権を築くうえで与党の幹事長の役割は大きいんです。最初は総裁選に勝って勢いでいきますが、後半になってくるほど政権運営が難しくなってきますから。そういう意味では政治的技術のある二階さんの存在は、重石《おもし》となりましたよ」

一時期は、総裁四選も取り沙汰されていたが、安倍自身には、その意欲はなかったという。

「体調とは関係なく、四選は考えていなかったです。すでに私の任期中に一度任期を延ばしていますからね。誰か次の人の時にさらに延ばすのはわかりますが、任期中に二回延ばすというのは考えていませんでした」

七年八カ月もの長期政権の要因をどう考えているのか。安倍は語った。

「短命に終わった第一次政権の経験も大きかったです。一度総理を経験したということが、糧《かて》になり、第二次政権に活かすことができました。

それと、いろんな巡り合わせもありましたが、やっぱり、人に恵まれたというのが最大だと思っています。二階幹事長もそうですが、第一次政権が終わった後に、『もう一回頑張ろう』と応援し続けていただいた同志や同僚の議員の皆さんがいたということですね」

小泉純一郎《こいずみじゅんいちろう》総理の政務秘書官であり、第二次安倍政権で内閣官房参与を務めた飯島勲《いいじまいさお》は、小泉官邸と第二次安倍官邸を比較して、かつて筆者にこう評したことがあった。

「小泉さんは確かにカリスマであったが、小泉のために命を捧げてもいいというような気持ちで支えている議員はほとんどいなかった。一方、安倍さんには、安倍さんのためには命を捧げてもいいというような覚悟で支える議員が揃っている」

安倍が第二次政権を支えたスタッフへの感謝について語る。

「多士済々の皆さんが厳しい総裁選挙をともに戦ってくれて、その後も、内閣、あるいは党で、それぞれの持ち場で支え続けていただきました。

それと官邸のスタッフです。第一次政権での秘書官（事務）だった今井《いまい》（尚哉《たかや》）さんは、第一次政権後も交流が続いて、第二次政権では、総理秘書官（政務）、総理補佐官として、ずっと支えてくれました。第一次政権で内閣広報官だった長谷川《はせがわ》（榮一《えいいち》）さんも、第二次政権で総理大臣補佐官と内閣広報官を務めてくれました。北村《きたむら》（滋《しげる》）さんも、第一次政権の総理秘書官でしたが、第二次政権でも、内閣情報官、そして令和元年九月からは国家安全保障局長に就任して支え続けてくれました。佐伯《さえき》（耕三《こうぞう》）さんも、第一次政権時代から今井秘書官の補佐役として携わってくれて、第二次政権では、内閣参事官と総理秘書官を務めてくれました。事務の官房副長官を務めてくれた杉田《すぎた》（和博《かずひろ》）さんもそうですが、本当にたくさんのスタッフが一生懸命支えてくれました。

第二次政権で外務省出身の秘書官を務めてくれた鈴木（浩）さんは、私の官房長官時代の秘書官です。外遊時には、寝食を忘れて尽くしてくれました。第二次政権で財務省出身の秘書官の中江（元哉）さんも、官房長官時代の秘書官です。中江さんは、第一次政権では塩崎《しおざき》（恭久《やすひさ》）官房長官の秘書官も務めてくれています。中江さんの後任の総理秘書官の新川（浩嗣）さんにも支えられました。

第一次政権時代を知るスタッフも多くて、彼らが悔しい気持ちを共有して、一生懸命に取り組んでくれました。

他にも麻生政権の時に総理秘書官をしていた柳瀬（唯夫）さんも第二次政権で総理秘書官をしてくれました。防衛省からは島田（和久）さんが第二次政権で総理秘書官を務めてくれ、現在は、防衛事務次官です。島田さんの後任の増田（和夫）さんも優秀な方です。

現在、警察庁の警備局長を務める大石（吉彦）さんも、第二次政権発足以来、六年余りも秘書官を務めてくれました。後任の原（和也）秘書官も最後まで仕えてくれました。

女性初の総理秘書官となった山田（真貴子）さんは、今度の菅内閣では女性初の内閣広報官に就任しました。女性では、女性初の特許庁長官を務めた宗像（直子）さんにも、総理秘書官時代には支えられました。

短い期間でしたが、締めくくりで頑張ってくれた外務省の船越（健裕）秘書官、そして卓越したスピーチライターの谷口（智彦）内閣官房参与、副参事官の日野（由香里）さんは、国内でのスピーチを手伝ってくれました。

多くの一流のスタッフに恵まれたからこそ、長期政権が実現できたと思っています。

それと新元号の発表や、即位の礼などを無事に実現するにあたっては、内閣官房副長官補を務めた古谷（一之）さんや、内閣審議官兼皇位継承式典事務局長を務めた山崎（重孝）さんのおかげです。山崎さんは現在内閣府の事務次官ですが、たまたま山口県出身という縁もあり、本当に命がけでやってくれました。そういう人たちに恵まれました」

かつて筆者に安倍の母の洋子《ようこ》は、安倍のことを「政策はおじいさま（岸信介《きしのぶすけ》）、性格はお父様（安倍《あべ》晋太《しんた》郎《ろう》）」と語っていた。

総理大臣として祖父の岸信介のことを意識することはあったのだろうか。

安倍が語る。

「私が祖父のことを思い起こしたのは、平成二十七年の平和安全法制の制定時です。あの時も国会にはデモ隊が毎日来ましたから。ですが、祖父が安保改正をした時と比べると、大したことはないと自分に言い聞かせ、乗り越えられました。安保の時は二十万人もが集まり、官邸を守れるかどうかというところまでいきましたからね」

安倍前総理が語る菅義偉論

令和二年九月十六日、第二次安倍政権を官房長官として支え続けた菅義偉が安倍晋三の後任の総理大臣に指名された。

安倍が菅について語る。

「菅さんとは、私が二期生で、菅さんが一期生の時に、何かの会合で一緒になったのが最初です。当時、亡くなった中川昭一《なかがわしょういち》さんを中心に『日本の前途と歴史教育を考える議員の会』をやっていたのですが、そのなかで菅さんが『教科書問題というのは大きな問題です。私も応援したい』とおっしゃっていましたね。私の記憶には強く残っています。

その後、北朝鮮の船舶の入港を禁止する『特定船舶入港禁止法』を制定する際にも、頑張ってくれました。当時から、非常に行動力のある人で、私は、『国士だな』と思ったんです。歴史教科書の問題も拉致問題も、地元の選挙には関わりのない話ですが、本気で取り組んでいましたから。

それ以来ずっと同志で、第一次政権の後も私に『もう一度、安倍さんにやってもらう』と言い続けてくれました。誰もそんなことを言ってない時からです。そして平成二十四年の八月十五日に総裁選への立候補をどうするか考えていた時にも『絶対出るべき』と背中を押してくれました。
官房長官という本当に大変な職務を担い、政権をずっと支えてくれました。森喜朗《もりよしろう》元総理がよく『滅私奉公』という言葉を使いますが、まさにその精神で、政権と日本に尽くしてくれました」

安倍の妻の昭恵《あきえ》も、菅のことをよく評価するという。

「私の妻も、菅さんの仕事ぶりを見て、『あんなに一生懸命に仕事をしているんだから、あなたはもっと菅さんに感謝しなければダメよ』なんてよく言われました」

今回の総裁選で、安倍は、表立って活動したわけではないが、最終的に菅を推したという。

「任期途中での辞任というかたちになりましたので、菅さんには安心して任せられるという気持ちがありました。岸田さんも、外務大臣時代の仕事ぶりも評価していますので、これからもいろんな場面で活躍していくと思っています。いろんな選択肢があるのが自民党の良さですから」

安倍は総理在任中、筆者に菅義偉官房長官（当時）について次のように、語っていた。

「第二次安倍政権には、第一次安倍政権で政権運営を経験した人も多い。成功も失敗も、ともに経験しています。私自身も含めて、失敗から多くのことを学んでいます。菅義偉官房長官は、第一次安倍内閣で総務大臣として支えてくれていました。菅官房長官は、アンテナを広く張り、何か問題があれば、事前にそれを摘んでおくような役割を果たしてくれています。彼は、非常に闘将タイプの人間ですから、平時にも強いですが、乱世にも強いというタイプです」

二階幹事長から見た安倍官邸

二階幹事長は、長い政治家生活の中で、複数の官邸を見てきている。その経験からしても、第一次安倍内閣と比較して、第二次安倍政権が戦後最長の長期政権になった背景には、どこが優れていたのか。二階が語る。

「なにより人事面の采配はとてもうまくいっていたと感じている。例えば、人事でいうと、菅義偉官房長官については、安倍総理と最も気が合う人材を登用したと感じる。具体的には、総理に話した内容は、官房長官に言わなくても必ず伝わっていた。また、官房長官に話を通せば、総理にも必ず伝達された。この両者の信頼関係が、内閣運営において大きな効果を発揮した」

また、菅は総理にＡＢＣの三つの案を用意して「総理はどう思われますか」と提案する場合、単なるＡＢＣだけではなく、菅は「Ｂ案がいいと思いますが、総理はどう思われますか」と提案したという。

その点について菅官房長官（当時）は語っている。

「ほとんど違いはないんです。総理の考え方はわかっていますから。こういう感じでいかがですか、ということは必ず上げて、了解をもらっています」

二階も安倍総理と菅官房長官の関係について語っている。

「総理と官房長官の間に、ほとんど違いがないことが、安倍政権、自民党政権の安定のもとなんですよ。ですから、我々も安心していられます」

二階幹事長と菅官房長官は、官邸と党の要として密に連絡を取り合っていた。

平成三十年二月十七日の二階幹事長の誕生日には、菅官房長官が党本部の幹事長室を訪ねている。

二階は感謝している。

「党と内閣でともに協力して政権を支えていかなくてはいけませんから、何かあれば一緒に協力しあうという仲ですよ。菅さんは、当時から総理候補になる可能性が十分あった」

第二章　菅義偉新政権樹立

安倍総理辞任

令和二年八月二十八日午後二時七分、「列島ニュース」を放送中だったＮＨＫは、画面上段に臨時の速報テロップを流した。

「安倍首相　辞任の意向を固める

持病悪化で国政への支障を避けたい」

安倍総理の辞任を伝えたＮＨＫの第一報は、永田町だけでなく日本中を駆けめぐった。

平成二十四年十二月十六日の第四十六回衆議院議員選挙に勝利して発足した第二次安倍政権は、近年まれにない長期政権となっていた。

第二次安倍政権は、大胆な金融緩和を主軸とする「アベノミクス」と呼ばれた経済政策を推進し、消費税を平成二十六年と令和元年の二回、引き上げた。

さらに、集団的自衛権の行使を可能とした安全保障法制や、特定秘密保護法、共謀罪などを成立させるなど、歴代の政権が取り組もうとしなかった難しい政策テーマにも積極的に取り組んでいた。

その一方で、安倍総理自身や昭恵夫人の関与が追及された森友・加計学園問題や「桜を見る会」などの問題も相次ぎ、長期政権における弊害も指摘され始めていた。

令和二年に入ると、政権はさらに苦境に立たされつつあった。

新型コロナウイルス感染症の拡大により、予定されていた東京五輪・パラリンピックの一年延期が決定する。

また、新型コロナウイルスへの対応では「アベノマスク」と揶揄《やゆ》された布マスクの全戸配布や安倍総理が自宅でくつろぐ動画の投稿などが世間の批判にさらされた。内閣支持率はジワジワと低下し続けていた。五月におこなわれた朝日新聞の世論調査では、内閣支持率は、第二次安倍政権で最低の二十九％を記録し、厳しい政権運営を強いられていた。

そんなさなか、八月に入って以降の永田町における最大の関心事は、安倍晋三総理の体調問題であった。

安倍総理は、八月十七日に、東京都新宿区にある慶応義塾大学病院に約七時間半滞在して日帰り検査を受診していた。さらに、翌週の八月二十四日にも、追加検査として通院した。

ちなみに二度目の検査を受けた八月二十四日は、安倍総理が自らの大叔父である佐藤栄作の持つ総理大臣連続在職日数記録の二七九八日を超えて、最長記録を更新した日でもあった。

安倍総理の体調問題は、今回が初めてではなかった。第一次安倍政権の退陣時にも、持病の潰瘍《かいよう》性大腸炎の悪化で、突然の辞任に追い込まれていた。

そのため、今回も、通院後に安倍総理から具体的な説明がなかったこともあって、「持病が悪化しているのでは」との推測が流れていた。

その一方、菅義偉官房長官をはじめとした官邸サイドは、安倍総理の健康不安説を一様に否定していた。

菅は、八月二十六日の記者会見で、健康不安説を打ち消すかのように語った。

「安倍総理自身がこれからまた仕事を頑張りたいとおっしゃっている。私自身が毎日お目にかかっても、お変わりはないと思っている」

こうした声や、前日の二十七日に、二十八日の午後五時から、安倍が新型コロナ対策に関する記者会見を開くという官邸の発表があったため、永田町では「会見で自身の健康状態について説明し、続投するのでは」という楽観的な見方が主流になりつつあった。

ＮＨＫの一報は、そのような総理続投の観測を打ち消すだけでなく、午後五時にセットされた記者会見の目的が辞任表明にあったことまでも明らかにした。

実は、ＮＨＫが一報を伝える前から官邸では、異変が起きつつあった。

それは二十八日午前十時からの閣議の終了後だった。安倍総理は閣議後、麻生太郎《あそうたろう》副総理兼財務大臣と二人だけで会談した。安倍はこの時初めて、麻生副総理に辞任する意向を伝えたという。

麻生にとっても安倍の辞任は予想外だった。麻生は、前日の夜、自らが率いる志公会《しこうかい》（麻生派）の幹部たちと会食し、希望的な観測を伝えていた。

「総理は元気になっているから、辞めることはないだろう」

驚いた麻生は、安倍総理を強く慰留した。だが、安倍が一度決断した考えを翻すことはなかった。

幹事長一任

ＮＨＫの一報が駆けめぐっていたのと同時刻、自民党の二階俊博幹事長は、千代田区平河町《ひらかわちょう》にある自民党本部で当事者の安倍総理と会談していた。会談には、二階の右腕である最側近の林幹雄《はやしもとお》幹事長代理も同席していた。

二階は、この会談で、安倍から辞任の意向を直接伝えられ、今後の党運営などについても協議した。

二階は、安倍の辞任の意向を受けて、午後三時から、自民党の臨時役員会を開催し、安倍の後任を選ぶ総裁選についての協議をおこない、後任選びの手続きが二階に一任されることが決まった。

党内からは、政治空白を避ける狙いから、両院議員総会による総裁選挙とする方向で調整することになり、九月一日の総務会で正式に決定したうえで、総裁選挙管理委員会で具体的な総裁選の日程を決定することになった。

自民党の党則では、任期途中に総裁が退任した緊急時は、両院議員総会で後任を選ぶことができると定められている。その場合は、三九四票の国会議員票と都道府県連に各三票割り当てられた一四一票の計五三五票で総裁選はおこなわれる。次の総裁の任期は、安倍総理の残り任期の令和三年九月末までだ。

二階は、自民党本部で記者団に語った。

「時間の問題もある。十分ゆとりがあれば当然、党員投票は考えるべきだが、そこに至るかどうか皆さんのご意見を聞いて判断したい」

総理辞任会見

八月二十八日午後五時、安倍総理は、記者会見に臨んだ。

安倍総理は、会見の冒頭で、新型コロナ対策の新たな「政策パッケージ」を表明し、さらに、北朝鮮の脅威に備えて安全保障政策の新たな方針について協議していることも説明した。そののち、辞任について語った。

「十三年前、私の持病である潰瘍性大腸炎が悪化をし、わずか一年で総理の職を辞することになり、国民の皆さまには大変なご迷惑をおかけ致しました。その後、幸い新しい薬が効いて体調が万全となり、そして国民の皆さまからご支持をいただき、再び総理大臣の重責を担うこととなりました。

この八年近くの間、しっかりと持病をコントロールしながら、なんら支障なく、総理大臣の仕事に日々全力投球することができました。しかし、本年、六月の定期検診で再発の兆候がみられると指摘を受けました。その後も、薬を使いながら、全力で職務に当たってまいりましたが、先月中ごろから、体調に異変が生じ、体力をかなり消耗する状況となりました。

そして八月上旬には、潰瘍性大腸炎の再発が確認されました。今後の治療として現在の薬に加えまして、さらに新しい薬の投与をおこなうことと致しました。今週初めの再検診においては、投薬の効果があるということは確認されたものの、ある程度継続的な処方が必要であり、予断を許しません。

政治においては、最も重要なことは結果を出すことである。政権発足以来七年八カ月、結果を出すために全身全霊を傾けてまいりました。病気と治療を抱え、体力が万全でないというなか、大切な政治判断を誤ること、また、結果を出さないことはあってはなりません。国民の皆さまの負託に自信を持って応えられる状態でなくなった以上、総理大臣の地位にあり続けるべきではないと判断致しました。総理大臣の職を辞することと致します。

現下の最大の課題であるコロナ対応に障害が生じるようなことはできる限り避けなければならない。その一心でありました。悩みに悩みましたが、感染拡大が減少傾向へと転じたこと、そして冬を見据えて対応策をとりまとめることができたことから、新体制に移行するのであればこのタイミングしかないと判断致しました」

安倍総理は、残された課題について語った。

「この七年八カ月、さまざまな課題にチャレンジしてまいりました。残された課題も残念ながら多々ありますが、同時にさまざまな課題に挑戦するなかで達成できたこと、実現できたこともあります。すべては国政選挙の度に力強い信任を与えてくださった、背中を押してくださった国民の皆さまのおかげでありま す。本当にありがとうございました。そうしたご支援をいただいたにもかかわらず、任期をあと一年残し他のさまざまな政策が実現途上にあるなか、職を辞することになったことについて国民の皆さまに心よりおわびを申し上げます。

拉致問題をこの手で解決できなかったことは、痛恨の極みであります。ロシアとの平和条約、また憲法改正、志半ばで職を去ることは断腸の思いであります。

しかし、いずれも自民党として国民の皆さまにお約束した政策であり、新たな強力な体制の下、さらなる政策推進力をつけて実現に向けて進んでいくものと確信しております。

もとより、次の総理が任命されるまでの間、最後までしっかりとその責任を果たしてまいります。そして治療によって、なんとか体調を万全として、新体制を一議員として支えてまいりたいと考えております。国民の皆さま、八年近くに亘りまして、本当にありがとうございました」

安倍は、その後の記者との一問一答で、総裁選のかたちや、自身の意中とする後継候補について訊《き》かれて、答えた。

「次の自民党総裁をどのように選出していくかということについては、執行部等におまかせしておりますので、私が申し上げることではないと思いますし、誰かということも私が申し上げることではないだろうと、思っております」

また、記者から辞任を具体的に判断した時期や、相談相手の有無について訊かれて、答えた。

「月曜日（八月二十四日）にそういう判断をしました。そのなかで、この秋から冬に向けてのコロナ対策をとりまとめなければならない。そして、その実行の目途を立てる、それが今日の日となったということであります。この間相談したかということですが、これは私自身、自分一人で判断をしたということであります」

記者会見は、突然の辞任となった第一次政権の時とは違い、政策に一定の道筋をつけて退陣する形をつくるという安倍総理の思いが滲むものであった。


二階は、安倍総理について語った。

「七年八カ月、堂々たる結果を残されました。私も傍《かたわ》らで仕えていて、信頼の置ける人でしたから、率直にいろいろと申し上げてきましたが、総理から何か言われて、意見が違うということはまったくなかったですね。安倍総理は度量が大きく、我々に注文をつけるということはなかったですね。任せると言ったら、任せる。その代わり、こちらも、安倍総理の信頼に一生懸命応えないといけないと心に決めていました」

自民党の歴史を見ると、幹事長を踏み台に自ら総理を目指す動きを見せる政治家もいた。だが、二階は、その気になることは一度もなかったという。

「私は一度お仕えするということを決めたら、その通りにやります。自分の取り分というか、このポストを使って何かをしようというのではなくて、滅私奉公でいこう、と。これは当然ですよ。邪《よこしま》な考えを持っても仕事をするうえで邪魔になるだけです。

よく政治は、駆け引きやテクニックなどと言う人もいますが、平凡な言い方になりますが、誠実や信頼、基本が一番大事ですよ。知ったようなふりをして、いろんなことを言う人もいますが、真実一路でなければ、人を説得することも、人を動かすこともできません。そういう意味では、政界にはそう悪い人はいないんです。結局、選挙の洗礼がありますから、そういう人は選挙民に見抜かれて淘汰されていくようになっています」

「ポスト安倍」の動き加速

安倍総理の辞意が報じられると、次の総理の座を目指す候補者たちがにわかに動きを活発化させた。

ポスト安倍の有力候補のひとりである岸田文雄政調会長は、令和二年八月二十八日午後、安倍総理が退陣を表明する前に新潟で講演し、語った。

「ぜひ、総裁選挙には挑戦したい」

岸田は、講演を終えたのち、すぐに帰京した。夕方には永田町の派閥の事務所で自身が会長を務める宏《こう》池《ち》会（岸田派）の緊急会合を開催し、力を込めて語った。

「心を合わせて、これからの政局に臨んでいきたい」

前回の総裁選で安倍総理と一騎打ちして、敗れた石破茂元幹事長も、この日の夕方、自身が会長を務める水月《すいげつ》会（石破派）の派閥幹部らを集めて、今後の対応を協議した。

石破は、夜のＢＳの番組に出演して、立候補について語った。

「週明けには申し上げなければならない」

自民党内ではそのほかにも、麻生派の河野太郎防衛大臣、竹下派の茂木敏充外務大臣、無派閥の野田聖子《のだせいこ》元総務大臣、細田派の下村博文選挙対策委員長らの立候補が取り沙汰され始めていた。

岸田や石破が動き始めるなかで、最もその動向に注目が集まっていたのが、七年八カ月の第二次安倍政権を官房長官として支え続けた菅義偉であった。

菅は、安倍総理が辞任の意向を表明した記者会見で、そのそばに座り、表情を変えずに前方を見据えていた。

菅義偉官房長官は、二階俊博幹事長と以前から良好な関係にあった。

二階の最側近の林幹雄幹事長代理によると、二階と菅はこの時期、折りに触れて会合を重ねていた。

通常国会が閉会した令和二年六月十七日にも、二階と林、菅、さらに森山裕《もりやまひろし》国会対策委員長の四人で会談をしていた。林によると、この時すでに、二階は雑談のなかで、ポスト安倍を争う総裁選がおこなわれた際に出馬するように菅に促していたという。

「やってみたら、いいじゃないか。その時は陰ながら応援するよ」

さらに七月一日にも、二階と菅は、政治評論家の鈴木棟一《すずきとういち》を交えて、都内の日本料理店で会談をした。林は、最初と最後だけ顔を出したという。

さらに八月二十日夜にも、二階と菅は、日本料理店で会談した。この時は、政治評論家の篠原文也《しのはらふみや》が同席した。

林によると、こうした食事の席で、たびたび菅の出馬が話題になっていたという。

またメディアを通じて、菅と二階がお互いについて言及する発言が注目を集める機会も増えていた。

二階は、八月三日の記者会見でも菅について言及していた。

「しっかりとやっておられる。大いに敬意を表している」

また八月七日のテレビ番組でも、語っている。

「菅さんも立派な指導者として活躍していただいている」

菅も、八月十八日のテレビ番組で二階について語っていた。

「安倍政権はいろいろな仕事をしている。仕事ができるのは党をしっかり幹事長が主導していただいているからだ」

二階と菅は、九月に設立される「地方創生・未来都市推進議員連盟」の呼びかけ人にも名を連ねていた。この議連の動きも、二階と菅がポスト安倍を見据えて動き出したと考える声が永田町にはあった。

この議連には二階派の議員だけでなく、菅とも親しい森山裕国対委員長、細田派会長の細田博之《ほそだひろゆき》元官房長官らも参加が予定されていた。

菅自身は、メディアに問われるたびに、ポスト安倍に名乗りをあげることについて否定し続けていた。

「まったく考えていない」

だが、その一方で、徐々に菅待望論は高まりつつあった。

安倍も、令和二年七月二十一日発売の月刊誌「Ｈａｎａｄａ」のインタビューのなかで菅に言及していた。

「有力な候補者の一人であることは間違いない」

菅新総裁を誕生させた四者会談

自身の動向が注目を集めるなか、菅は安倍総理が辞任した翌日の八月二十九日から動きだしていた。

総裁選に臨む菅が頼りにしたのが、政権を党側で支えた二階俊博幹事長と森山裕国会対策委員長だった。

森山から林に電話が入った。

「菅さんが『二階さんに会いたい』と言っている」

一年前の党役員人事では、安倍は、一時的とはいえ、二階を交代させ、自らの後継含みで岸田文雄政調会長の起用を検討していた。

だが、菅は「党内がまとまらない」と二階の続投を進言していた。国会運営を担う国対委員長に森山の登用を進言したのも菅だった。

菅は、この日の昼、森山裕国会対策委員長を通じて、林幹雄幹事長代理と連絡をとり、夜に二階と会談する段取りをつけていた。

菅との会談をおこなう前に、二階と林、森山の三人はANAインターコンチネンタルホテル東京の寿司店「乾山」で夕食をとり、その後、三人で一台の車に乗り込み、赤坂の議員宿舎に移動した。

午後八時に議員宿舎に到着すると、二階の応接室で、三人は菅と会談した。

酒も飲まず、お茶だけで二十分ほど話し込んだ。

菅は、二階に言った。

「総裁選に出ようと思うので、よろしくお願いします」

二階はすぐに応じた。

「応援するから、しっかりやってくれ」

菅の出馬が決まった瞬間であった。

菅は、いつ出馬表明をするかについても語った。

「九月一日に総務会で総裁選の手順が決まるようだから、その総務会で決まってから出馬の声明をしたいと思います」

林が応じた。

「それは結構だけれど、もう今日から根回しして色々と動かないと遅れをとるから、すぐに動いた方がいい」

「わかりました」

その日の会談は二十分ほどで、すぐに別れたという。

菅総理誕生にいち早く動いた二階が、菅を支持した理由について語る。

「一言で言えば、誠実、信頼がおける人です。菅さんは官房長官として七年八カ月総理を支えて来られましたからね。誠実であることは人間において大事なことですが、同時に政治においても、とても大事なことです。やはり、信頼がおける人間じゃないと大きな仕事はできません。菅さんは、この度総理になられましたが、さらに国際的にも羽ばたいていかれることを期待しています」

二階と菅は、幹事長と官房長官として安倍政権を支え続けていた。

二階が菅について、さらに語る。

「人によっては、『あの時、ああ言ったけれど、実際には事情があって違ったんですよ』なんて言い訳を言ってくる人もいますが、菅さんにはそれがまったくない。『自分が、自分が』っていう人も多いけれど、菅さんはそういうふうに目立ちたがるタイプじゃないから、信頼できます。駆け引きをすることもなく、真一文字に進んでいくタイプなんです。そこが信頼できます」

二階が語る。

「私は出馬の話を聞いて、『全力投球で我々も支援します』と約束しました。願望としては圧倒的に勝利したいと思いましたが、選挙ですから、やってみないともちろんわかりません。ですが、予想していた以上の見事な結果でしたね。多くの人が支持を表明してくれて、見事にスムーズに進みました。菅さんご本人の日頃の人望でしょうね」

菅の出馬が報じられた八月三十日以降、菅支持の流れは日を増すごとに党内で大きくなっていく。だが、この段階で、集まった四人が勝利を確信していたわけではないという。

林がこの時の状況を振り返って語る。

「勝利の確信はないが、いい勝負にはなると思っていた。これは推測だが、おそらく菅さんは安倍総理から退任を告げられた際に、支援を得られるという感触を受けたんじゃないかな。二階派の四十七人、菅さんを支持する無派閥議員が約四十人、九十八人の細田派の議員のうちの七割の支持が得られれば、それだけでかなり計算が立てられるから」

この段階では、他派の動向はまだ明確ではなかった。特に麻生派は、河野太郎が出馬する可能性や、領袖《りょうしゅう》の麻生太郎会長が岸田に目をかけていたこともあり、岸田支持を打ち出す可能性もあった。

他の派も同様で、細田派では、下村博文や稲田朋美が出馬を模索していた。竹下派でも、茂木敏充外務大臣が出馬する可能性があった。そのため、派閥として一致しての行動を決めるに時間が必要だった。

他の派閥が総裁選への対応をめぐり身動きがすぐにとれないなか、二階が率いる二階派（志帥会《しすいかい》）は菅支持で一気に動いていく。

菅は、この日自身のブログで、新型コロナウイルスへの政府の新たな対応について紹介したあと、安倍の辞任に触れつつ、総裁選出馬への決意とも読めなくもない文章を書いている。

「昨日、安倍総理は辞任を表明しました。

八年前の安倍総裁誕生、そして安倍政権の発足以降は内閣官房長官として、ずっと側で支えてきた私としても大変残念ですが、国民の命と暮らしを守るために、全力で職責を全うしてまいります。」

菅が二階に支援を要請する一方、石破や岸田の陣営から二階派に支援の要請が来ることはなかったという。林が語る。

「結局、どちらからも正式な要請はなかったけれど、日曜日（八月三十日）の昼には菅さんの出馬と二階派が支持するニュースが出ている。土日が明けて動こうと思っていたら、その間に一気に流れができて動けなかったのじゃないかな」

菅からの応援要請を受けてから、二階の動きは素早かった。

八月三十日の日曜日午後、志帥会（二階派）の幹部が自民党本部に集まり、総裁選の対応を話し合った。会長代行を務める河村建夫《かわむらたけお》元官房長官は会議後、記者団に菅を支持することを表明した。

「総理の残り任期についての責任があるのではないか。政権の懸案事項などは、菅長官がすべて承知している。一つの流れとして責任がある」

河村が二階派の菅支持を表明している時点で、昨晩の動きを嗅《か》ぎつけたマスコミが「菅氏、総裁選に立候補へ」との速報を流し始めていた。

この日の夜、菅は周囲に意欲を口にした。

「俺がやらざるを得ない。これで出なかったら、逃げたと言われちゃうよ」

一方、岸田も、出馬に向けて動き出していた。前日の二十九日には石原派を率いる石原伸晃《いしはらのぶてる》元幹事長と会談し、翌三十日は、最大派閥の細田派の細田博之会長、麻生派会長の麻生太郎副総理兼財務大臣と相次いで会談し、立候補を前提に協力を求めた。

会談で、麻生は岸田に語った。

「総理の意向がはっきりしていないから、決められない」

会談後、岸田は意欲を見せ、語った。

「総裁選に挑戦しようと思っている。ルールや日程が決まってから正式表明することになる」

もう一人の有力候補の石破茂は、滋賀県大津市でおこなわれた自民党滋賀県連の会合に出席した。

石破は、執行部が検討する総裁選の方式を批判した。

「党員一人ひとりを大事にする自民党でありたい。国会議員のための自民党ではない」

会合後、自らの対応について問われると、意欲を滲ませて語った。

「無責任なことはできない」

志帥会、電光石火で菅支持の流れをつくる

八月三十一日月曜日、菅を支持する動きは、党内で加速度的に広がっていった。

最初に動いたのは、平成八年十月の衆院選で初当選した菅の同期生だった。

この日午後、国会内の菅の事務所に、二階派の吉川貴盛《よしかわたかもり》前農水大臣や桜田義孝《さくらだよしたか》元五輪担当大臣、岸田派の竹本直一《たけもとなおかず》科学技術担当大臣、麻生派の棚橋泰文《たなはしやすふみ》衆院予算委員長や佐藤勉《さとうつとむ》元総務大臣ら七人が訪れて、菅に立候補を要請した。

夕方には、菅に近い無派閥の議員グループ「ガネーシャの会」のメンバー十四人も事務所を訪れ、菅に立候補を要請した。

要請を受けて、菅は語った。

「コロナと経済を両立させていかなければならない。今後、前向きに検討していく」

この日、菅自身も、細田派の細田博之元幹事長、参議院自民党や竹下派に強い影響力を持つ青木幹雄《あおきみきお》元参議院議員会長と会談し、立候補を表明する考えを伝えた。

二階派以外の派閥も、菅支持に続々と傾いていた。

第二派閥の麻生派も、菅支持の方針を決めた。会長の麻生太郎副総理は立候補を模索していた河野太郎防衛大臣と会い、一本化に協力するように求めた。

麻生派と並ぶ第二派閥の竹下派にも、菅を推す声は高まっていた。

細田派も、この日夜に幹部会合を開き、菅支持の方針を決めた。下村博文選挙対策委員長と稲田朋美幹

事長代行は立候補を見送ることが決まった。

すでに森山裕国対委員長が菅政権成立に向けて動いていた石原派も、菅支持の方向で固まりつつあった。

石原伸晃元幹事長は、記者団に語った。

「政策の継続性も非常に重要だし、コロナは一日にして終了しない」

二階の右腕である林幹雄幹事長代理によると、麻生派が菅の支持を決めた時点で、菅の勝利を確信したという。林が語る。

「麻生派が支持を決めた時点で勝ったと思ったけれど、あんなに一斉に週が明けてすぐに各派が菅支持に流れて来るとは思わなかった。一気に菅支持の大きな流れができたからね。やはり、二階幹事長は、大事な局面でのタイミング、政治勘は凄いものを持っている。タイミングだけでなくて、そこからのスピードも早いからね」

岸田と石破の目論見

菅支持の大きな流れができるなかで、苦しい状況に立たされたのが、岸田と石破の二人だった。

岸田は、八月三十一日午前の官邸で、安倍総理と向き合い、支援を求めた。

「総裁選に向けた準備を進めています。お力添えをお願いします」

だが、安倍の言葉は素っ気なかった。

「自分の立場からは、個別の名前を出すことは控えている」

岸田は厳しい表情で官邸を後にした。

岸田は前日、麻生と会談し、「総理の意向がはっきりしていないから決められない」と言われ、好感触を得られなかった。

岸田の戦略は、安倍の出身派閥の細田派や、麻生派の支援を早々に取り付けて、自身の率いる岸田派と合わせて、議員票で他の候補を圧倒するのが狙いだった。

だが、菅の立候補と二階派がつくった流れによって、その目論見はすぐに崩れていた。

石破にとっても菅の参戦は誤算だった。

石破派は所属議員が十九人と少なく、他派の協力を頼りにせざるを得なかった。

石破は、派閥のパーティーの講師を頼んでいた二階と、無派閥の議員に影響力のある菅官房長官の協力をあてにしていた。だが、菅が突如出馬し、総裁候補となったことで、議員票を拡大するメドが立たなくなった。

さらに、地方人気の高い石破にとっては、党員・党友票を省いた簡易方式での選出が検討されたことも逆風となっていた。

河野太郎不出馬

令和二年九月一日午前、自民党は総務会を開き、総裁選について、投票権を国会議員と都道府県連の代表者に限る「簡易総裁選」とすることを決めた。従来の総裁選と比べて、地方の意見が反映されにくいことから反発もあったため、各都道府県連に予備選挙を要請することにした。

総務会に先立って開かれた党役員連絡会後の記者会見で、二階は語った。

「政治空白は一刻も許されない。コロナウイルスの感染で国民が大変な不安に陥っているときに、積極的な対応を早急に講じていかなければならない」

党内には、正式な総裁選を開くようにとの声も強く、小林史明《こばやしふみあき》青年局長ら若手有志が党員投票の実施を求め、一四五人の署名を提出していた。また、岩手、山形、神奈川、岐阜、三重、滋賀、大阪、兵庫、鳥取、島根の十府県連も、党本部に党員投票の実施を要望した。

総裁選の実施方針が決まるなか、この日もさらなる動きがあった。

九月一日、菅は麻生と会談し、立候補の意向を伝えた。

麻生は、この会談で菅に訊いた。

「いつから、総理になろうと思ったんだ」

菅は、自身に近い若手議員を集め、石破と岸田のどちらが安倍の後継にふさわしいか聞いたところ、大半が石破の名を挙げたことを説明し、さらに語った。

「出なければいけないと決意しました」

この日午後、河野太郎防衛大臣は、総裁選に立候補しない考えを表明した。

「仲間といろいろ相談をして今回は出馬しないことにした」

河野の不出馬により、総裁選は、この日に出馬を正式に表明した石破と岸田の二人と二日に出馬表明を予定している菅の三つ巴《みどもえ》となる構図が確定した。

また、石原派も菅の支持を決定し、さらに竹下派も、翌二日の派閥の総会で菅の支持を正式に決定することが決まった。

この二派の決定によって、党内七派閥のうち、二階派、細田派、麻生派、竹下派、石原派の五派閥が菅を支持することが決まり、菅が新総裁に選ばれる流れはさらに強まっていく。

菅義偉総裁選出馬

九月二日午前、二階派の会長代行を務める河村建夫元官房長官や事務局長の平沢勝栄《ひらさわかつえい》（現・復興大臣）らは、菅の議員会館の事務所を訪れて、菅の総裁選への立候補を要請する連判状を手渡した。林によると、この連判状は週が明けた八月三十一日から二階派の全議員が署名したものだという。今回は、安倍の再選、三選時には署名をしなかった伊吹文明元衆院議長も真っ先に署名したという。

連判状を受け取った菅は、居住まいを正した。

「大変ありがたい。天下国家のために全力を尽くして頑張る」

この日夕、菅は、青系のスーツとネクタイを身につけて、総裁選出馬表明の記者会見に姿を見せた。七年八カ月の間、一日二回、政権のスポークスマンとして官邸で会見をこなしてきた菅だが、この日は緊張した面持ちで、冒頭からコップの水を口にふくんだ。

菅は、安倍政権の継承を訴えた。

「第二次安倍内閣が発足して以来、七年と八カ月にわたり、内閣官房長官として、安倍総理のもとで日本経済の再生、外交安全保障の再構築、全世代型社会保障制度の実現など、この国の未来を左右する重要な課題に取り組んでまいりました。今年に入ってからは、新型コロナウイルス感染症の拡大という、かつてない事態に直面するなかで、その感染拡大と医療崩壊を防ぎ、同時に社会経済活動を再開していくという課題に、真正面から取り組んでまいりました。

こうしたなかで、陣頭指揮を執られていた安倍総理が道半ばで退かれることになりました。総理の無念な思いを推察致しております。しかし、この国難にあって、政治の空白は決して許されません。一刻の猶予もありません。この危機を乗り越え、すべての国民の皆さんが安心できる生活を一日も早く取り戻すことができるために、一人の政治家として、安倍政権を支えた者として、今なすべきことは何か熟慮をしてまいりました。

そして、私は、自由民主党総裁選挙に立候補する決意を致しました。安倍総裁が、全身全霊を傾けて進めてこられた取り組みをしっかり継承し、さらに前に進めるために私の持てる力を全て尽くす覚悟であります」

菅は、自らの生い立ちについても語り、さらに、縦割り行政の打破や、安倍政権の継承などを訴えた。

一方、菅陣営では、派閥間の鍔迫《つばぜ》り合いも始まっていた。

この日の夕方、細田派の細田博之、麻生派の麻生太郎、竹下派の竹下亘《たけしたわたる》の三人の各派会長は、合同記者会見を開き、菅支持を表明した。

三派領袖が並ぶ異例の会見は、麻生の発案によるもので、他派閥に先駆けて菅擁立の流れをつくった二階派に対する巻き返しであった。菅への支持表明が遅れた三派は、新政権に自派の影響力を少しでも残そうと必死であった。

二階率いる二階派とは対照的に、菅支持に向けた三派の動きは鈍かった。

麻生派は岸田文雄政調会長を軸に総裁選を描いていたことに加えて、河野太郎防衛大臣の擁立論も浮上していた。細田、竹下両派でも立候補に意欲的な派閥幹部を抱えたことが、いずれも迅速な意思決定の足かせになった。

九月三日、八日告示の総裁選を前に、菅、岸田、石破の三陣営が本格的に始動した。

菅陣営は、菅を支持する五派閥の事務総長クラスや無派閥の側近議員らが都内のホテルに集まり、四日の選対本部立ち上げに向けた準備会合を開いた。

菅も出席し、協力を求めた。

「安倍政権を継承しながら、しっかりと全身全霊で頑張る」

選対本部長には無派閥の小此木八郎《おこのぎはちろう》元国家公安委員長、事務総長には竹下派の山口泰明《やまぐちたいめい》組織運動本部長が就任した。

菅支持の参院議員は地方対策に力を入れることを語った。

「地方票の六割は欲しい。地方票で石破に圧倒されるとまずい」

岸田陣営も、永田町の派閥事務所に集まり、選対本部会合を開き、岸田がこの日発表した政策をパンフレットなどに印刷し、各議員が地元で支援を呼びかける方針を決めた。

石破陣営も、都内のホテルで選対本部の事務所開きをおこなった。石破派のほか、無派閥の渡海紀三朗《とかいきさぶろう》元文部科学大臣や、竹下派の三原朝彦《みはらあさひこ》衆院議員も出席した。

石破は記者団に語った。

「党員に向けて精いっぱい訴えたい。自分の思っていることを全身全霊で訴えることに尽きる」

自民党総裁選が告示された九月八日、三候補者の陣営は、推薦人名簿を届け出た。

菅の推薦人は、代表に浜田靖一《はまだやすかず》が就任し、二階派からは平沢勝栄、吉川貴盛、鶴保庸介《つるほようすけ》の三人が名を連ねた。

この日、二階は、通算の幹事長在職日数が一四九八日に達し、自らの師である田中角栄の記録を抜いて、歴代最長となっていた。

二階は、自民党本部で記者団にそのことを問われ、語った。

「一日一日、夕刻を迎え、一日終わると、また明日頑張ろうと。それが積み重なり、そういうことになった。誰それの記録に追いつくとかは一切考えたことはない」

田中角栄の記録を抜いたことを問われて、さらに語った。

「考えてみれば恐れ多い。考えたこともない」

二階は、幹事長としての心掛けについても語った。

「多くの党員がいて、全国的な、立派な組織を先輩たちの力で築き上げてきた。組織は一朝一夕にできるものではない。我々は改めて謙虚に、真摯に向き合っていかなければならない」

菅義偉総裁誕生

令和二年九月十四日、自民党総裁選の投開票がグランドプリンスホテル新高輪でおこなわれた。

国会議員票、各三票の都道府県連票を合計した開票の結果、菅義偉が議員票二八八票、県連票八九票で合計三七七票、岸田文雄が議員票七九票、県連票一〇票で合計八九票、石破が議員票二六票、県連票四二票で合計六八票で、菅が初回の投票で過半数を得て、第二十六代総裁に選ばれた。

菅は、都道府県連票でも、トップの八九票で、全体の六十三％を獲得した。過去に挑戦した総裁選において、地方票で強さを見せた石破は、都道府県連票の二十九％となる四二票と伸び悩んだ。議員票との合計では二位につけた岸田は、さらに伸び悩み、都道府県連票の七％にあたる一〇票だった。

今回の総裁選は、正式な党員・党友投票を省き、地方票が通常より少ない簡易型で行われたが、当初から議員票で優位につけた菅がその勢いのまま、都道府県連票でも優勢を保った。

地元出身の菅に三票を入れることを県連幹部が決めた秋田県を除く、四十六都道府県が予備選を実施したが、菅は、そのうち三十八都道府県の予備選でトップの票を集めた。

また、最も多く得票した候補者に三票すべてを投じる「総取り方式」を採用した東京、神奈川、和歌山、山口など八都道府県のすべてで勝利を収めた。

得票率に応じて各候補者に割り振るドント方式の地域でも順調に票を積み上げた。

九月十五日、菅義偉新総裁は、党役員人事に着手し、自民党の新執行部が決まった。

総裁選で菅支持の流れをつくった二階は、幹事長に再任した。政調会長には、細田派の下村博文が就任し、総務会長には、麻生派の佐藤勉が就任、選挙対策委員長には、竹下派の山口泰明が就任した。

二階以外の三人は、いずれも菅の同期生で、菅を支持した派閥から選ばれた。

また、二階とともに、菅支持の流れをつくった森山裕国会対策委員長の再任も決まった。

菅内閣発足

令和二年九月十六日、国会で首班指名がおこなわれ、菅義偉内閣が発足した。

安倍政権の継承を意識し、主要閣僚は実績と安定を重視する守りの布陣となった。

麻生太郎副総理兼財務大臣、茂木敏充外務大臣、梶山弘志《かじやまひろし》経済産業大臣、小泉進次郎《こいずみしんじろう》環境大臣、萩生《はぎゅう》田光一《だこういち》文部科学大臣、西村康稔《にしむらやすとし》経済再生担当大臣、赤羽一嘉《あかばかずよし》国土交通大臣、橋本聖子《はしもとせいこ》五輪担当大臣の八人が再任された。

さらに官房長官に就任した加藤勝信《かとうかつのぶ》や行革担当大臣に就任した河野太郎、総務大臣に就任した武田良太《たけだりょうた》など、横滑りも含めると、閣内への留任は十一人に上った。

再入閣は、上川陽子《かみかわようこ》法務大臣、田村憲久《たむらのりひさ》厚生労働大臣、小此木八郎国家公安委員長、平井卓也《ひらいたくや》デジタル改革担当大臣の四人だった。

初入閣は、安倍前総理の実弟である岸信夫《きしのぶお》防衛大臣、野上浩太郎《のがみこうたろう》農水大臣、平沢勝栄復興大臣、井上信《いのうえしん》治《じ》万博担当大臣、坂本哲志《さかもとてつし》一億総活躍担当大臣の五人だった。

今回の組閣では、二階派からは、閣内で横滑りした武田良太と初入閣の平沢勝栄の二人が入閣した。

九月十六日午後、加藤勝信官房長官が武田良太総務大臣と平沢勝栄復興大臣の就任を読み上げると、二階派の派閥事務所のテレビを見ていた所属議員からは、歓声が起こり、まるで祝勝会のような雰囲気となった。

二階派は四十七人の第四派閥ながら、二階が幹事長続投。武田に加えて入閣待機組の平沢が念願の初入閣を果たした。

二階は、初入閣した平沢勝栄と横滑りで総務大臣になった武田良太についても語った。

「平沢さんも優秀な人ですからね。本人も地元の皆さんも喜んでいるでしょう。武田大臣にも期待しています。新内閣でも新たな実績を残すと思いますよ。しっかりやっていると、誰かが見ていますからね」

林幹雄幹事長代理が平沢の初入閣について語る。

「やっぱり大臣になると、選挙区の人がホッとするんですよ。選挙区の応援団が一番喜んでくれるから」

復興大臣となった平沢は、岐阜県出身だが、父親の仕事の関係で、昭和二十九年から昭和三十九年まで福島県二本松市で過ごし、福島県立福島高校を卒業後、東大法学部に進学した機縁を福島に持つ。

平沢は、入閣が決まると報道陣に語った。

「被災地が発展できるように、しっかりと支えることが大事になっていく」

総務大臣に就任した武田も、菅総理が力を入れる携帯電話料金の値下げを所管することになった。

武田は、菅総理の意向を受けて、九月十七日午前の記者会見で、携帯電話料金について引き下げを目指す考えを表明した。

「見直す必要がある。一刻も早く結論を出したい。携帯電話はぜいたく品ではなく、国民の命に関わる重要な通信手段だ。安く利便性が高く、納得感のある料金体系が求められている」

菅義偉内閣の発足を受け、朝日新聞が九月十六日と十七日に実施した世論調査で内閣支持率は六十五%、不支持率は十三%であった。高い支持率を背景に、解散総選挙を急ぐべきだという声も永田町では出ていた。

二階は、発足した菅政権について語る。

「スタートラインがしっかりしたということは政権にとっても、大事なことだし、国にとっても重要なことです。これだけみんなが支えているという実態は政権を強くしますから。ほとんどの都道府県で予備選が実施されたことも良かったですね。地方の意向を十分反映した結果になりましたから」

林幹雄幹事長代理が衆院選の見通しについて語る。

「コロナが沈静化しないと、解散は打てないんじゃないかと思う。私の持論は来年の九月の総裁選を本格的におこない、経済対策の論戦をして、全国で党員投票をおこなう。そして、他の候補者も閣内に入れて、挙党一致内閣で臨時国会の冒頭に解散をしてもいいと思う。そうすれば、追い込まれ解散にならない。無理に解散を急がなくても、菅政権の実績をつくることはできると思う」

二階は、解散について語った。

「解散は、総理の御決断に負うところが多いですが、幹事長の立場から言うと、いつ解散があっても、たとえ明日解散があっても、すぐに戦えるだけの準備はしておかないといけません。そういう意味ではいつ解散があっても、候補者の調整も多少はありますが、準備万端、整えています」

第三章　和歌山県御坊市に生まれて

父・俊太郎の影響

二階俊博は、昭和十四年二月十七日、和歌山県御坊《ごぼう》市新町で生まれた。

父親の俊太郎《しゅんたろう》は、明治三十三年十二月二十三日、和歌山県西牟婁《にしむろ》郡三舞《みまい》村久木に生まれた。

俊太郎は、政治に関して特別な背景があったわけではない。東洋汽船の太平洋航路船の乗務員となり、十数回、太平洋を横断する。その後、筏《いかだ》流しや農蚕業を経て、母校の安居小学校の代用教員をしていたこともあった。

この時代、外で演説の練習をやっていたというから、その頃から政治家を志していたのかも知れない。当時の選挙は、演説で決まっていたほどである。現在と異なり、演説への熱の入れ方が違った。

その後、紀伊民報社の記者となり、御坊支局主任となる。さらに、御坊に地元新聞の日高日々新聞を創設。その経営にあたった。その間、当時の和歌山県議・小池丑之助の知遇を得て、県政界に打って出る布石を着々と固めていった。

二階の生まれる前年の昭和十三年三月、三十七歳で県会議員の補欠選挙に立候補して当選した。

俊太郎は、温厚誠実な性格で、争いを好まなかった。人望も厚く、昭和十五年九月、県会議員でありながら、争いの絶えなかった日高郡稲原《いなはら》村村長に請われて就任。

昭和十八年四月には広瀬永造《ひろせえいぞう》知事、寺島健《てらじまけん》海軍中将（のち逓信大臣）、寺井久信《てらいひさのぶ》日本郵船社長の肝煎《きもい》りで中和造船を主体に、郡内木工技術者を広く集めて株式会社御坊造船が設立された。この御坊造船の社長には、俊太郎が就任した。

俊太郎は多忙を極めた。なにしろ県会議員、稲原村村長、御坊造船社長の三役を兼務することになったのである。

県会では生涯の仕事と心身を賭けて努力を重ねた、日高川の若野、野口、六郷の三井堰の統合施設を完成させ、日高平野農政史に大いなる功績を残した。

昭和十八年七月一日、将来の二階俊博にとって運命の人となる遠藤三郎が、農林省から和歌山県の経済部長としてやって来た。

当時の和歌山県知事広瀬永造が、県会議員であった俊太郎に頼んだ。

「今度、経済部長として来られる遠藤さんという役人は、間違いなく将来偉くなる人だ。県議会の猛者《もさ》たちが潰してしまわないように、きみにしっかり守ってもらいたい」

そうした縁で、俊太郎と遠藤は懇意になった。

遠藤は、昭和十九年七月に農林省大臣官房文書課に戻って行くが、その後も、二人の関係は続いていく。遠藤は、昭和二十四年一月の衆議院総選挙に出馬し、初当選を飾るが、その時に出馬の決意をしたという俊太郎への手紙も二階家に残されている。

遠藤と俊太郎の縁から、やがて二階俊博は遠藤の秘書になり、十一年間も遠藤を支え続けることになる……。

俊太郎は、御坊造船社長として、戦時の海上輸送力増強の推進に努めた。最盛期には従業員六百人を越える日高地方最大の企業に成長させた。

二階俊博は、物心がついたころから父親と一緒に遊んだ記憶がない。父親がたまに家にいる時でも、関係者が仕事の打ち合わせに訪れる。彼らは、食事時でも平気でやってきた。自宅はまるで小さな公民館のようであった。

父親と外に出かけるといっても、一緒に電車に乗るくらいである。俊太郎は、そのまま仕事に向かってしまう。他の家庭のように、日曜日に父親に肩車されて遊びに出かけることなどなかった。

ある時、家族そろって白浜《しらはま》温泉に旅行に出かけたことがあった。が、それは御坊造船の社員旅行に参加しただけで、とても家族旅行と言えるものではなかった。

俊博は、子供心に思った。

〈政治家というのは、忙しい仕事なんだな〉

俊太郎は、終戦まで陸海軍の指令で敵前上陸艇や百トン木造船の建造に従業員と一体となって努力した。

米爆撃機B29による爆弾の洗礼を受けつつも、製造しつづけた。

が、空襲が激しくなった昭和二十年七月、二階一家は、和歌山県日高郡の稲原村に疎開した。

さらに空襲が激しくなり、稲原村から奥地の大滝川に疎開した。

実は、大滝川の集落には、かつて電灯がついていなかった。

県会議員である俊太郎が、その地域に電灯を配置し、明かりを持ち込むことに成功した。大滝川の集落の人々が感謝を込めて、俊太郎を誘ったのである。

「おたくの家族の食べ物は、我々で準備する。ぜひ疎開してきてください」

二階一家は、大滝川の佐々茂平の家に疎開した。

八月十五日、陽射しの強いなか、疎開先の近所の畑のなかに家族そろって集まった。

皆は、台の上に乗ったラジオのまわりを取り囲んでいた。ラジオからは、天皇陛下の放送が流れた。周囲の大人たちは、泣き出す者こそいなかったが、酷く衝撃を受けたようであった。二階は小学生ながら、深刻なことが起こったことを認識した。

父親は、黙り込んだまま、あえて俊博に説明はしなかった。

天皇陛下は、日本の敗戦を伝えたのである。いわゆる玉音《ぎょくおん》放送であった。

俊博は、戦争が終わると、最初に疎開していた稲原村を訪ねた。実は、そこの畑にトマトの苗を植えていたのだ。そのトマトが熟れているころだろうと胸をはずませていた。

ところが、確かにトマトは育っていたが、すでに熟れ過ぎていて、食べられはしなかった。

二階は、政治家になって農業政策にも力を入れるが、この体験が、その原点であったと振り返る。

俊博は、疎開先の稲原小学校から、終戦後に御坊小学校に転入した。

一方、父俊太郎の経営する御坊造船は、終戦後も、ソ連への賠償船を造るのに忙しかった。

疎開先から御坊に帰ると、俊太郎は、衆議院選挙への出馬準備に取りかかった。

白浜温泉を開いた実業家の小竹林二《しの》が、俊太郎に選挙のために車を提供してくれた。俊太郎にとって、車は、新型の武器をもらったようなものであった。なにしろ車は県内に何台もない時代である。

かつて遠藤三郎が和歌山県の経済部長として中央から来ていた時、県としては最高の待遇で迎え、遠藤に車を提供していたが、木炭車であった。それに比べると、俊太郎の提供された車は、一応はガソリン車であった。ただし、その車はよくエンストし、動かなくなることも、しばしばであったという。

昭和二十一年三月、戦後初の衆議院議員選挙がおこなわれた。俊太郎は、周囲から推されて出馬した。

和歌山全県区は定数六であったが、そこに、なんと四十八人もの候補者が立候補した。

投票の結果、二階俊太郎は十六位で落選。

俊太郎は、捲土重来と、次の総選挙に向けて動き始めた。

御坊には、政治好きの人が多かった。

それというのも、御坊からは、衆議院議員の田淵豊吉《たぶちとよきち》を輩出していたのだ。田淵は、日本の政界の大御所である永井《ながい》柳太郎《りゅうたろう》、中野正剛《なかのせいごう》とならび、「早稲田出身三羽烏」と呼ばれていた。

御坊のそうした政治好きの多い風土のなかで、二階家には、しょっちゅう支援者たちがやってきた。冬は火鉢を囲むなどして政治談義に花を咲かせていた。

俊博は、子供ながらも、一人前に支援者に混じって彼らの熱弁に耳を傾けた。が、母親の菊枝《きくえ》は、そうした俊博を見つけるや、ただちに声をかけた。

「子供は風の子だよ。そんなところに座っていないで、外で遊んでおいで！」

菊枝は、選挙の過酷さを知っていたので、子供まで政治の世界に進ませたくなかったのであろう。

父親は別で、御坊の自宅の二軒隣りに保田屋という旅館があり、そこへ俊博を連れて行った。

「和歌山出身の偉い人が来ているから、一緒に行こう」

旅館には、歴史的人物である野村吉三郎《のむらきちさぶろう》がいた。

野村は、明治十年十二月十六日、現在の和歌山市の増田家に生まれた。のちに親戚の野村家の養子となる。和歌山中学校（現：桐蔭高校）を経て、明治三十一年海軍兵学校を卒業した。

昭和十五年九月、日本はドイツ、イタリアとの間に三国同盟を締結。そのことから米英との関係が悪化、その年十一月、この動乱期の日米関係改善のため、ルーズベルト大統領とも旧知の間柄で国際派の野村が駐米大使に任じられた。野村は渡米後、ルーズベルト大統領、ハル国務長官との交渉を続けた。が、アメリカは対日経済制裁を発動、互いに国益をぶつけあう帝国主義の世界情勢からも戦火の拡大は不可避の状況であった。

昭和十六年十一月二十六日、ハル国務長官から、強硬な内容の提案、通称ハル・ノートが出された。ぎりぎりまで日米関係の打開に死力を尽くしていた野村の願いは叶わず、日本政府はこれを最後通牒とみなし対米開戦を決意する。

十二月八日、日本はハワイの真珠湾を攻撃し、太平洋戦争に突入した。野村は昭和十七年、最後の交換船により無念の帰国をした。

野村は、右眼が失明していたが、小学生の俊博にも実に威厳を感じさせた。

昭和二十一年の十一月、俊太郎に思いもよらぬことが起こった。ＧＨＱ（連合国最高司令官総司令部）から、公職追放を受けたのである。戦時中、村長職は自動的に大政翼賛会の支部長とされた。稲原村村長を務めていた俊太郎も、その罪に問われたのである。

俊太郎は、やむなく県会議員、稲原村村長を離任した。公職追放者は、寄り合いの世話役にもなれない。学校のＰＴＡの役員すらできない。まるで〝格子なき牢獄〟であった。

そのうえ、さらに追い打ちをかけるように木造船の時代が終わりを告げ、御坊造船の業績が低下した。従業員を縮小することになった。

俊太郎は雌伏《しふく》の時を過ごすことを強いられた。

俊太郎は毎朝、朝刊が配達されると同時に起床した。朝刊を開くと、まず追放解除者の欄を確認した。国会議員などの大政治家であれば、追放解除は事前に知らされる。しかし、多くの公職追放組は、新聞によって確認する以外、術はなかった。

俊博は、毎朝、そんな父親の姿を見ながら育った。

女医の母・菊枝の影響

二階の母・菊枝は、当時としては珍しい女医であった。

明治三十二年十一月一日、和歌山県日高郡の龍神温泉で知られる龍神村殿原に生まれた。十数代も続いた医者の家系で、父親の古久保良輔も医師であった。

菊枝は、旧制田辺高等女学校を卒業後、大正八年に小学校の代用教員となった。

ある日、菊枝の母・さわが菊枝に嘆いた。

「大勢の子供が居るのに、お父さんの跡を継いでくれる子供はいないものか……」

菊枝は、十二人兄妹の五番目であった。

父親の良輔は、菊枝によく口にしていた。

「人のためになって、死ぬこと」

菊枝は、父親の言葉が脳裏に強く残った。

大正九年、菊枝は、両親の願いを胸に、当時日本に一つしかなかった女医の養成機関である東京女子医学専門学校（現・東京女子医科大学）に進んだ。この学校は、吉岡彌生《よしおかやよい》が設立した。吉岡は、明治四年三月十日、遠江国城東郡土方村（静岡県掛川市）に、漢方医・鷲山養斎の娘として生まれた。明治二十二年に上京し、済生学舎（日本医科大学）に入学した。明治二十五年、内務省医術開業試験に合格し、日本で二十七人目の女医となる。

明治二十八年に再上京し、昼間は開業をしながら夜はドイツ語を教える私塾・東京至誠学院に通学。その年十月に、同学院院長の吉岡荒太と結婚した。

明治三十三年、済生学舎が女性の入学を拒否したことを知り、その年十二月五日、日本初の女医養成機関として東京女医学校を設立した。明治四十五年に東京女子医学専門学校に昇格、大正九年に文部省指定校となり、卒業生は無試験で医師資格が取れるようになった。

菊枝は、この学校で、吉岡の門下生として「至誠」という「吉岡彌生魂」を受け継いだ。

菊枝は、大正十二年十二月に医師免許状を取得し、卒業した。

その後、「すべての人に真心で」をモットーに、御坊市新町で内科医院を開業した。その当時の日本には、女医は千二百名程度だったから、かなり珍しかった。

「古久保先生」、「せんせはん」として信頼を集めた。

そのため、菊枝は、夫と同様、忙しい日々を送っていた。

時には、深夜遅く、「子供が四十度の熱を出した」と患者の母親が髪を振り乱して医院に駆け込んでくる。車などない時代である。菊枝は、暗い夜道を自転車の荷物台や文化車という人力車のようなものに乗せられ、往診に出かけた。また、夜道を歩いて出かけることもあった。菊枝は、それでも嫌な顔ひとつ見せなかった。

菊枝は、絶えず思っていた。

〈病む人々を、一人でも多く慰めてあげたい〉

菊枝は、乳幼児の重症心臓病を早期に発見した。その子供はすぐに手術を受け、一命をとりとめた。その子の母親から感謝された。

その時、改めて、実感したという。

〈お医者さんになってよかった……〉

菊枝は、家庭にあっては特に強い主張はしなかった。が、一家の支柱のような存在であった。

人望も厚く、夫が公職追放中、その身代わりとして、県議選に出馬するよう何度も勧められた。早合点した地元の新聞社が、「立候補予定者の写真を撮りにきました」と自宅にやって来たこともあった。が、菊枝は、固辞し続けた。

俊博は、母親によく言われた。

「一生懸命頑張れば、それなりに世間が認めてくれる。それに見合う生活が自然に与えられる。努力すれば、必ず結果が出る。勉強して、頑張りなさい」

「明治の女」であった菊枝は、その言葉通り、一生懸命頑張る人であった。

菊枝は、幼い俊博にも「彌生先生」のことをよく口にしていたという。

俊博には、その人がどのような人かはわからぬが、はっきりと記憶に焼きついていた。

御坊中学校に進学した俊博は、工作の時間に、木で木箱を造って提出した。実は、御坊造船で木造船を作っている職人たちに手伝ってもらったのである。が、鉋《かんな》のかけ方など上手すぎては手伝ってもらったことがすぐにわかるので、わざと下手に造ってもらうように頼んだ。

また、俊博は外郭団体の主催する弁論大会のメンバーに選ばれた。俊博は、差別問題を主題とする島崎藤村《しまざきとうそん》の社会派小説「破戒」を引用し、人権問題について演説した。

俊博は弁が立った。これは、父親の影響によるものであった。稲原村村長であった父親は、戦争中、戦死した英霊が帰ってくるたびに、俊博の通う稲原小学校で慰霊祭の代表として演説をおこなった。

終戦が近づくと、戦死者が増え、それこそ毎週のように慰霊祭がおこなわれた。

俊博は毎回欠かさず父親の慰霊の演説を聞かされた。ただし、終戦の時、俊博はまだ小学校一年生である。話の内容については、よくわからなかった。だが、演説に重要なメリハリの重要さを知らず知らずのうちに身につけていたのである。

なお、母親の菊枝は、昭和二十八年には御坊保健所医となる。

昭和三十三年には湯浅保健所医となる。住まいのあった御坊から湯浅までは、電車を乗り継いで約一時間もの道のりであった。菊枝は、朝夕のラッシュ通勤をつづけた。

昭和五十六年に八十三歳で退職するまで、生涯を地域医療の向上のために尽くす……。

二階俊博と甲子園——日高高校初代応援団長

昭和二十九年四月、二階俊博は県立日高高校に入学。友だちに誘われるまま、バレーボール部に入部した。しかし、上背があるわけでもなく、バレーボールでは先がないと思い、一年で退部した。

二年に進級すると、今度は、新聞部の友だちに誘われた。

「新聞をつくってみないか」

二階は父親が新聞記者をやっていたこともあり、新聞に興味を抱いていた。

「よし、やろう」

二階は学校新聞づくりにのめり込んだ。記事を書き、広告も取った。先生に引率され、大阪まで印刷の校正にも出かけた。全国学校新聞コンクールに出展したこともあったという。


昭和三十一年二月二日、第二十八回選抜高校野球選考委員会がおこなわれた。この選考委員会で、日高高校野球部は、選抜高校野球選手権大会、いわゆる春の甲子園への出場が決定されたのである。学校創立五十周年にして、初めてつかんだ甲子園へのキップであった。野球部関係者はもちろん、地元の商店街をはじめ、街全体が歓喜した出来事であった。

昭和二十九年の近畿大会後、前年の四月から野球部の監督に就任していた大江正監督が辞任した。大江監督の後に就任したのは、長谷川治監督であった。海南中学、明治大学で名選手としてならし、指導者としても名が高かった。

春の甲子園への出場が決まり、野球部の練習は、日に日に厳しさを増した。

学校では、急遽、応援歌の作成と応援団の結成に取りかかった。

応援歌は校内で募集し、作詞は、三年生の最明一の作品が選ばれた。作曲は、音楽を担当する祐田信夫教諭が担当した。

二階は、応援歌の一番の歌詞に心を熱くした。

一、紀和の境に湧く雲の
影ぞ我等が旗印
正義の道を完うし
つづく好敵手も何かせん
前へ我等は腕を組み
健児の意気を知らしめん
我等が母校　嗚呼　日高

ここで、もう一つ問題が浮上した。日高高校には当時、応援団がなかったのである。そのため、応援団を結成する必要に迫られたのだ。

その応援団結成に粉骨砕身したのが二階であった。選抜への出場が決まると、当時高校二年生だった二階は、野球部員たちを激励するため、野球部のグラウンドを訪れた。

レギュラーのうちショートを守る玉置和賢、ファーストを守る藤川博司の二人が、二階と小学校時代に一緒に草野球をした仲間であった。

二階はエースの玉置忠男、主力打者でレフトを守る三木努、キャプテンでキャッチャーの田端保雄、さらにマネージャーの林宏和らに熱心に頼まれた。

「うちの学校には、応援団がないだろう。甲子園に出場する学校で応援団のないのは、うちだけだ。応援団がないのは、学校の仲間に期待されていないようで寂しい。おれたちには、勝ち抜く力はある。絶対に、一回や二回は勝つ。応援団を結成するよう、呼びかけてくれないか」

二階はこの時、新聞部の部長を務めていたが、二つ返事で引き受けた。

「よし、わかった」

二階は、さっそく学校新聞の社説ならぬ校説を書いた。大見出しをつけ、全校生徒に呼びかけた。

「全校挙げて、応援を！」

「応援団の結成を、急げ！」

その甲斐あって応援団結成の気運がしだいに高まってきた。

しかし、一朝一夕には、できるものではない。

二階は大阪経済大学の教授をしている伯父の古久保五郎に相談をもちかけた。

「日高高校が甲子園に出るんですが、応援団がないんです。どうすれば、できるでしょうか」

伯父は、頭を横に振った。

「やめといた方がいいよ。一カ月やそこらで、できるもんじゃない」

しかし、二階はあきらめなかった。

〈そうは言っても、せっかく友人たちが甲子園に出るんだ。応援団がなければ、選手の意気も上がらない〉

二階は友人や知人に相談して歩いた。

ある友人から、アドバイスされた。

「龍谷大学の応援団長は、日高高校のＯＢの浮津直道という人らしいよ。話を聞いてみたらどうだ」

二階はさっそく連絡をとり、交渉した。

「応援団をつくりたいのですが、協力してもらえませんか」

「いいだろう。休みの日に教えにいく。うちの大学の空手部の主将の大畑正法も、日高高校ＯＢだ。彼にも声をかけて、四、五人で行く」

「よろしくお願いします」

二階は胸を躍らせた。

〈これで、応援団がつくれるぞ〉

二階は、さっそく仲間に報告した。

「先輩が、応援団の結成に協力してくれる。こっちも早く受け入れ体制をつくろう。団員を集めようじゃないか」

仲間の一人が、思いついた。

「しかし、待てよ。応援団には団長が必要なんじゃないか」

二階は頷いた。

「それも、そうだな」

全員、顔を見合わせた。

やがて、視線が二階に向けられた。

「二階、そもそもお前が言いだしっぺなんだから、その責任をとれよ。おまえが、団長をやればいい」

「えっ！　おれがやるのか」

仲間は、声を合わせて賛成した。

「そうだ、それがいい」

結局、二階が応援団長を引き受ける羽目になってしまった。

応援団員を募集し、十数人が集まった。

数日後、龍谷大学の応援団長が空手部の主将たち数人を引き連れてやってきた。いよいよ、練習を始めることになった。

応援団長の挨拶のあと、なぜか空手部の主将が瓦を高く積み、息を整え、瓦割りを披露した。

「エイヤッ！」

瓦はみごとに真っ二つに割れた。

二階は体を振るわせた。

〈こりゃ、真剣にやらないと、ぶん殴られるな〉

二階らは和歌山県日高郡美浜町の太平洋をのぞむ煙樹ヶ浜で特訓を受けた。

甲子園では、マイクを使えない。地声が命である。

浜辺は風が強い。声が、なかなか通りにくい。団員は、声をそろえて懸命に大声を張り上げた。

応援団に加わった城章夫によると、喉から血が出るほど練習したという。

さらに、四分の三拍子などという、「ワルツ」とも言われているそれまで聞いたこともない応援方法も教わった。応援団として、なんとか様になってきた。

だが、校歌を合唱する段階になって、二階ははたと気付いた。

〈何か物足りないと思ったら、伴奏がないんだ〉

校歌斉唱をより盛り上げるには、ブラスバンドが必要である。しかし、日高高校は、ブラスバンド部がなかった。

二階はひらめいた。

〈御坊中学校に、協力してもらおう〉

二階は御坊中学校時代の担任の先生のもとに出向いた。

「うちの高校の野球部は、御坊中学校出身者が多いんです。ですから、先生も甲子園に応援に来てくださいよ」

「都合がついたら、行くつもりだよ」

二階は本題を切り出した。

「日高高校には、ブラスバンド部がないんです。ついては、ブラスバンド部を貸してもらえませんか。甲子園にいく往復の旅費しか準備できませんが、なんとか協力してくださいよ」

「うーん。おれの一存では、なんとも答えようがないな。校長や教頭に相談してみるよ」

二階は深く頭を下げた。

「よろしくお願いします」

やがて、オーケーの返事がきた。

しかし、二階はまだ何かものたりなさを感じた。

〈応援団は、なんとか形になった。ブラスバンド部も確保できた。しかし、何かまだ足りない。そうだ、

女子の応援だ。こうなったら、女子の応援団を結成しよう。これなら、甲子園もびっくりするぞ〉

いまでこそチアガールの存在は珍しいものではないが、この当時、チアガールの応援など皆無であった。

二階は女子リーダーの募集を始めた。

だが、なかなか集まらなかった。女友だちに声をかけたが、みな嫌がった。

「いやよ。人前でそんなことをすれば、お嫁にいけなくなっちゃう」

二階は、懸命に説得した。

「そんなこと心配するな。一人くらいは、応援団か野球部の誰かが責任を持つからさ」

なんとか頼み込み、一〇人の女子リーダーを編成することができた。が、チアリーダーといっても、ズボンの上にセーラー服を着せたような、極めて地味で穏やかなものであった。

だが、この女子リーダーたちは、マスコミの注目を集めた。応援団の花形として、大いに取材の的となった。

こうして、二階は応援団、ブラスバンド部、女子リーダーをまとめあげた。

が、二階には、さらに大仕事が残っていた。彼らを甲子園に連れて行く旅費である。

二階は奔走し、寄付金集めに走ってまわった。

二階は、それ以外にも、いろいろな細かい打ち合せや小道具づくりなどに忙殺された。そのおかげで時間の都合がつかず、高校生活の思い出となる修学旅行に参加できなかった。

四月一日、いよいよ甲子園が開幕した。

メンバーは、監督が長谷川治、ピッチャーが玉置忠男、キャッチャーがキャプテンの田端保雄、ファーストが藤川博司、セカンドが森本悦次、サードが楠暢太、ショートが玉置和賢、レフトが三木努、センターが入江喜一、ライトが佐野孝文、補欠が曽根三次、井田三喜夫、柳瀬恒三、岡本尚三、野球部の部長が山崎教義、マネージャーが林宏和であった。

日高高校は、いきなり初日の開会式直後の第一試合に富山県の滑川高校との対戦であった。開幕試合ということもあり、八万人の大観衆が甲子園には集まり、文字通り立錐《りっすい》の余地もないほどであった。

試合開始のサイレンとともに、日高高校野球部のピッチャー、玉置忠男は、第一球を思いっきり、バックネットをめがけて投げた。

一瞬の静寂の後、スタンドはどよめいた。

玉置は思った。

〈これで落ち着き、あとは平常心でプレーできるな〉

試合は、朝から降り続く雨のなかで白熱した投手戦となった。

応援団員は、わずか一か月の急造とは思えぬほど、みごとな応援ぶりを披露した。

女子リーダーも、注目の的となった。報道陣が取り囲み、しきりにカメラで撮影している。

二階はほくそえんだ。

〈このくらい盛り上がれば、選手も発奮してくれるだろう〉

試合は、一対一のまま延長戦に突入した。

この時、それまで小降りであった雨が激しく降りはじめた。

延長一〇回を終えた段階で引き分けとなった。翌日、再試合がおこなわれることになった。

二階は頭を抱えこんだ。

〈最悪の結果になってしまった……〉

長谷川治監督や選手たちは言っていた。

「一回戦は、絶対突破できる」

二階も口ではそう言っていたが、実は本心では勝てるとは思っていなかったのである。

それゆえ、応援団の旅費も一回戦で終わるという段取りしかしていなかった。前日の宿泊費は用意していたが、もう一泊するだけの余裕はなかった。

想定しないパターンに追い込まれた。学校の先生たちも来ているが、正直いって役に立ってもらえない。

二階は、応援団員に向かって頭を下げた。

「みなさん全員を宿泊させる予算がありません。大阪や兵庫に親戚のある人は、そこに泊めてもらってください。そうでない方は、いったん自宅に戻ってください。そしてもう一度、明日、応援に来てください」

しかし、翌日も日高高校は第一試合に組まれている。これが、第二試合、第三試合なら時間的に間に合うであろう。が、朝早い第一試合に電車で駆け付けることなど不可能であった。

いっぽう、先生たちは、その夜旅館で寝ていて、寝言で戦争を思い出すのか、「撃てぇ！」とか寝言でわめく者もいたという。

翌朝、二階は日高高校の応援席側である三塁側のアルプススタンドに入った。開始時間が迫っても、やはりスタンドには空席が目立っている。頼みの綱である御坊中学校のブラスバンド部も来ていない。

〈野球部には、申し訳ないな〉

ふとスタンドの後方を見た。すると、第二試合に出場する広島商業の応援団がすでに来ていた。

二階は思いついた。

〈そうだ、彼らに協力してもらおう〉

二階は広島商業の応援団長に事情を説明し、話をもちかけた。

「あまりにも寂しいので、鳴り物を協力してくれませんか。その代わり、われわれも第二試合に残って、広商を応援しますから」

話はついた。日高高校応援団は、太鼓を叩き、広島商業応援団は伝統の宮島のしゃもじを打ち鳴らして応援してくれた。

滑川高校との再試合は、前日とはうってかわって絶好の野球日和となった。

この日も試合は白熱した展開であった。日高高校野球部は、六回に相手ピッチャーの球威が落ちたところで外角球を右方向へ狙い打ち、この回四安打を集中し、二点を先制した。

そのまま逃げ切り、二対〇で甲子園初勝利を摑むことができた。

勝利の瞬間、アルプススタンドの三千人の応援団は、狂喜のごとく躍り上がった。

応援旗は大きく打ち振られ、校旗は春風にはためいた。

甲子園に日高高校の校歌が高らかに響き渡った。

長谷川監督は、選手たちの肩をやさしく抱き、ねぎらった。

「みんな、よくやってくれたな」

二階は、日高高校野球部の勝利にわくスタンドの応援団たちの姿や、喜ぶ選手たちの姿を見て思った。

〈よかった。応援団結成の苦労も報われたな〉

この試合中、地元では、どの家もラジオの試合中継に耳を傾け、商店街のテレビの前は黒山の人だかりであった。

こうして日高高校は、トーナメント方式の妙で第三回戦に進んだ。一回戦を勝っただけで、なんとベスト8入りしたのである。地元も盛り上がりを見せた。応援団を甲子園に送りこもう、とさらに寄付金も集まった。

第三回戦の対戦相手は、優勝候補の東京代表の日大三高であった。のちにプロ野球の阪神タイガースに入団する並木輝男をエースに擁していた。

当日、二階らがスタンドに入ると、地元の県立尼崎高校の応援団が試合を終え、帰り支度をしていた。

二階はスタンドの最前列に置かれている大きな台に目をつけた。県立尼崎高校のエースは、のちにプロ野球の中日ドラゴンズに入団する今津光男であった。応援にも熱を入れ、応援団のリーダーが動きやすくするため、大きな台を持ち込んでいた。

二階は、尼崎高校の応援団長をつかまえると、頭を下げた。

「この台を、貸してくれませんか」

「いいですよ」

二階は、広島商業応援団に続き、尼崎高校応援団の協力も得ることになった。

日高高校は、優勝候補の日大三高を相手に互角の勝負を展開した。自然と応援にも熱が入った。

二階は、応援団長として喉が張り裂けんばかりの大声を出した。

初回には、相手投手の制球難をつき、二点を先制。試合は前半有利に進めたが、四回に、日大三高が集中打と盗塁を絡めて、三点を取り、逆転する。

なんとか逆転したい日高高校。回が進み、八回の日高高校攻撃時に事件が起きた。

先頭打者のキャプテンの田端保雄が二塁打を放った。同点のチャンスである。スタンドは、沸き返った。

ところが、いきなり歓声が溜め息に変わった。

応援団長の二階は、グラウンドに背を向けている。それゆえ、二階には、事情が呑み込めなかった。後を振り返ると、二塁走者が、すごすごとベンチに帰ってくるではないか。

〈何が起こったのだろう〉

二階は、目の前にいる観客に訊いた。

「どうしたんですか」

「いやあ、隠し球にあったんですよ」

二階は、さすがにガックリと肩を落とした。走者に気づかれないように野手がボールを隠し、走者がベースを離れた瞬間にタッチして走者をアウトにする、いわゆるトリックプレイである「隠し球」を使ったというのだ。

〈やはり都会のチームだな。隠し球を使うなんて、思いもよらないよ〉

この隠し玉が影響したのか、それまで日高高校の押せ押せムードであった試合の流れが、がらりと変わってしまった。

結局、日高高校は、相手を上回る八安打を放つものの、波に乗れず、二対四で惜敗した。

この試合では、ピッチャーの玉置は、相手をわずか五安打に抑える好投をみせ、実力的には互角の内容であったが、試合運びの差が勝敗を分けた。

大会終了後、優秀選手として投手部門で、玉置忠男、外野手部門で、三試合で四安打し、再三の攻守を見せた三木努が表彰された。

二階は、この敗戦に悔いはなかった。

〈やるだけのことはやった。おれは修学旅行にこそいけなかったが、野球部のおかげで、楽しい青春の一ページを飾ることができた〉

なお、甲子園大会終了後、日高高校応援団は新聞記者などが投票する優秀応援団の一校に選ばれた。

選抜終了後の夏の大会では、日高高校野球部は、決勝戦で新宮高校に〇対三で敗れたため、春夏連続甲子園出場はかなわなかった。

ただし、甲子園出場のときの二階らの応援団の型は、現在も受け継がれている。さらに、当時の応援団員と野球部員は、いまでも年に一回集まり、当時のことを思い出しながら酒を酌み交わしている。

二階にとって、この甲子園出場で応援団長として活躍したことは、のちに県会議員選、衆議院選に出馬するとき、おおいに役立つことになる。

当時の甲子園出場者が、のちに語る。

「あの奇跡的な甲子園出場は、二階俊博の政界デビューのためにあったようなものだな」

二階俊博、初めの選挙戦

昭和三十一年春、二階俊博は和歌山県立日高高校の三年生に進級した。

間もなく、生徒会長選挙がおこなわれることになった。日高高校の生徒会長の任期は、四月から九月まで前期、残りを後期として務める二期制であった。

応援団長として獅子奮迅の働きをし、そのリーダーシップが認められた二階は、応援団員、野球部員から立候補を勧められた。

「生徒会長選挙に出ろよ。おまえなら、絶対に当選する。おれたちも、一生懸命応援するから」

しかし、二階はあまり乗り気ではなかった。

「無投票なら、やってもいいけどな」

二階は執拗《しつよう》に勧められ、どうしても断りきれなくなった。やむなく立候補した。

「そんなこと言わずに、出ろよ」

立候補者は、二階を含め二人であった。投票の結果、二階は圧倒的勝利をおさめた。

それから間もなくのことである。全学連の影響から、県下の各校で授業料値上げ反対運動が起こった。

二階のもとに、県下生徒会長会議の通知が届けられた。

二階は顔をしかめた。

〈勉強するための環境を改善しようという趣旨ならいい。だが、授業料の値上げ問題に踏み込み、なおかつ署名を携えて県知事に直接話をしに行くなんていうのは、本来の生徒会の仕事じゃない〉

二階は、やがて松山儀蔵校長から呼び出しを受けた。県下生徒会長会議の話を聞きつけたのであろう。

校長は訊いてきた。

「生徒会長会議があるようだが、きみも出席するつもりか」

二階は、きっぱりと言った。

「出席しますが、授業料値上げ反対運動に同調するつもりはありません」

校長は、安堵の表情を浮かべた。

「そうか、良かった。きみも知ってのとおり、今度、我が校は、普通科と商業・工業科に分離することになった。教育委員会にも、県にも、世話になっている。それなのに、授業料値上げ反対運動なんてやってもらったのでは、学校としても校長としても、県に対して困るからなあ」

二階は駆け引きに出た。

「ただ、お願いがあります。授業料値上げ反対運動をしない代わりに、その捌《は》け口として、校内緑化運動をやりたいと思います。金をかけるなら、植木屋に頼めばいい。しかし、金は一切使わず、全校生徒の協力で校庭のまわりに花壇をつくり、緑を植えるんです。田んぼの畦道を歩けば、クローバーなどいくらでも生えている。それを、全校生徒で採りに出かけるのです」

「なるほど、いいだろう」

二階は校長のお墨付をもらうと、すかさず校内緑化運動に取りかかった。

緑を植える花壇には、やわらかい土がいる。そこで、ダンプカーを持っている生徒の父親の協力を得て、山から土を運んできてもらった。

全校生徒が汗を流して花壇をつくり、緑を植えた。

二階は苦労してつくりあげた花壇を荒らされぬよう看板を立てることにした。しかし、「入るな！」という看板では、いくらなんでもかっこうが悪い。そこで、英語の辞書を引っ張ってみた。「KEEP THE GRASS」という言葉を見つけた。

〈これにしよう〉

二階は看板にその英語を書いて立てた。

紀州新聞社長との駆け引き

生徒会には、使える予算があった。うんと費用のかかる分野には百万円単位で予算配分していた。不満を持つ者が、校内の新聞に書きたてた。

『生徒会長は、予算をスポーツに傾斜し過ぎている、横暴だ』

さらに火が点いて、町の日刊新聞である紀州新聞にも書く、という動きが起こった。紀州新聞の社長は、町の大ボスである。

二階は、紀州新聞に乗り込んで行った。

社長と面と向かい合った。

「生徒会のことを、町の新聞に書くべきではない。どうしても、書かれるつもりですか」

「……」

二階は啖呵《たんか》を切った。

「書くなら、こちらも徹底的にやらしてもらいます」

「何をやるというんだ」

「不買運動をやる」

社長も、さすがにそれには驚いたようだった。

結局、社長も腰が引けたのか、紀州新聞に書くことを断念した。

が、その後、紀州新聞の社長は、二階が中央大学に進んでから、無料で紀州新聞を送り続けた。

国旗掲揚、国歌斉唱を主導

初夏を迎え、学校祭がおこなわれることになった。二階は、その際、あることを考えていた。国旗掲揚と国歌斉唱である。

二階は小学校のころから不満に思っていた。

〈世界中のどこの国にも、その国の象徴としての国旗があり、国歌がある。それなのに、なぜ入学式や卒業式などの記念すべき日に、日の丸を掲げてはいけないのか。君が代を歌っては、いけないのか〉

二階は密かに準備にかかった。極秘裡に全校生徒に根回しをした。

「学校祭当日の開会式で、国旗掲揚と国歌斉唱をする」

ところが、校庭には国旗を掲揚するポールがなかった。そこで同級生の父親の原見柳に二十五メートルほどの檜づくりのポールを造ってもらった。

さらに、親しかった音楽の祐田信雄先生に頼み込んだ。

「学校祭当日、開会式で君が代を斉唱します。そのとき、タクトを振ってくれませんか。しかし、そのことは、職員会議などでうるさいかもしれませんが、生徒会から頼まれたと言ってください」

国旗掲揚と国歌斉唱をすることが前もって発覚したら、大変なことになる。そんな時代であった。

音楽の祐田先生は、理解を示してくれた。

「わかった。タクトを振ることが、音楽教師の務めだ」

いよいよ、その日がやってきた。学校祭の開会式の時間になると、先生たちが職員室から校庭に出てきた。校庭には、昨日までなかった国旗掲揚の立派なポールが立っている。みんな唖然とした表情で見つめていた。

進行担当の生徒が、号令をかけた。

「国旗掲揚台に向かって、回れ右！　国歌斉唱！」

生徒たちは、一斉に回れ右をした。

しかし、まったく動こうとしない同級生が二人いた。二階は不思議に思った。

〈どうして、この二人は、回れ右をしないのだろう〉

二階はその二人と仲が良かった。文句があるなら二階に面と向かって言ってくるはずである。が、それもなかった。

のちに、二階は彼らが左翼にかなり傾いていたことを知る。二人は左翼的イデオロギーに早熟だったのであろう。一人は、のちに共産党の和歌山市議になった。もう一人は、のちに校長になる。が、校長になるころは左翼的でなくなっていたという。

中央大学法学部進学

秋を迎え、本格的な受験シーズンが到来した。が、二階は自分の将来についてそれほど深く考えていなかった。

周囲は、

「お父さんの跡を継いで、政治家になれ」

「お母さんの跡を継いで、医者になれ」

とやかましく言ってくる。

しかし、二階は政治家になるつもりはまったくなかった。

昭和三十年四月に公職追放を解除された父親の俊太郎は、早速県議選に出馬したが、落選していた。

祖母の加津とすれば、息子と同じ苦労を孫にも味わわせたくないのであろう、二階は祖母からも言われた。

「政治の道なんか、やめたほうがいいよ。家の者は、みんな苦労するんだから、大変だよ」

二階も思っていた。

〈確かに、政治家はあまり魅力のある仕事ではないな〉

そうかといって、二階は、母親のように医者になるつもりもなかった。母親を見ていると、めったに休みがとれない。深夜でも平気で診察をさせられる。割に合わない仕事だ、と思っていた。

それに二階は医者の息子でありながら、注射が大嫌いであった。自分が嫌いなものを、人にすることなどもってのほかだった。

漠然と考えていた。

〈どこかの企業に入って、サラリーマンにでもなろう。大学は、どこでもいい〉

二階は地元和歌山から近い立命館や同志社など京都の大学を受験しようと考えた。

が、新聞部の顧問の津本誠一郎先生の一言が、妙に心に引っかかっていた。

「男なら、箱根を越えないといけない。関西にも立派な大学はたくさんあるが、できれば東京に行ったほうがいい。政治家や経済人、文学者など、いろんな人に会える。講演も聞ける。それもまた、勉強のひとつだ」

二階はその言葉に影響され父親が学んだ東京の中央大学法学部政治学科を受験することにした。

が、母親の菊枝は、中央大学法学部政治学科への受験に賛成しなかった。

「お前も政治の道へ進むのでは、と心配になってな……」

母親も、俊博が夫のように選挙で苦労する姿を見たくなかったのである。

二階は、こうして、昭和三十二年四月、中央大学法学部政治学科に入学した。

中央大学時代、二階には心に残る三人の教授がいた。

一人は川原吉次郎教授である。

「満員電車の状況を体験したものでないと、本当の政治は語れない」

国会議員は、大きな車の後部座席にふんぞりかえって座っているイメージのあった時代である。それだけに、二階には、川原教授の言葉がひどく胸に残った。

小松春男教授の人情味、人間味あふれる西洋政治史の名調子の講義も印象的であった。二階が特にショッキングだったのは、中央大学に講師として招かれ、大衆文化を講義してくれた社会学の樺俊雄《かんばとしお》教授であった。

昭和三十五年一月に全権団を率いて訪米した岸信介《きしのぶすけ》は、アイゼンハワー大統領と会談し、新安保条約の調印と同大統領の訪日で合意した。新条約の承認をめぐる国会審議は、安保廃棄を掲げる社会党の抵抗により紛糾。五月十九日には日本社会党議員を国会会議場に入れないようにして新条約案を強行採決したが、国会外での安保闘争も次第に激化した。

政府の強硬な姿勢を受けて、反安保闘争は次第に反政府・反米闘争の色合いを濃くしていった。国会周辺は連日デモ隊に包囲され、六月十日には大統領来日の準備をするために来日した特使、ジェイムズ・ハガティ新聞係秘書（ホワイトハウス報道官）の乗ったキャデラックが東京国際空港の入口でデモ隊に包囲されて車を壊され、ヘリコプターで救出される騒ぎになった。岸は「国会周辺は騒がしいが、銀座や後楽園球場はいつも通りである。私には〝声なき声〟が聞こえる」と沈静化を図るが、東久邇稔彦《ひがしくになるひこ》、片山哲《かたやまてつ》、石橋湛山《いしばしたんざん》の三人の元総理が岸に退陣勧告をするに及んで事態は更に深刻化し、アイゼンハワーの訪日は中止となった。

さらに六月十五日には、国会構内では警官隊とデモ隊の衝突により、樺教授の娘の東京大学の学生である樺美智子が圧死する事故が発生した。混乱のなか、六月十八日深夜、日米新安保条約は自然成立。六月二十一日には批准、昭和天皇が公布した。新安保条約の批准《ひじゅん》書交換の日の六月二十三日、混乱の責任を取る形で岸は閣議にて辞意を表明する。

樺教授は、娘の死という悲しみを乗り越え、その後も講義を続けた。

ノンポリであった二階は、デモ隊に参加はしなかったが、樺教授にどのように慰めの声をかけていいのかわからなかったという。

怜子夫人との出会い

二階の妻となる下田怜子《しもだれいこ》は、小、中、高と二階と同じ学校であった。

昭和十六年一月十日生まれで、二階より二歳年下だった。彼女が中学校一年生の時は、二階は三年生、高校にあがってからも、彼女が一年生の時は、二階は三年生であった。二階は、中学生の時は、生徒会長だったり、高校では応援団長をしていたり、卒業式で答辞を読んだりしていて目立っていたので、よく知っていた。ただし、直接に話したことはなかったという。

怜子が共立女子大に入学して入学式に上京する際、二階の父の俊太郎が彼女の父親に言ってきた。

怜子の父親の守蔵は、二階家と一緒の御坊で材木屋をしていて、二階の父親とは親しかった。

「俊博が東京に行ってますから、迎えに行って案内させます」

怜子によると、母親と一緒に東京駅に着くと、二階がホームに迎えに来てくれていた。

怜子が二階と話したのはこの時が初めてであった。

二階は、それから怜子と母親を怜子がこれから通うことになる神田の共立女子大を案内してくれた。

また二階は、怜子の母親が東京にいる間、皇居や銀座など東京中を案内した。怜子の母親は、娘に二階のことを「本当に優しい人ね」と語っていたという。

当時、二階の通う中央大学法学部は、怜子の通う共立女子大と同じ神田にあった。

二階は、怜子に言うようになった。

「神保町の都電のあたりで待っていてくれ」

二階は、文京区初音町の後楽園近くに下宿していた。

怜子は、芝白金《しばしろがね》に下宿していた。二人は、日比谷公園をはじめ、東京中をよく歩き、語り合った。

怜子は、中学時代から二階の弁論を聴いていた。二階は日高高校時代には生徒会長をしていたし、二階の父親は県会議員をしていたから、二階もいずれ政治の世界に進むだろうと思っていたという。

第四章　遠藤三郎の秘書として

江崎真澄との出会い

二階俊博は、やがて大学四年生となり、就職シーズンを迎えた。が、国内は安保改定反対の嵐が尾を引き、学生は就職難に陥っていた。

二階は思った。

〈このままずぐに就職せず、この際、一年遊んでやれ。まだ若いし、一年くらいの遅れはどうにでもなる。さて、何をしようか〉

そんなある日のことである。二階は文京区公会堂で開かれた自民党の大演説会にぶらりと立ち寄った。江崎真澄《えさきますみ》、中曽根康弘、安井謙《やすいけん》、中村梅吉《なかむらうめきち》らが、三千人の聴衆を相手に次々と演説をぶった。

なかでも、江崎と中曽根の演説のうまさは秀でていた。安保改定で混乱している世相を、わずか二〇分たらずの持ち時間で、快刀乱麻を断つごとくバッサバッサと切っていく。三千人の聴衆は、すっかり魅了されてしまった。

二階は興奮した。

〈凄い。安保騒動の大混乱のなかで、国の将来の展望を見事に指し示す政治家とは、偉いもんなんだな〉

演説会終了後、二階はそのまま神田の本屋に向かった。江崎真澄にひどく興味を抱いていた。

ある雑誌を開くと、江崎のことが載っていた。江崎は、小沢佐重喜《おざわさえき》、遠藤三郎らと、岸内閣の外相を務めた藤山愛一郎《ふじやまあいいちろう》を領袖《りょうしゅう》とする藤山派を近く旗揚げすると書かれている。

二階は胸を躍らせた。

〈よし、江﨑先生の秘書をやらせてもらおう。政治家になるつもりはないが、政治の側から世の中を見てみるのも勉強だ〉

江﨑真澄は、大正四年十一月二十三日、愛知県一宮《いちのみや》市に生まれた。

旧制私立東邦商業中学から旧制第八高等学校（現・名古屋大学）に入学。が、八高に入ってすぐに肺結核にかかってしまった。闘病生活中に小説を書き始める。

昭和九年、雑誌『改造』の懸賞小説に、恋愛小説『長良』を応募し佳作となる。その時、同じ佳作には、石川達三《いしかわたつぞう》の『蒼氓』がある。石川のこの作品はなんと、第一回芥川賞を受賞する。

江﨑は、八高中退後、日大経済学部に入学し直した。

昭和二十一年、戦後初の衆議院選挙に鳩山一郎《はとやまいちろう》の自由党から出馬し、初当選を飾った。三十歳であった。

初当選以後、自由党に属し、吉田茂《よしだしげる》内閣の幹事長、総務会長をつとめる広川弘禅《ひろかわこうぜん》の四天王の一人となって、田中角栄とともに活躍。保守党のホープと目されていた。

昭和三十五年七月、四十四歳の若さで、第一次池田内閣の防衛庁長官として初入閣した。江﨑は、広川、緒方竹虎《おがたたけとら》にかわいがられ、緒方亡きあとの私淑者・砂田重政《すなだしげまさ》の推薦での初入閣であった。

この江﨑の初入閣は、「池田内閣のヌーベルバーグ」と騒がれた。

砂田は、江﨑を誉めて言った。

「河野一郎君とは対照的ながら、やはり河野君と同じように大をなす」

江﨑は、昭和三十五年、藤山派結成と同時に、岸信介のすすめで同派に入っていた。

ちなみに、現在、二階派所属の自民党の衆議院議員である江﨑鉄磨《えさきてつま》は、江﨑真澄の三男である。

二階は、さっそく郷里和歌山県にいる父親の俊太郎に連絡をとった。俊太郎は、昭和三十四年四月、自民党非公認の悪条件のまま県議選に出馬し、十数年ぶりに県議に返り咲いていた。

二階は父親に頼んだ。

「よく子供の頃から話してくれた遠藤先生を、紹介してもらえませんか」

遠藤三郎は、明治三十七年四月十五日、静岡県駿東《すんとう》郡裾野《すその》町茶山に、農業・遠藤儀一の五男として生まれた。静岡県立沼津中学校、第一高等学校を経て、昭和五年三月、東京帝国大学法学部法律学科を卒業し、翌四月から農林省に入省。昭和十八年和歌山県経済部長となる。昭和十九年に農商務省に帰り、生活物資局監理課長、綜合計画局参事官を務めた。

戦後は、内閣調査局調査官、内閣参事官、農林省官房会計課長、総務局長、畜産局長などを務め、昭和二十三年九月に退官した。

昭和二十四年一月、第二十四回衆議院議員総選挙で静岡県第二区に民主自由党から出馬し初当選。昭和三十三年には建設大臣に就任していた。この時、当選連続六回を飾っていた。

父親が訊いてきた。

「紹介することは、やぶさかでない。しかし、何をお願いしに行くんだ」

二階は、素直に打ち明けた。

「実は、江﨑真澄先生の秘書になりたいんです」

父親は、大声を上げた。

「なんだ！　秘書だと……」

「ええ、遠藤先生に、江﨑先生を紹介してもらいたいんです」

父親は反対した。

「悪いことはいわない。秘書なんて、やめた方がいい。秘書は大変な仕事だぞ。その政治家に心底惚れ込まないと、務まらん」

二階は答えた。

「いや、長くやるつもりはないんです。一年でいい。その後は、どこかの企業に就職するから」

「そうか。いずれにしても遠藤先生に会うことは、悪いことではない。紹介するから会いに行ってこい」

二階俊博は、その直後、遠藤のもとを訪ねた。

遠藤は、あっさりと引き受けた。

「よし、わかった。江﨑さんに言っておいてあげるよ」

「よろしくお願いします」

間もなく、二階の後楽園球場近くの下宿先に遠藤から電話があった。

「秘書の件だが、江﨑さんは、ついこの間、やはり秘書になりたいという地元後援会の有力者の子弟を断ったばかりだと言うんだ。その矢先に、きみを雇うわけにはいかないだろう」

二階は答えた。

「そうですか。残念です」

遠藤は続けた。

「そこでだが、藤山愛一郎さんは、大物政治家だ。近い将来、絶対に総理大臣になる。その藤山さんの秘書になったら、どうか」

二階は唐突に言われ、迷ってしまった。

〈どうしようか〉

が、乗りかかった船である。

覚悟を決めた。

「わかりました。それで、どうすればよろしいでしょうか」

「きみのお父さんの意思も確かめないといかんだろう。お父さんに上京してもらって、三人で藤山さんに会いに行こう」

二階は、父親と遠藤と三人で港区赤坂にあるホテル・ニュージャパン内の藤山の個人事務所を訪ねた。

藤山は、ひどく上品な佇まいをしているように見えた。品のいい銀髪が特に印象的であった。

間もなくして、遠藤から二階俊博に電話がかかってきた。

「藤山さんが、オーケーしてくれた」

「そうですか。ありがとうございます」

「しかしな、藤山さんは、有力な総理大臣候補だ。それだけに大日本製糖の役員や外務省の参事官、はたまた新聞社の政治部キャップなど錚々《そうそう》たるメンバーが秘書として仕えている。きみは、その下になってしまう。それでいいか。たしかに、『藤山の秘書です』と名乗れるのは、かっこうがいい。だけど、政治の勉強にならないかも知れないぞ。ほんとうに政治を勉強したいなら、ぼくのところに来たらいい」

遠藤は二階が父親の跡を継ぎ、政治の道を目指すため、秘書になりたいのだと思っていたのであろう。

二階の将来を考えてのはからいであった。だが、当の二階は政治家になるつもりはまったくなかった。ましてや、遠藤の秘書になることなど夢にも思っていない。

しかし、自分の将来について親身になって相談にのってくれた遠藤に「先生の秘書になるなど考えてもいませんでした」とは口が裂けても言えない。

二階は、窮余の一策を講じた。

〈とりあえず、半年だけ秘書をやらせてもらおう。その後、どこかのサラリーマンになればいい〉

二階は申し出た。

「それでは、半年だけお願いできますか」

こうして、二階は昭和三十六年春、中央大学法学部政治学科を卒業後、遠藤の秘書として社会人の第一歩を踏み出した。


二階が遠藤三郎の秘書になった時、下田怜子が共立女子大の三年生になる時であった。

二階は、彼女の両親のところに行き、頼み込んだ。

「怜子さんが二年後に卒業したら、結婚させてください」

怜子の母親のキヨ子は、二階が気に入っていたから、顔をほころばせた。なにしろ、怜子にいつも言っていた。

「怜子は水たまりがあったら、水にハメに来るから安心できない。怜子に比べ、俊博さんと一緒にいると、不思議と安心するのよね」

ところが、怜子の父親の守蔵は、思わぬことを口にした。

「俊博君、あんなのやめた方がいいぞ。気ままなところがある。私がきみだったら、（怜子を）のし紙をつけて返すよ」

二階を高く評価している守蔵は、照れ隠しで言ったのだろう。

二階は、きっぱりと言いきった。

「大丈夫です。乗りこなしますよ」

秘書として永田町を奔走する

二階の先輩秘書には、農林省出身の森崎守夫をはじめ、佐々木邦彦、菅沼芳衛、高木貞男、深沢敏男、曽根雅永、矢田保久、岩田春芳、山崎平二らがいた。

二階は、衆議院議員会館に近い後楽園に下宿していたから、どの先輩秘書より早く議員会館に入った。お茶をわかす順番も早く取った。

先輩秘書たちは、そういう新人の二階を随分とかわいがってくれた。二階に、先輩だけが知っている情報を教えてくれた。二階は、何人かの先輩からそれぞれの独自の情報を知ることができた。

秘書だけでなく、遠藤の東京大学の同級生たちも二階をかわいがり、細かく教えてくれた。

そのせいで新人ながら二階に多くの情報が入っていたので、遠藤に会いたいという来客がどういう用件で来たのか、およその意味と方向がわかった。

遠藤が建設大臣に在職したのは、昭和三十三年六月十二日から三十四年六月十八日までのまる一年間だったが、在職中の大きな仕事の一つに、昭和三十三年九月二十六、二十七日に静岡県伊豆地方と関東地方に甚大な被害をもたらした狩野川台風の事後処理がある。

師・遠藤三郎

遠藤は選挙区の陳情処理の合間を縫って、二階に勉強の機会を与えてくれた。

「暇があれば、国会の委員会や党の会合へ出て、勉強しなさい」

福田赳夫をはじめ自民党の重鎮《じゅうちん》や、財界の日本商工会議所会頭の五島昇《ごとうのぼる》東京急行電鉄社長などの会合にも同席を許された。

時には、夜の会合から車で自宅に帰る途中、わざわざ二階の後楽園近くの下宿先まで送ってくれた。降りる段になると、言葉をかけた。

「お父さんから預かったきみに、酒を呑むことばかり教えているわけではない。帰ったら、勉強しなさい。この間、役所から経済白書がきただろう。あれは、文章が長すぎる。役人の書いた文章ではなく、政治家の文章として、コンパクトにまとめてみろ。それだけでも、十分に勉強になるぞ」

さらに遠藤は、細かく指示した。

「豚肉の値段はどうなっているか。卵の値段はどうなっているか。それを調べて書いてくれ。地元のお百姓さんは心配しているからね」

二階は、言われた通り調べて勉強すると、面白いほど奥行きが広がった。二階は、役人出身の政治家の秘書になってよかったな、と思った。

二階が書類を作るときも、手紙を書くときも、遠藤は一言一句、微に入り細に入り教えてくれた。二階にとり得がたい機会であった。

約束の半年が経った日、沼津市の自宅で、遠藤は二階に言った。

「きみは、たしか半年ほど秘書をやりたいと言っていたが、今後、どうするつもりでいるんだ。選挙に出ると、カネに苦労するもんだ。そういう苦労は、しない方がいい。ぼくが頼めば、ある大企業の社長秘書になれる。政治家になるには、企業の安定したバックアップも必要だぞ」

二階は、遠藤に訊いた。

「僕はペケですか」

「いや、そうじゃないから言うんだ。俺はきみに俺の地盤を継いでやってほしいと思っている」

二階は、もう少し遠藤のそばにいたかった。

「いえ、あと半年、先生のもとに置いてください。そこから先は、自分で決めたいと思います」

「よし、わかった」

病に倒れた遠藤を全力で支える

遠藤が脳溢血の発作を起こしたのは、二階が遠藤事務所に入ってちょうど一年目の千鳥ヶ淵の美しい桜の咲くころ、昭和三十七年三月の末だった。

遠藤は、その日、国会に入る前からしきりに「気分が悪い」と口にしていた。が、その時はそのまま国会に入った。しかし、やはり無理と思ったのか、すぐ出て来た。車で練馬区の家に帰った。

遠藤は、すぐ東大病院に入院した。

二階は、心の中でまるで大木が音を立てて倒れていくような大きな衝撃を受けた。

〈これから、どうなるんだ……〉

幸いなことに、遠藤は入院後しばらくして意識を回復した。

それから間もなく、大きな問題が起こった。建設省の高野務道路局長が言ってきたのである。

「先生に会いたい」

そのころ遠藤は、ちょうど東名高速道路の建設促進議員連盟の会長をしている時期で、高野局長は、遠藤に了解を取らなければいけないことがあった。

「実は、東名高速の路線決定の問題で、近く河野（一郎）建設大臣に報告することになっている。その前に議員連盟の会長である遠藤先生のご了解を得ておきたいと思いまして」

遠藤は、東大病院に入院中であった。一般的に政治家の病気は隠すことが多い。二階ら秘書は、迷いに迷った。高野局長は、もちろん遠藤の入院など知る由もない。

「なんだったら、おうちに伺ってもいい。また、ご出張中なら東京駅でお待ちしてもいい」

しかし、よくよく考えてみると、事は国政上の重要な問題。しかも、遠藤が心血を注いできた東名高速道路の浜名湖を通る路線の問題である。いい加減なことを言うわけにはいかない。

二階は、先輩の秘書たちと相談したうえで伝えた。

「遠藤先生は、このことは高野道路局長におまかせする、とおっしゃった」

二階はひや汗をかいた。が、二階は、あとで考えると今でもあの措置は正しかったと思うという。

選挙参謀

入院後、しばらくして意識を回復した遠藤は、二階を呼び頼んだ。

「二階君が嫌がるなら仕方がないが、佐賀県の杉原荒太《すぎはらあらた》先生の選挙のことが気になる。応援に行ってくれないか」

遠藤の長女の道子が杉原の長男杉原哲太のところへ嫁いでいる。二階にはその関係から、遠藤が心配する気持ちがよくわかった。

二階は、即座に引き受けた。

「お役に立てるかどうかわかりませんが、選挙の時は朝早く起きて事務所を開ける人も必要でしょう。何かやれるでしょう」

二階は、事務所の先輩に見送られ、東京駅から夜行列車に乗り佐賀県に赴くことになった。

事務所の人や友人が弁当を差し入れてくれて、二階の背中を叩いて励ましてくれた。

「大変なところへ行くんだけど、しっかりやって来いよ」

当時、「佐賀県人の歩いた後は、草木も生えない」と言われていた。そんな厳しいところへ行くのだから、お前、大変だぞ、という意味がこもっていた。

この見送りの人の中に、佐賀県鹿島市の織田病院の院長の弟で、杉原の選挙参謀の織田桃彦がいた。

実は、密かに二階の面接試験に来たのだ。これからひと月もふた月も飯を食わして飼っておいて、本当に役に立つのか、大丈夫か、と確認しに来たと言える。

二階は、織田に断言した。

「今回の選挙は、十二万票プラスアルファーが分岐点になるでしょうよ」

その数字が、まさに織田の考えていた数字とほとんどピタリであったようだ。

織田は、こいつは役に立つかも知れない、すぐにでも動いてもらおう、と無事採用試験に合格したのであった。二階は、その織田にもかわいがられ、織田との縁は一生涯、続くことになる。

佐賀県の参院選は一人区で、杉原は、昭和三十一年七月にも連続当選を果たし、この年昭和三十七年七月の選挙が三回目の挑戦であった。

二階は、遠藤から、杉原がいかに硬骨漢かのエピソードも聞いていた。

「杉原さんが外務省の条約局長時代のことだ。当時の吉田茂《よしだしげる》総理は、飛ぶ鳥を落とす勢いでね、外務大臣も兼務されておった。杉原さんの上司であるわけです。誰でも彼でも、時の吉田総理には、先を競ってごますりに行きますよね。ところが、杉原さんは行かない。吉田総理が、外務大臣だから、たまに外務省にふらりとやって来た。そこで、皮肉の好きな吉田総理が杉原さんに言った。

『この局長には、なかなかお目にかかる機会がないもんだから、私の方から来た』

杉原さんは、またそれに答えて言った。

『ご用のある時は、必ずおうかがいして決裁をいただきます。しかし、今のところ、ご用がなかったもんですから、行きませんでした』

なかなかそんなこと言えないよね。相手は、内閣総理大臣でも、並みの総理大臣ではない。そういう相手と渡り合うわけだから、相当なもんですよ」

杉原は、本当に人物は第一級に立派だが、あまり選挙を熱心にやらない。選挙民に一票を頼むなんてことを言って回るのが、あまり好きでないという。

二階は、自分の役割は、選挙事務所の下足番くらいであろうと思っていた。が、手伝っていくうちに、あっという間に仕事量が増え、杉原陣営のなかで重宝されていくことになる。杉原陣営の選対中枢の一人として活躍することになった。

当初、杉原陣営は、佐賀県鹿島市にある織田病院の院長の弟、織田桃彦が中心となっていた。

二階は、この選挙で寝る間を惜しむほど働き、八面六臂の活躍をみせた。

朝、昼、夕と宣伝カーに乗り演説をし、夜になれば、遠藤三郎の秘書として佐賀県内の有力者や支持者の間を飛び回った。

早稲田大学弁論部の学生が十人ばかり応援弁士として、アルバイトで来ていた。

しかし、室内でおこなわれる弁論大会と野外でおこなう街頭演説は勝手が違うのか、彼らは、すぐに声が出なくなって、使いものにならなかった。

結局、二階がマイクを握って演説をしてまわった。夜には、個人演説会もある。

杉原は日頃、選挙運動にほとんど帰って来ない。立会演説会場に行くと、「ご無沙汰して、相すみません」とそこから始まる。すると、聴衆は、「その通り」とそろって声をあげる。しかし、人物を見込んでいるのだろう。選挙はみんな一生懸命やってくれる。

二階は、そういう姿を見ていて思った。

〈杉原先生は、選挙民から愛されてるんだな〉

「佐賀県人の歩いた後は、草木も生えない」と言われていたが、二階の接する人たちは優しかった。

選挙の中盤以降になり、鍋島直紹《なべしまなおつぐ》が、いよいよ杉原陣営の応援に立ってくれることになった。鍋島直紹は、肥前鹿島藩鍋島家の十五代当主である。佐賀県知事を経て、昭和三十四年に参議院議員に出馬し当選を飾っていた。地元では鍋島に親しみを込めて「トンさん」、つまり「殿様」と呼んでいた。

鍋島の応援を佐賀県連の人たちは、大変喜んだ。

佐賀県の県会議員が七、八人で杉原陣営の事務所にやってきて、二階に頼んだ。

「杉原さんと鍋島さんと一緒に宣伝カーへ乗ってもらって、佐賀市内をパレードしてもらいましょう。時間の許す限り、鍋島さんが杉原陣営に付いたということをはっきりさせましょう。その件について、杉原先生に直接会って話したい」

二階は、それはいいことだと、彼らを杉原に会わせた。

ところが、杉原は、なかなかうんと言わない。というのは、その日の昼間の杉原の予定されている立会演説の時間と、佐賀県連が提案した杉原と佐賀市での鍋島のパレードの時間がかち合う。

杉原は、言い張った。

「私が何か特別の事情で予定の演説会に行けないっていうなら別だけど、行けるのに行かないのは、許せない」

県会議員たちは、杉原に懸命に訴えた。

「予定の立会演説会の町は人口が少ない。当然票数が少ない。そこを吹っ飛ばして佐賀市へ来てパレードに参加した方がいいじゃないですか」

杉原は、頑なに拒否し続ける。ついに夜が更けてきた。

二階もそばで聞いていたが、その頑固さにはさすがに困った。

〈とりあえず、うん、と言って何とかすればいいのに。ここで話が壊れれば選挙戦に影響するのに……〉

県会議員の一部の人が、二階に頼んだ。

「あとはあなたに任せる。どうぞこの話を続けてくれ」

ついには、真夜中の二時になってきた。二階は言った。

「先生、今日はこの話はやめましょう。こんな話を続けていたら、明日の選挙運動に影響します」

すると、杉原が思い余ったような顔をして言った。

「二階さん、これ以上、あなたがそのことを言われ続けるんなら、私は立候補を辞退します」

選挙の最中である。そういう時に、「私は立候補を辞退する」とまで言い張るのだ。ふつう、そんなことを言っても、この人も感情的になって言っているんだな、というぐらいで済む話だ。

が、二階は不安になった。

〈これは危ないぞ。本気でやめるぞ〉

実は、杉原は、かつて防衛庁長官の時代、法律の問題で、国会で審議が滞り、問題になったことがあった。その時、誰も辞めろと言っていないのに、「責任を取って私は辞任する」と言って、スパッと防衛庁長官を辞任し、ケジメをつけてしまった。

そういう性格だから、立候補を取りやめるぐらいのことは、何でもないことだ。

二階は、親戚筋から頼まれてきた単なる若い秘書だ。それが大物の杉原荒太を辞めさせたということになると、佐賀県の人に怒られる。

その夜は、延長戦に入らず、午前二時に打ち切りにした。

翌朝早く、杉原の選挙参謀である織田桃彦から二階に電話がかかってきた。

「私が杉原先生と話をするから、二階さん、勘弁してよ」

二階は恐縮した。

「いや、勘弁とか何とか、そんな話とはまったく違います。どうぞそうしてください」

織田は、杉原に会うや、臆することなくきっぱりと言った。

「杉原先生、どうぞ思うように選挙を戦ってください。ただし、勝敗については、あなたが責任持ってください」

そう言われたら、杉原も、自分も勝手なことを言っているのだから、うなずかざるを得ない。

自民党県連の頼みどおり、佐賀市での鍋島とのパレードをおこなうことになった。


二階が佐賀入りして一カ月たった頃、演説にかけまわっている二階の体調を心配した織田桃彦が声を掛けてきた。

「二階君、今度の週末は近くの温泉に一緒に行って、今後の選挙の作戦を立てよう」

織田は、選挙の相談という名目で、二階に休養を与えようと気を遣ってくれたのであった。

だが、この旅行で不慮の事態が発生する。

温泉の湯船のなかで、織田が風呂場で、鼻血を出して倒れてしまったのだ。

幸いすぐに織田病院から救急車が来たため、織田は一命をとりとめた。が、すぐにはこれまでのように選挙の陣頭指揮は執れなかった。

ちょうど、後援会の事務所を立ち上げる時期で、選挙も佳境に入ってきていた。

二階は困った。

〈流石に佐賀のことを何でも知っているわけではないから、自分じゃ陣頭指揮はできないぞ〉

二階は、病床の織田に相談した。

「桃彦さん、私はあなたの指示どおりに動くようにしますが、残念ながら、佐賀県の地名もわかりません。高橋なんて聞いても、人の名前なのか、字の名前なのかわからないところがあります。ともに戦ってくれる地元の方で、機密を打ち明けられるような信頼できる人を紹介してください」

二階の話を聞いた織田は言った。

「それなら、愛野興一郎《あいのこういちろう》がいいだろう」

織田が紹介したのは、のちに田中派の衆議院議員となり、経済企画庁長官を務める愛野興一郎だった。

これが二階と愛野の知り合うきっかけであった。

当時、愛野は、実父の愛野時一郎が創立した地元のバス会社祐徳自動車の副社長であった。愛野時一郎は、すでに昭和二十七年十二月三十一日に死去していたが、戦前戦後で計四期、衆議院議員を務めていた。

二階は、二カ月の選挙の手伝いを終えると、織田桃彦と一緒に東京へ夜汽車で帰った。

昭和三十七年七月一日、参議院選挙の投開票がおこなわれた。

二階は、鹿島市から佐賀市の選挙事務所へ向かうタクシーの中で、ラジオを聞きながら、選挙の結果に気を揉んでいた。

杉原は、十三万六八一二票を獲得し、三選を飾った。二位の社会党の八木昇は十三万四〇六二票で接戦であった。

杉原は、当選してしばらくして、わざわざ上京し、東大病院に入院している遠藤を訪ね、丁寧な挨拶をした。

「今回の当選は、二階君の力も大きい。感謝に堪えません」

新聞記者が杉原に参院選について不躾《ぶしつけ》な質問をしていた。

「わずか二千票差の勝利をどう思いますか」

杉原は平然と答えた。

「当選に必要な票数を頂戴したと思っています」

懸命のリハビリ

一方、遠藤三郎は二カ月の入院を経てようやく回復に向かっていた。

長野県鹿教湯温泉にリハビリに出かけることになり、佐賀県から東京に帰ったばかりの二階もお供をすることになった。

途中、カッコーが鳴く軽井沢のホテルで一泊した。遠藤と衣江夫人と二階と運転手の笹原喜勝の四人であった。

笹原は、昭和十五年八月二十六日生まれ。二階より二学年下であった。

まだ舗装のされていない長野県丸子町の県道を走り、目指す鹿教湯温泉に向かった。

車を走らせながら、遠藤が二階に言った。

「この道は、酷すぎるな」

凸凹道のうえ、砂埃が凄まじい。

「二階君、温泉には、来年も来るだろう。鹿教湯温泉への道を直すように動いてくれ」

二階は、ただちに中央の省庁と連絡をとり、鹿教湯温泉への道を直すよう動いた。喜んだのは、鹿教湯温泉の住民である。道は直ったものの、遠藤は二度とこの温泉に通うことはなかったのである。

遠藤夫人の衣江はしばらく温泉にいたが、東京へ帰った。その後は、遠藤、二階、笹原の三人での共同生活が始まった。

遠藤は温泉治療のために、一日五回も入浴した。二階はそのたびに遠藤と一緒に湯船に入った。おかげで二階の手のひらが真っ白に変色してしまうこともあった。

遠藤は、二階に茶目っけたっぷりに言った。

「きみは病人じゃないんだから、毎回一緒に入らなくてもいいんだよ。上の部屋で時間を計ってくれればいいんだ」

だが、もし湯船につかっている最中に発作でも起きて、湯船の中で転んだら大変なことになる。むろん、遠藤もそのことはわかっていた。

東大病院の医師が遠藤を診るため、時々温泉にやって来た。

医師は、二階をいたわった。

「最大の犠牲者は、二階さんですね。毎日先生と一緒に湯船に入って」

遠藤は懸命にリハビリに励んだ。

声を出す稽古として、山岡荘八《やまおかしょうはち》の大長編小説「徳川家康」を朗読し、朝の散歩や階段の昇り降りの練習を熱心にこなした。

遠藤の不自由になった右腕の感覚を取り戻させようと、二階と笹原は、近くの釣り堀に遠藤を連れ出したこともあった。

遠藤は、虹鱒をたくさん釣り上げた。

釣った魚は、「これは、今日の収穫だよ」といって、宿の人にあげたりした。

食事の時にも、さまざまなことがあった。食卓に玉子の目玉焼きが並ぶこともある。コレステロールの関係で卵の黄身はよくないだろうと、二階は、遠藤の黄身を二つ取り、四つ並べ、遠藤に白味をあげて、お互いに笑いながら食べたこともあった。

また、遠藤はトウモロコシが大好きだった。二階と笹原は、近くの農家にトウモロコシをもらいに行き、遠藤に食べてもらったこともあった。

二階は、温泉でも、選挙民に遠藤名でせっせと手紙を書いて送った。遠藤が病気であることは、選挙民に隠さなくてはいけない。

陳情に応える遠藤が変わらず活躍しているように見せなくてはいけない。

遠藤は、手紙を書く二階を見ながら冷やかした。

「二階君は、陳情ごとを処理するのが好きだねぇ」

人里離れた山奥の温泉で、ひたすら政界復帰を目指して努力を重ねる遠藤の姿は、求道者にも似ていた。

二階は、つくづく感心させられた。

〈先生は、単に頭脳明晰だけでなく、努力の人だ〉

懸命のリハビリで遠藤は順調に回復していった。

不死身の七選

遠藤は、三カ月にわたる温泉治療で、いくぶん手足の不自由さは残ったが、東京に引き揚げた。

遠藤が倒れて五カ月後の九月には、政界復帰のお披露目である後援会組織・遠藤会の大集会を沼津市と吉原市（現富士市）の二カ所で開けるまでになった。

この席には江崎真澄、小沢佐重喜、藤原あきら同じ藤山派の議員も駆けつけ、激励した。

選挙民が「よかった」、「よかった」と遠藤に握手を求めてきた。が、遠藤は右手が悪い。握手する右手に力が入らない。そばにいた秘書の矢田保久は、みんなに「やめてくれ」と止めるわけにはいかない。病のことは伏せているのだ。

遠藤は苦痛ながら握手しつづけている。そばで見ている矢田も苦しかった。

遠藤会の総決起大会は、大成功で「遠藤三郎健在なり」を選挙民に披露するとともに、新たな結束を促し、「政治家・遠藤三郎」の再出発の日となった。

二階は、自らに言いきかせた。

〈遠藤先生が政治活動を続ける限り、そばにいて役に立てるよう頑張ろう〉

総選挙はその年の十一月二十一日におこなわれたが、二階は佐賀の杉原荒太の選挙を手伝い、ノウハウを摑んでいたので、テキパキと動くことができた。

遠藤は、堂々と七回目の当選を飾り、不死身ぶりを発揮した。

結婚と雌伏の時

下田怜子は、昭和三十八年三月に共立女子大を卒業すると、和歌山県の御坊市に帰った。

二階俊博と結納を交わし、華燭の典をあげた。怜子は、それを機に東京に出て二階と暮らすことになった。彼女にとっては渡りに船であった。堅苦しい家に縛られているより、二階と暮らすのが嬉しかった。

二階は、結婚してからは、それまでの後楽園近くの下宿から、東京・国立市のアパートに移り住んだ。

朝の九時頃に家を出ると、毎日午前様であった。真夜中十二時過ぎでないと帰って来なかった。

昭和四十年四月二十六日には、長男の俊樹《としき》が生まれた。

怜子は、俊樹の友達のお母さんたちや、大学時代の友人もたくさんいたので寂しくはなかった。まわりの人たちからは、よく言われた。

「母子家庭だ」

「ご主人の顔、見たことがないわね」

実際にそうであったが、怜子は別に不満には思わなかった。そのスタイルが気に入っていたという。

二階には、昭和四十六年四月の和歌山県会議員選挙に御坊市選挙区から出馬する話もあった。

二階が和歌山県議会議員選挙に出馬することになり、妻の怜子は覚悟を決めたつもりであった。

〈妻として、反対はできないんだな〉

ところが、突然声が出なくなってしまった。自分でも信じられなかった。

〈あぁ、私の体が抵抗したんだな……〉

声が出ない状態が続いてから二カ月後、二階が怜子に言った。

「出馬を一期、見送るよ」

すると、声が出るようになった。嘘のようであった。

結局、二階は出馬を見送り、四年後の県会議員選挙を見据えて、四年の雌伏の時期を過ごすことになる。

遠藤三郎との別れ

暮れも押し迫った昭和四十六年十二月二十六日、藤山派のメンバーが会合を開いた。

翌二十七日には、党政調会長、通産相、蔵相を歴任した水田三喜男《みずたみきお》が、村上派、藤山派を吸収して、旧大野派の船田派などと「巽会《たつみ》」、水田派を結成することになっていた。

十二月二十七日の朝、遠藤の秘書の笹原喜勝は、練馬の遠藤家に呼ばれた。

遠藤は、笹原に命じた。

「庭に好きなサザンカを植える。穴を掘ってくれ」

笹原はそれまで穴を掘ったことがないので、シャベルを持ち、掘り始めたもののモタモタしていた。遠藤は、その姿を見ていてつい苛立ち、笹原からシャベルを取った。「こうやるんだ」と自ら穴を掘り始めた。しかし、二度ほど穴を掘ると、なぜかシャベルを落としてしまった。

「君がやれ」

遠藤は笹原にシャベルを渡した。笹原は穴を掘った。

朝の十時から永田町の衆議院議員会館内で総務会が開かれることになっていた。笹原は、遠藤を車に乗せ運転をし、衆議院議員会館に急いだ。

遠藤は勉強会に間に合った。昭和三十六年八月に自民党総務になっていた遠藤は、プライドを持っていた。

「地域選出の総務がいるが、俺は違う。総裁指名の総務なんだ」

藤山派は、二十七日の昼の都内のホテルの会合でそろって水田派に参加することを申し合わせた。水田三喜男、江﨑真澄らが参加し、活発な議論が交わされた。

遠藤は、水田派への参加にあまり積極的ではなかった。が、最終的には参加を了承した。

その会に加わっていた田村元《たむらはじめ》は、遠藤の側に座っていた。

途中まで会議が進んだ時、遠藤の体がグラグラッとした。

遠藤はかって倒れたこともある。右手が不自由であった。たまにグラッとされる時もあった。それゆえ田村はそんなに大事だとは思わず、遠藤を抱き、ソファに横にした。

会議は続行された。が、遠藤は途中で引き揚げた。ホテルを出て車に乗り込むや、運転をしている笹原に言った。

「気持ちが悪い」

近くの赤坂の料亭「大野」に入って、少し休むことにした。

その夜にも藤山派の会合がおこなわれることになっていた。遠藤は料亭の女将に言った。

「右手がおかしい。調子が悪いから、マッサージを呼んでくれ」

女将は電話をし、マッサージ師を呼んだ。

マッサージ師が到着する間に、料亭の検診のための医者がやって来た。女将が、「ついでながら遠藤先生も診てよ」と医者に頼んだ。

医者は遠藤を診るなり、険しい表情になった。

「大変だ！」

二階は、遠藤から電話を受けた。

「今夜、水田派の結成会がある。寒くなったので、家に帰って休む。きみが代わりに結成会に出てくれないか」

二階は困惑した。

〈国会議員が集まって酒を飲む席に、秘書である自分など出席できない。先生には悪いが、出席したことにしておこう。しかし、それにしても、だいぶ具合が悪そうだな〉

二階が、十一年間遠藤に秘書として仕え、初めて遠藤の指令に従わなかったことである。

二階にとって、その電話のやりとりが十一年間仕えた遠藤との最後の会話になるとは思いもしなかった。

遠藤は、料亭から練馬の家に帰った。午後七時過ぎ、遠藤は激しい発作に襲われ、そのまま帰らぬひととなった。脳溢血だった。六十七歳であった。

遠藤の戒名は、いかにも遠藤の人生にふさわしい「誠心院殿建誉忍光妙三大居士」であった。

葬儀の数日前、二階は江崎真澄に頼まれた。

「きみが自分の思いを書いてくれて結構だから、原稿の下書きをつくってみてくれ。そのうえで、ぼくが直すから」

二階は、いざ弔辞の原稿を書く段階になると、遠藤との十一年もの思い出が脳裏に蘇り、知らず知らずのうちに涙が溢れてきた。

〈先生は、脳溢血をみごとに克服し、現職の政治家として、その使命を全うされた。私も、微力ながら先生のためにベストを尽くした。悔いはないが、寂しい〉

昭和四十七年一月十一日、静岡県沼津市公会堂において、自由民主党静岡県支部葬がしめやかに執りおこなわれた。葬儀委員長は、藤山愛一郎、友人代表の挨拶は、江崎真澄がおこなった。

江崎は、二階の下書きを参考にした弔辞を読んだ。

「ここに遠藤三郎代議士のみたまに友人を代表し、謹んで哀悼のことばを捧げます……」

葬儀の数日後、二階は遠藤の兄・佐市郎《さいちろう》のもとに挨拶に出向いた。

佐市郎は、弟の三郎と同じく、一高、東大卒の秀才だが、佐市郎の方が学業では優れていたと言われていた。旧制浦和高校では、のちに大平内閣の総理臨時代理、内閣官房長官や外務大臣を務める伊東正義《いとうまさよし》を教えた。

裾野市長時代には、市長として陳情があると、二階によく頼んできた。

「三郎に頼むよりは、きみに頼む方が確実だから」

佐市郎は、市長時代、若い二階に細かいことまで教えてくれた。

「二階君、タクシーを降りる時にね、よく一万円札を出してお釣りがどうだこうだとわずらわす乗客がいるだろう。乗った所からどのくらいの距離で降りるかを計算して、前もって見当をつけて金額を用意しておかなければいけないよ」

佐市郎は白内障で、ほとんど視力が失われていた。

二階にしんみりした口調で言った。

「残念なことに、私にはあなたの姿がもう見えません。しかし、あなたの様子は、声を聞いていてわかります。あなたは三郎のために、実によく尽くしてくれました。大変な苦労をかけたと思います。政治の世界には、色々あると思いますが、やはりあなたが三郎の跡を継いでくれるのが一番いいと思ってます」

佐市郎は、二階に遠藤の後継者として総選挙に出馬しないかというのである。

二階は、佐市郎にそう言われて感無量であった。

が、きっぱりと断った。

「いえ、私は、そのようなことは夢にも思っておりません。これまで期待もしてこなかった。しかし、私が遠藤先生に十一年間務めたことは、佐市郎さんのその一言で、十分に報われました。郷里には、ぼくの帰りを待ってくれている人たちがいます。私は、郷里に帰ります」

二階はこの時、昭和四十二年四月十五日におこなわれた和歌山県会議員選挙で落選の憂き目にあった父親の跡を継ぎ、県議選に出馬する肚《はら》を固めていた。

第五章　和歌山県議から国政進出

一一〇票差の大激戦

二階俊博は昭和四十九年春、東京での生活に別れを告げた。地元・和歌山御坊市に根をおろし、選挙活動に本腰を入れることになった。

昭和五十年四月、和歌山県議選がおこなわれた。満を持して出馬した二階は、現職県議の松本計一とぶつかった。二階は、覚悟を決めて、現職と真っ向勝負することになったのだ。

選挙は定数一名を争うまさに小選挙区であり、和歌山県政史上に残るような大激戦を演じた。

この時、後援会の中心となってくれたのが小学校や中学校の同級生たちであり、日高高校時代の野球部や応援団を中心とした仲間たちであった。

さらに父・俊太郎の古くからの熱心な支持者たちであった。

二階が日高高校の野球部の応援団として甲子園に出かけた際、野球部の監督をしていた先生が、二階に言ったものだ。

「今回の甲子園出場は、二階君の将来のために行ったようなもんだな」

先生は、二階がやがて選挙に出ると思ってそう口にしたのだが、当時の二階には反発の方が大きかった。

〈何も、そんなこと考えて応援団をやっているんじゃないよ〉

しかし、今回戦いを迎えて、日高高校の仲間の応援は実にありがたく、野球部の先生の言ったことを改めて思い出し感謝の念をいっそう強くした。

この時、遠藤の関係では遠藤の弟子を自認していた静岡県知事の山本敬三郎《やまもとけいざぶろう》、沼津市長の原精一《はらせいいち》が駆けつけてくれた。

当時、衆議院当選二回生であった小沢一郎《おざわいちろう》も駆けつけてくれた。

実は、二階と小沢は、小沢が代議士になる以前から顔見知りであった。

昭和四十三年五月八日、小沢の父親の佐重喜が死去した。佐重喜は、二階が秘書として十一年間仕えた遠藤三郎とともに藤山派の重鎮であった。

遠藤は佐重喜の地元岩手県でおこなわれた葬儀に出席するため、飛行機で岩手県入りした。脳溢血で倒れ、療養中の身であった遠藤が、その生涯を終えるまでの十年間の間、飛行機に乗ったのは、その一回だけであった。

数日後、小沢と小沢の母親のみちが議員会館の遠藤の自室にやってきた。佐重喜の葬儀に出席してくれたことへのお礼の挨拶をするためである。

しかし、あいにく遠藤は外出中で不在であった。遠藤に代わって、二階が挨拶を受けた。

小沢は言った。

「先日はお忙しいところ、遠藤先生に父親の葬儀に出席していただき、誠にありがとうございました」

二階は目を丸くした。

〈この方が、ご子息なのか。ずいぶんと若いんだな〉

これまでにも、政治家の不幸に際し、その子息がお礼の挨拶にやって来られることが、しばしばあった。しかし、子息といっても、良くいえば円熟味を増し、悪くいえば峠を越しているひとがほとんどであった。しかし、小沢は極端に若かった。話を聞いてみると、慶応大学を卒業後、日本大学の大学院に移り、弁護士出身の父と同じく司法試験を目指す大学院生だという。二階より三歳年下の二十六歳であった。小沢は、それから一年半後の昭和四十四年十二月の総選挙でみごと初当選を果たした。

二階は、江﨑真澄に言われた。

「今度、小沢佐重喜さんの息子さんが当選した。きみは、彼を知っていたかな」

二階は答えた。

「ええ。一度、議員会館の方にご挨拶に見えられました」

「そうか。小沢君ときみは、歳もそう違わない。何かの時には、お手伝いをしてあげてくれ」

「はい。わかりました」

二階は同年代という親しみもあり、小沢と急速に親しくなっていく。

県議選には、愛野興一郎、山東昭子《さんとうあきこ》も駆けつけてくれた。

二階は、この初陣で怜子に言った。

「挨拶回りをして来てくれ」

怜子は観念していた。

〈もうしょうがない。これは逃げられない〉

この時には、昭和四十七年五月二十二日生まれの次男の直哉もいた。

怜子は、覚悟を決め、長男と次男の二人の子供を連れて、東京に別れを告げて、和歌山に帰った。

御坊市に帰った途端、まさに戦争であった。なにしろ一対一で戦う相手は選挙のベテランであった。

怜子は、毎晩三軒くらいは、お葬式や通夜へ行った。相手陣営が行くから、こちらも行く。二階も行ったし、怜子も行った。

子供は、怜子の親のところに預けて、毎日選挙運動に奔走した。怜子も挨拶の演説もした。生きているか死んでいるかわからないくらいの大変さであった。

二階の自宅や二階陣営に黒い縁取りの葬式の花が贈られてきた。

怜子は、支援者と相手陣営の強い地域に車で入った。すると、車が相手陣営の人たちにいきなり取り囲まれた。

「二階は、ここには用事はない。帰れ！」

怜子らを車から降ろしてくれない。この時ほど暴力的な厳しい選挙はなかった。

怜子は、こういう戦いをするうち、度胸が据わってきた。彼女は言う。

「主人より度胸は据わりましたよ」

二階と和歌山県議の同期当選となる門三佐博《かどみさひろ》は、のちに二階からその戦いの凄まじい選挙戦について話を聞いた。

「御坊市民が二人いたら、一人は俺の支持者で、もう一人は相手の支持者なんだ。そのくらいの大接戦だったよ」

四月十三日、開票が始まった。二階は、選挙事務所の近くで、結果を待っていた。

そろそろ結果が出るころ、二階は、選挙事務所に電話を入れた。

遠藤の関係者のいる静岡の人たちも、当選を待ち望んでいたので、早く結果を知らせたかった。が、電話が話し中でなかなかつながらない。

選挙結果を一刻も早く知りたい佐野嘉吉静岡県連幹事長も二階の選挙事務所に静岡から電話をかけたがつながらない。佐野は思った。

〈電話がつながらないということは、選挙事務所にまだ人がいるということだ。希望が持てるということだな〉

二階は、松本を三千票は離して勝つと読んでいた。

大接戦の結果、二階は初陣を飾った。二階は九三八六票、松本は九二七六票。投票率九一・六%、なんとわずか一一〇票の僅差であった。

二階は、選挙事務所に駆けつけた。応援してくれた人たちに感謝していると、静岡県連の佐野嘉吉から電話が入った。

佐野は、二階がわずか一一〇票差だったことを告げると、意外なことを口にした。

「それは良かった。むしろいい勝ち方だ。次は大丈夫だ」

そんな激戦なら、ベテランの相手は相当こたえているというのだ。

実は、次の選挙では佐野の予言したとおり、松本は出馬せず、二階は無投票で当選することになる。が、二階はこの一一〇票差の戦いが酷くこたえていた。

〈こんな戦いは、もう二度とごめんこうむりたい〉

なお、怜子も、この選挙戦を通じ、多くのことを学ばせてもらったという。

「それにしても、あまりに凄まじい戦いでした。その戦いのさなか、選挙区の各地のみなさんに、実に温かく導いていただいた。私にとって宝物のような体験でした。その恩は、生涯忘れることができません」

父・俊太郎の死

昭和五十年十二月の県議会本会議で、二階は日高川上流の椿山多目的ダム建設問題などについて初質問することになった。

和歌山県は、台風の通り道になることも多く、災害が多いことで有名でもある。その当時、浸水するほどの豪雨となると、畳を上げて高いところに積み上げる。畳の下の板張りの板には番号がふってあり、水が出て流れたあとでもすぐに元に戻せるようにしてあった。それだけ災害の多発地域でもあった。

二階の記憶で最も印象深いのは、昭和二十八年七月十七日から七月十八日にかけての集中豪雨によって起こった、和歌山県史上最悪の気象災害、いわゆる「七・一八水害」である。この水害では、死者行方不明者合わせて一〇一五人、家屋全壊が三二〇九棟、家屋流出は三九八六名におよんだ。

二階は、当時十四歳、中学二年生であった。その日は家に帰ることができず、高校の野球部の合宿所で一夜を過ごした。

二階の印象に残っているのは、水害のあとのことだった。稲原村長や、戦前、戦後、和歌山県議を務めた父・俊太郎の友人が、大きなリュックサックを背負って大阪からやって来た。それも鉄道は不通状態だったので、船を乗り継いでやって来たのだという。リュックサックには、非常用の缶詰が、リュックサックを引き裂かんばかりに詰められていた。紀州に大水害が起きたと聞きつけ、とにかく食糧を運んできてくれたのだった。この時の恩を二階は、未だに忘れることができない。

災害多発地域であったがために、防災は、和歌山県にとって大きな課題であった。防災のために築かれた一つが、和歌山県美山村（現・日高川町）の奥地にある椿山ダムである。昭和四十一年着工を計画していたが、二階は、昭和五十年から二期にわたって和歌山県議を務める間にも、県議会で、その建設促進にかかわる質問をした。そのために、さまざまな資料を探した。

二階は事前に過去の県議会議事録を調べてみた。複数の議員が議場でダム問題について質問演説をしている。しかし、一番はじめにダムの必要性を訴えたのは、なんと父親の俊太郎であった。

二階は不思議な因縁を感じた。

〈奇《く》しくも、父子二代にわたって県政壇上で、まったく同じ問題をとらえて演説するのか〉

二階は自分の考えをまとめると、椿山ダムの問題についての先輩である父親のもとを訪ねた。約一時間ばかり意見を交わした。

二階の説明に、父親が答えた。

「いきさつや考えは、その通りだ。なかなか大きな事業だから、やりかけたら実現するまで頑張れ。しかし、あの七・一八水害当時の御坊周辺のひとたちの水害の悲惨な姿をもっと強く訴えて、ダム建設を遅らせてはならないということを当局に迫るべきだ」

「わかりました」

二階の国土強靭化に懸ける原点がここにある。

十月三日、二階はある式典に出席していた。その最中、自宅から連絡が入った。

「お父さんの様子が、おかしい」

二階は式典を終えると、急いで自宅に駆けつけた。

父親は布団で寝ていた。

二階は声をかけた。

「今日は、これから県庁に行くことになっているが、行ってもいいですか」

父親は、小さいながらも、はっきりした口調で答えた。

「大丈夫だ」

二階は父親の病状を気にかけながら県庁に出向いた。

その夜、当時の和歌山県財政課長の涌井洋治《わくいようじ》（のち大蔵省主計局長）や砂防利水課長の中村堅ら県幹部との打ち合わせで遅くなった。二階は和歌山市のホテルに宿泊した。深夜二時、電話のベルで叩き起こされた。先輩県議の笹野勇からの電話であった。

「大橋知事の病状が、急変したぞ」

二階は直ちに和歌山医大に駆けつけた。先輩や同僚議員と朝まで病院で過ごした。

だが、大橋知事はその翌朝に亡くなった。二階は大橋知事の遺体を公舎にお見送りし、県庁に戻った。二階ら同志の県議は、知事急逝後の県政について打ち合わせをするため、場所をかえて会合を持つことになった。

ところが、その日の夕方、今度は父親の容体が急変した。連絡を受けた二階は、急いで自宅に戻った。が、父親の最期には立ち会えなかった。

二階は県政の父・大橋知事と、実の父を同じ日に失うという二重の悲しみと衝撃を受け、この時ほど人生の無常を感じたことはなかったという。

竹下登の予言

当時の和歌山県議会には、自民党、社会党、公明党、民社党、共産党、県民クラブ、そして「清新クラブ」の七会派があった。自民党は中央政界では政権党であるにもかかわらず、定数四十六の過半数を占めていなかった。自民党を除く六党派の議席数の合計は、過半数を上回っていた。

自民党は、二階らの「清新クラブ」の十二人が加わったため、ようやく過半数を維持することができた。そのため、二階らは一期生でありながら、議長選挙や首長選挙などをはじめ、あらゆることにキャスティングボードを握ることになった。

二階らは、まず政治献金問題について訴えた。

「清新自民党県議団は、特別な企業や偏った団体から政治資金を集めるのはやめにしましょう。広く多くの人から支持を受けるべきです」

その主張が受け入れられ、各選挙区で一万円会費の資金集めパーティーがおこなわれることになった。ホスト役となる議員は、それぞれゲストを呼ぶことにした。

二階は考えた。

〈私の選挙区には、どなたにおいで頂こうか〉

二階は閃《ひらめ》いた。

〈そうだ、小沢一郎先生にお願いしよう〉

小沢には、初陣を飾った県議選にも応援に来てもらっていたが、小沢は、その後の昭和五十一年十二月、福田内閣発足とともに建設政務次官に就任していた。

二階が小沢に連絡をとると、和歌山県議会の清新クラブのパーティーのゲストとして出席してくれるとの承諾を得た。

二階は県議選の際、公約の一つに掲げていた「ラブ・リバー」キャンペーンの一環として、安珍清姫で有名な日高川の支流に鯉などの稚魚を放流することにした。

安珍清姫とは、僧侶に恋をした女が愛を拒絶されたのを怨み、蛇身となって男を追い、日高川を泳ぎ渡り、道成寺の鐘に巻きついて、そのなかに隠れていた男をいぶり殺してしまうという凄まじい恋の物語の主人公二人につけられた名前である。

当日、二階は小沢を稚魚の放流場所に案内した。稚魚は、県の稚魚養殖センターで購入していた。放流場所には、すでに数百人の子供たちが詰めかけていた。放流の模様を映そうとテレビ局もやってきた。大変な盛り上がりを見せた。

小沢は二階の出身地である御坊市島の善明寺橋の畔に記念植樹をしてくれた。

二階は小沢を呼んだが、一方、「清新自民党県議団」の別の人は竹下登をゲストに呼んだ。竹下は、昭和四十六年七月、就任当時歴代最年少となる四十七歳で第三次佐藤内閣の官房長官として初入閣。昭和四十九年、田中内閣でも再び官房長官となる。昭和五十一年、三木内閣で建設大臣に就任していた。

竹下は、満員の客を前にニコニコしながら言った。

「千円程度の挨拶はして帰らなくてはいけないわなぁ」

パーティーが終わって、竹下は幹部に言った。

「まぁ、お座り下さい」

二階らは、スリッパを履いていたが、板の間に座った。竹下を囲んで車座になり、竹下の話を聞いた。

このパーティーの後、二階は東京の料亭の女将から耳にした。

「二階さんのことを心配している東京の人が、竹下さんに二階さんについて訊くと、竹下さんがおっしゃったそうよ。『この間、和歌山に行って二階君に会って来たよ。順調に伸びている。もう一回か二回で、東京に出て来るよ』って」

二階が近く衆議院議員になる、と予言したというのだ。

二階はうれしかった。竹下は、のちに「竹下派」の領袖となるが、全国をまわり各地域で有力な議員候補に対するスカウトの眼を光らせていたのだ。

阪和高速「紀南」延長を主導

和歌山県議時代、二階は阪和高速の紀南延長を提唱した。

本州最大の紀伊半島は、京阪神と中京の二大都市圏を両翼に控えながら、既成の国土軸から離れた地理的条件のため、発展から取り残され始めていた。こうした憂慮すべき事態を打開し、半島に活力と発展の息吹を呼び起こすためには、昭和後期の当時、高速道路を一日も早く紀伊半島に伸ばし、二大都市圏との一体化をはかる必要があった。

和歌山県の大動脈である国道二十六号線や四十二号線がすでに機能障害を起こしていた。ことりわけ紀中・紀南の産業経済の発展のための起爆剤とも言うべき高速道路の紀南延長が、二階の地元から熱望されていた。

当時、近畿自動車道和歌山線（阪和高速）は、大阪府松原市―海南市間七十一・三キロとなっていたが、そのうち昭和四十九年十月に開通した大阪府阪南町―海南市間二十七・三キロの一日平均交通量は約一万台と、予想をはるかに下回っていた。松原―阪南間が開通されていないため、大阪と和歌山を結ぶという阪和高速本来の機能が生かされないという当然の帰結だった。

このため和歌山県としては、阪南―松原間四十五・二キロの早期完成を促進するため、日本道路公団や大阪府に積極的に働きかけており、公団でも昭和六十三年度の全通を目標に最重点路線に取り上げ、計画を進めていた。

一方、紀南延長の足がかりである一般有料道路・海南湯浅線は、海南市藤白を起点として、吉備町水尻で四十二号線に接続する延長約十キロ、そのほとんどがトンネルや橋、高架という難工事だが、昭和五十八年度の完成を目処に工事を進めていた。

さらに、この道路を紀南へ延ばすため、建設省によって吉備―御坊間で高規格道路建設の調査が進められており、昭和五十六年度からは公団・県との三者が協調して取り組んでいた。とくに建設省は昭和五十七年度、千八百万円の調査費を計上し、事業促進に積極的に対処するとの姿勢をみせていた。

モータリゼーションの進展は、高速自動車道を必要不可欠のものとしている。しかし、和歌山県内の当時の高速道はわずかに二十四キロと、高速道路が最も少ない山陰地方の一県あたり平均延長六十九キロより、大きく下回っていた。

行財政改革で高速道整備には当時も厳しい見方があったものの、政府には、「紀伊半島については第九次道路整備五カ年計画の中で検討していきたい」との考えもあり、早期実現を確実なものにしなければならなかった。

二階は和歌山県議時代にヨーロッパを視察した際、ドイツのフランクフルトの南方約八十五キロにあるハイデルベルグを訪ねている。時速八十キロであろうが、百五十キロであろうが、走ってもOKという高速道路が六千キロにも渡って整備されていた。

しかも、これが無料なのだ。当時、七千六百キロの計画をこれから少し縮小しようか、と計算機片手に政府のお役人が首を傾げてしまっている国と、全国無料のアウトバーン（高速道路網）がすでに完備しているドイツとでは、同じ経済大国であっても、「ちょっと格が違う」という印象であった。

かつて東名高速道路建設の着眼の根拠となったドイツのアウトバーンを走行しながら、二階は紀南延長にかける情熱を新たにした。

高速道路紀南延長促進議員連盟を結成し、自ら初代の事務局長に就任した。与野党問わず、全県会議員が会員になってくれた。高速道路を開通させるためには、十数年の歳月が必要とされる。二階は紀南延長に精力的に取り組んだ。県民に訴え、粘り強く県議会、建設省、国会に働きかけた。

元建設大臣の遠藤三郎の秘書であった二階は、建設省に人脈があった。そのため、東京で紀伊半島一周の高速道路推進について、建設省の課長などを集めて幾度も要請をした。

その際、建設省における若手技官として二階らに対応した官僚が、のちに日本道路公団総裁を務める鈴木道雄、のちに首都高速道路公団理事長を務める三谷浩、のちに関西国際空港株式会社常務の本山蓊《しげる》、のちに日本道路公団総裁を務める藤井治芳《ふじいはるほ》、のちに国土交通省事務次官になる谷口博昭らであった。

のちに国土強靭化政策を推し進めるうえで、和歌山県議時代に築いた霞が関官僚とのパイプは、二階の政治力の源泉となる。紀南の高速道路は、二階の尽力によって、その後、着々と建設が実現される。

しかし、元和歌山県議会議長の門三佐博によると、二階が県議として高速道路の紀南延長を訴え始めた頃は、みな否定的な見方をしていたという。和歌山選出の国会議員たちは、さほど熱心ではなかったという。先見の明がある政治家と、全くない政治家の決定的差異があらわれている証言だ。

平成八年三月三十日、二階の地元である日高郡や御坊市に湯浅御坊道路が全線開通した。

闇将軍・田中角栄

高度成長期以降、昭和の政界は田中角栄を中心に動いていた、と断言できる。

田中角栄は、大正七年五月四日、新潟県刈羽《かりわ》郡二田《ふただ》村に生まれた。牛馬商の父・角次、母・フメの次男であった。昭和九年、尋常高等小学校を卒業後上京。建設会社に住み込みで働くかたわら、夜間は私立中央工学校土木科に学んだ。昭和十八年、田中土建工業株式会社を設立して社長となる。年間施工実績で全国五十位内の会社に育てあげた。

昭和二十一年四月、戦後初の総選挙に出馬するも次点で落選。翌年四月、新潟三区より立候補して初当選。昭和三十二年七月、三十九歳にして第一次岸信介改造内閣の郵政大臣に就任（当時史上最年少就任）。三十六年には自民党政調会長。翌年七月、史上最年少の四十四歳で第二次池田勇人改造内閣の大蔵大臣に就任。大蔵省の課長、課長補佐クラスの官僚に近づき、味方につけていった。

昭和四十年六月、佐藤栄作自民党総裁のもと幹事長に就任した。だが、翌年十二月、「黒い霧事件」の責任を取るかたちで辞任。ただし、昭和四十三年十一月に幹事長に復帰した。

昭和四十七年六月、『日本列島改造論』を発表。

その年七月、ライバル福田赳夫といわゆる「角福戦争」の末、田中が勝利をおさめ、五十四歳で内閣総理大臣に就任した。東大法学部卒の官僚出身宰相とは対照的に、田中は小学校出の庶民宰相として国民から、豊臣秀吉になぞらえ「今太閤」と呼ばれ、絶大な支持を集めた。

田中角栄には、「強さ」と「脆《もろ》さ」が同居していた。天下を取る、日中国交正常化をやり遂げる、といった攻撃の際に見せた田中のエネルギーと強さは、鬼面人を驚かすものがあった。しかし、一転、守勢にまわり弱気になった時の田中は、意外に脆さを露呈した。

空前の金権選挙と言われた昭和四十九年七月の参院「七夕選挙」での惨敗後、宿敵・福田赳夫蔵相と三木武夫副総理が相次いで閣僚を辞任し、公然と田中に反旗を翻した。

さらに強烈な打撃が田中を襲った。月刊「文藝春秋」の昭和四十九年十一月号に掲載された、評論家・立花隆《たちばなたかし》の「田中角栄研究―その金脈と人脈」と、ルポライター・児玉隆也《こだまたかや》の「淋しき越山会の女王」である。立花隆のレポートは、田中角栄の財産形成の過程を徹底的な調査で暴いたものである。児玉隆也のレポートは、田中角栄の秘書であり金庫番であった佐藤昭《さとうあき》と田中との関係を暴いていた。

ここを先途と、福田派は田中内閣に正面きって宣戦布告の狼煙《のろし》をあげる。三木派、中曽根派も真相究明を求め、社会党をはじめとする野党も金脈問題を追及するなど、政局は俄然火を噴き始めることになった。

田中派の幹部たちの間には、解散・総選挙で強行突破すべしとの主戦論が展開された。

しかし、十一月二十六日、田中は退陣の声明を発表した。総理官邸の会見室で竹下登官房長官が代読したこの場面は、テレビ放映された。昭和四十七年七月六日に総理の座に就いて二年四カ月余、「今太閤」ともてはやされての登場も、最後は石もて追われるような退場であった。

昭和四十九年十二月九日、三木内閣が発足。誠実・清潔が売りの〝クリーン〟政治家・三木は、「党改善」「金権政治の改革」を掲げ、独占禁止法や政治資金規正法などの改正に取り組む。

田中角栄は雌伏の時を迎える。しかし、田中派＝角栄学校の士気は衰えることなく、田中復権と、いつの日か政権を取るために、さらに結束を強めていった。

昭和五十一年二月四日、アメリカ上院外交委員会、多国籍企業小委員会（チャーチ委員会）の公聴会で「ロッキード社が大型旅客機トライスターを全日空に売りこむために三十億円以上を支出し、右翼の大立て者・児玉誉士夫《こだまよしお》とロッキード社日本代理店の丸紅に政界工作資金として渡した」ことが明らかになった。

社会、民社、共産、公明の四野党はすぐさま追及を開始した。三木武夫総理も「日本の政治の名誉にかけても真相を究明する」と言明。

衆議院予算委員会は、国際興業社主・小佐野賢治《おさのけんじ》、全日空社長・若狭得治《わかさとくじ》、丸紅会長・檜山広《ひやまひろし》らを次々に証人喚問していった。

「クリーン」が売りの三木であったが、総理就任後は、かえってそれが党内の反発を買っていた。企業献金全廃をはかった政治資金規正法改正や独占禁止法の強化を狙った同法改正案などをめぐり、反三木の先頭に立ったのは、皮肉にも三木を総理に指名した椎名悦三郎《しいなえつさぶろう》その人であった。

真相究明を声高に叫ぶ「はしゃぎすぎ」の三木を退陣させるべく、椎名は五月、田中、大平、福田などとはかって三木退陣工作に奔走。七カ月におよぶ党内抗争「三木おろし」の始まりである。

だが、表面化した「三木おろし」に対して、三木は退陣要求を断固拒否した。この時点では、「三木おろしはロッキード隠しではないか」との世論も三木を援護した。

三木と自民党反主流派の暗闘は、昭和五十一年七月二十七日、外国為替法違反容疑による田中逮捕で、頂点に達する。田中は、「総理大臣の職務権限によりロ社の航空機導入を約束し、丸紅から五億円を受け取った」として、八月十六日、受託収賄罪と外為法違反で起訴された。

八月十九日には、三木退陣を要求する「挙党体制確立協議会」が田中・福田・大平・椎名・船田・水田派の六派によって結成され、三木を追い詰める。

ここでも粘り腰を見せた三木は、退陣要求をかわして内閣改造をおこない、政権継続をはかる。が、十二月五日、任期満了にともなう総選挙で敗北し、責任をとって七日、ついに退陣を決意する。

この間、田中派は逆に増大し、田中の苦境にもかかわらず角栄学校からの〝脱落者〟は出なかった。田中派は危機あるごとに強大になっていった。

三木武夫総理に退陣を迫った挙党体制協議会は、後継を福田赳夫だとしていた。昭和五十一年十二月二十三日、自民党の両院議員総会で、福田は新総裁に選出されると、「三木おろし」で共闘した大平正芳を幹事長に据えた。

昭和五十三年十一月、自民党史上初めての総裁予備選がおこなわれた。これは、全党員による予備選挙で候補者を上位二名にしぼり、その後、国会議員による本選挙をおこなうというもので、もともとは三木が総理時代に導入を提唱したものである。

福田、大平のほかに、中曽根康弘、三木派の河本敏夫《こうもととしお》が出馬を表明した。

田中角栄が「闇将軍」と呼ばれるようになったのは、この頃からである。田中の最も得意とする攻撃の局面がめぐってきた。

十月中旬の読売新聞の調査では、福田が圧倒的に大平をリードしていた。意気消沈する大平を尻目に、ひとり田中角栄は逆転可能と読んでいた。

全国に培った人脈をフル動員し、大平を総裁に就けるべく必死になった。後藤田正晴《ごとうだまさはる》に東京攻略の指揮をとらせ、田中派の総力をあげてのぞんだ。

結果、大平は快勝し、田中は「キングメーカー」の底力を見せつける。「大角連合」の前に敗れた福田は、本選を辞退した。

以後、田中、大平に対する福田の怨念は根深いものとなる。

昭和五十三年十二月七日、大平内閣が発足。田中角栄のリモートコントロールによる政権のはじまりだった。これ以後、政局は、とかく弱気になりがちな大平の尻を田中が叩きながら展開していく。

福田、三木、中曽根の反主流派の戦う真の相手は、大平ではなく田中だった。

足かせとなっていた与野党伯仲《はくちゅう》の打開を図った大平は、九月、解散・総選挙で一気に自民党議席の圧倒的多数を狙った。が、またしても自民党は惨敗してしまう。赤字国債の累積を危惧して、一般消費税の導入をにおわせたのが敗因だった。

敗北の責任問題で、大平に退陣を迫る福田・三木・中曽根の「三福中」対、大平・田中の「大角」の抗争が始まった。いわゆる「四十日抗争」である。党内は二分し、総選挙後の首班指名には、大平と福田の二人が立候補する事態となる。決選投票で勝った大平だが、その後も混迷はつづく。

福田は、総理の座への未練が鎌首をもたげ、大平総理と激しくぶつかった。そのあまりの激しさゆえ「福田派が自民党を飛び出すのではないか」という動きさえあった。

国政への挑戦

昭和五十五年五月十六日、社会党が提出した大平内閣不信任案に福田ら反主流派が同調、不信任案は可決されてしまう。内閣総辞職と見られていたが、大平は解散を強行。前回の総選挙からわずか七カ月後の選挙に踏み切ったのは、田中が大平に「衆参ダブル選挙」の策をさずけたからである。

六月二十二日、史上初の衆参同日選挙がおこなわれた。選挙戦のさなか、急死した大平への同情票も集まり、自民党は衆参ともに圧勝した。

勢いに乗じた田中は、昭和五十五年十月二十三日、「木曜クラブ」を発足させ、公然と活動を再開する。田中派を膨張させ、自分はキングメーカーになって派閥の連中に政権をつくらせ、それによって刑事被告人という汚名をそそごうという目論見であった。田中は総理復帰への執念を燃やしていた。

昭和五十八年のある日のことである。日高郡印南町真妻《いなみちょうまづま》地区の有力者たちが、二階の自宅にやってきた。彼らは、御坊市と奈良県十津川村を結ぶ御坊十津川線を国道に昇格してほしいと切望していた。印南町は、県会における二階の選挙区ではない。だが、しばしば相談にやってくるため、すっかり顔見知りになっていた。

二階は声をかけた。

「今日は、みなさんおそろいで、どこかに行かれるんですか」

「実は、これから新潟に行くんです」

「新潟？　新潟の、どこに行くんですか」

「田中角栄先生の選挙事務所に」

二階は大声をあげた。

「えっ！　田中先生のところに」

「はい、二階さんにもお願いしていますが、やがては御坊十津川線を国道に昇格してほしいと陳情に行くんですが、今回は選挙事務所へ陣中見舞いに行くんです」

「あなたがたは、田中先生を知っておられるんですか」

「いえ、一度も会ったことはありません。しかし、田中先生なら、私たちの気持ちをわかってくれるはずだと考えましてね」

ひとりが、腕時計に眼をやった。

「ああ、もうこんな時間だ。急がないと、電車に間に合わないぞ」

二階は時間に余裕があったため、御坊駅まで車で送って行くことにした。

笑顔でかれらを見送った。が、内心、憂鬱であった。自宅に戻る途中、情けない気分になった。

〈地元に力のある国会議員がおれば、知り合いでもない田中先生のところに、わざわざ陳情に行かなくても済む。よし、なんとか国道に昇格できるように力を尽くそう〉

二階は「国道昇格運動」を展開することにした。が、ただ国道昇格を訴えるだけでは迫力がない。そこで、乗用車六十台、総勢二百人のキャラバン隊を編成し、御坊市から十津川まで走行するキャンペーンを考えた。

しかし、六十台ものキャラバン隊を編成するためには、所轄の警察署の通行許可証を取らなければならない。それに、十津川にたどり着くためには、和歌山県、奈良県の二県にまたがるいくつもの所轄警察署の通行許可証が必要になってくる。二階は所轄の警察署に申請したが、なかなか許可がおりなかった。

二階は地元の人たちに相談した。

「どうしましょうか」

彼らは、熱っぽく言った。

「我々は、是非やりたい」

二階は彼らの強い決意を知り、大きくうなずいた。

「それでは、あまり仰々しくやらないようにしましょう」

二階は警察署の担当者に、電話を入れた。

「キャラバン隊は、中止します」

そのうえで、実行に移した。早朝、日高県事務所前にキャラバン隊が集結し、道なき道を越えて、奈良県十津川村までキャンペーンを繰り広げた。

その夜、キャラバン隊に参加した真妻地区の住人三、四十人が二階の自宅へ押しかけてきた。彼らは、口々に訴えかけた。

「なんとしても、次期総選挙に出馬してください」

二階は、かぶりを振った。

「一町内会のみなさんから『出てくれ』といわれて、『はい、出ます』と簡単にいくもんじゃありませんよ」

「全員で、考えに考え抜いて来たんです。真面目に受け取ってください」

「わかりました。考えてみます」

二階は「四十日抗争」以来、江﨑真澄からも、たびたび言われていた。

「きみを国政に迎え入れたい。なにも田中派木曜クラブの数を増やそうということで、誘っているんじゃないよ。きみのような若い力が、国会に必要なんだ」

二階は決意した。

〈微力ながら、和歌山県の県民生活を発展させるために尽力しよう〉

覚悟の初出馬

二階は江﨑真澄に出馬の決意を伝えるため、昭和五十八年の秋、後援者となってくれた日高郡の町村長とともに上京し、江﨑の事務所が入っている千代田区平河町《ひらかわ》二丁目の砂防会館に出向いた。

砂防会館には、田中派の派閥事務所もある。江﨑と談笑していると、やがて小沢一郎、愛野興一郎が顔を見せた。愛野とは、二階が遠藤三郎の秘書を務めていた時代からの知り合いであった。

二階は、後援者を紹介していった。

すると、小沢は感心して言った。

「郡の全町長、全村長さんが来てくれるなんて、凄いな。そんな簡単にできるもんじゃないよ。おれは十年以上代議士をやっているけど、あんたは、まだ代議士にもなっていないのにな」

その後、二階は江﨑や小沢との関係もあり、田中派の候補として出馬することを決めた。

二階は、江﨑に連れられて、砂防会館の近くのイトーピア平河町ビル内にある田中角栄の個人事務所に出向いた。

田中は、二階の顔をじっくりと見ながら言った。

「ここにいる江﨑君をはじめ旧藤山派の人たちのほとんどが、木曜クラブにきている。遠藤三郎さんの秘書だった二階君が、うちにくるのは、自然の姿だよ。きみは、外から見ると、欠点はなさそうだし、間違いなく当選するよ」

田中は選挙の神様と言われている。その田中に「当選する」と言われて悪い気はしない。

しかし、二階はにわかに信じがたかった。思わず、聞き返した。

「そんなこと、どうしてわかるんですか」

田中は手に持った扇子《せんす》をせわしなくあおぎながら、茶目っ気たっぷりに言った。

「おれは毎日、馬を見て暮らしているんだ。この馬は、中央競馬に出して大丈夫か、この馬は地方競馬止まりか、この馬は馬車馬にしかならない、ということをずっと見てきた。大丈夫、きみは中央競馬に出られるよ」

田中は、父親が馬喰《ばくろう》だった関係で幼児期から馬になじんできた。乗馬も得意であった。陸軍でも騎兵科に配属されたほどだ。政治家になってから競走馬の馬主になる。長女の眞紀子の名を冠した「マキノホープ」など有力馬を多く持っていた。

その後、二階は記者会見を開き、次期総選挙に出馬することを明らかにした。県議の後継者も指名した。

当初、二階のライバルは、和歌山県選出の自民党衆議院議員を十四期も務めたベテランの早川崇《はやかわたかし》、無所属で出馬する渡辺美智雄《わたなべみちお》大蔵大臣の秘書官だった東力《ひがしちから》、現職衆議院議員の正示啓次郎《しょうじけいじろう》らと見られていた。

ところが、予期せぬことが起こった。和歌山県第二区選出の早川崇が十二月七日に急死してしまったのである。しかも、その後継者に参議院議員を三期務め、宗教政治研究会を主宰し「参院のドン」とまで言われていた実力者・玉置和郎《たまきかずお》が座った。

玉置は、和歌山県第二区の各市町村を抑えていた。しかも、玉置の実兄の玉置修吾郎《たまきしゅうごろう》は、二階の地元である御坊市の市長であった。

玉置和郎が突然に出馬するまで、玉置修吾郎は、二階を応援していた。ところが、実弟の玉置和郎が出馬することになると、手の平を返したように玉置和郎の応援に鞍替えしたのである。玉置修吾郎だけではない。それまで二階を応援していた県議の中にも、玉置陣営に走る者がいた。

二階は厳しい戦いを強いられることになった。

さらに、二階は知り合いの中央紙の記者に言われた。

「いつ選挙になるかわからないが、十月にはロッキード事件で逮捕された田中角栄さんの判決が出る。ベテランや力のある現職国会議員なら別だけど、新人が田中派を名乗って出馬するのは、大変なことだよ」

記者は、二階のことを思って助言してくれたのであろう。

しかし、二階は覚悟を決めていた。

〈私は、すでに田中先生の門を叩き、江﨑先生や小沢先生をはじめ田中派の議員とかねてより親しくお付き合いし、ご指導をいただいている。新人に不利だからといって、別の派閥から出ます、ということは性格に合わない。火薬庫が爆発して、自分のようなものは、木っ端微塵に吹き飛ばされるかも知れない。しかし、それでもいい。前進あるのみだ〉

田中角栄の胆力

昭和五十八年九月十二日、著書「明日への挑戦」の出版記念パーティーが東京プリンスホテルで開かれることになった。出版記念パーティーといっても、決起集会のようなものである。地元から後援者がバス一〇台を連ねてやってくることになった。

田中角栄も、ゲストとして出席してくれることになった。しかも、後援者たちと一緒に写真に収まってくれるという。後援者にとっては、それが楽しみの一つであった。

ところが、出版記念パーティーを数日後に控えたある日、愛宕警察署から二階に電話が入った。愛宕警察署は、東京プリンスホテルを所轄していた。

「御存じのように、田中先生は、十月十二日に裁判の判決をひかえています。大変、緊迫した状況にあり、身辺警護も容易ではありません。パーティーに出席することは仕方ありませんが、後援者と写真を撮るのだけはやめてもらえませんか。どうしても、そのときだけ警備が手薄になりますから」

二階は憮然として答えた。

「田中先生ご自身が、『危険だから、止める』と言うなら、一も二もなく従います。ただ、それは田中先生の判断ではないでしょうか。とりあえず、私の方から田中先生に相談してみます」

二階は直ちに田中に連絡を入れ、事情を説明した。

田中は、きっぱりと言った。

「おれは、そんなことを心配していない。恐れる気持ちもない。計画どおりやってくれればいい」

二階は胸をなでおろした。

〈これで、田中先生と一緒に写真が撮れることを楽しみにしている後援者たちにも、喜んでもらえる〉

パーティー当日は、ロッキード裁判の判決を控えていたため、テレビ局をはじめとする報道関係者が多数詰めかけた。田中がゲストとして挨拶に立った。その一流の話術で出席者を魅了していく。そのなかで、のちにたびたびテレビで放映されることになる有名な言葉を吐いた。

「まあ、みなさん、夕涼みをしていれば、アブも飛んでくるし、蜂にも刺されますよ」

ロッキード事件では、田中元総理は総理時代にロッキード社から五億円を受け取ったとされ、受託収賄罪などの罪で逮捕された。その裁判で、五億円の受け取りを否認していた田中や榎本敏夫《えのもととしお》秘書官らに対してロッキード事件発覚以降に離婚した榎本の妻の三恵子《みえこ》が公判に出廷した。

榎本三恵子は、昭和五十六年十月二十六日の公判で、元夫の主張を真っ向から覆した。そのことを「蜂の一刺し発言」と言われていた。それを皮肉っての発言であった。

田中は、最後に言い切った。

「二階君ほどの人材が当選しないはずがありません。いよいよ二階危しとなったら、田中派百五十人が押しかけますよ」

十月十二日、二階は、選挙運動の打ち合わせをするため、和歌山市にある連絡事務所に向かった。連絡事務所に到着すると、テレビ局の中継車が三台も四台も止まっていた。二階はいぶかしんだ。

〈今日は、何かあるのかな〉

二階が連絡事務所に入ると、テレビ局の記者が、声をかけてきた。

「十時に田中さんの判決が出ますので、その感想をカメラに向かって話してください」

なんと、二階のコメントをとるためにテレビ局が集まっていたのである。

二階は戸惑った。

〈おれのような新人候補のコメントをとりにくるとは、思いもしなかったな〉

午前十時、判決が下った。東京地裁の岡田光了裁判長は田中に対し、懲役四年、追徴金五億円の実刑を宣告した。総理の職権を利用した収賄事件で、実刑判決が出たのは、初めてのことであった。

二階は、カメラに向かって語りかけた。

「田中先生は、新潟の雪深い雪国から国政に出てこられ、郷土のため、さらには国のために懸命に働いてこられた。これから、この裁判がどのように展開していくのかわかりませんが、裁判は裁判として考え、私はこれまで通り、人間としてお付き合いさせていただきます。どんな立場になろうとも、私は田中先生と何もなかったと、その関係を否定するつもりはまったくありません。今後も、政治家としてのご指導をいただきます」

衆議院初当選——田中角栄の選挙指南

十一月二十八日、中曽根康弘総理は衆議院を解散した。十二月十八日投票の、いわゆる「田中判決選挙」に突入することになった。

告示の三日前、田中角栄から、二階に電話が入った。

「選挙の情勢を聞きたいから、すぐ上京するように」

紀伊半島南端の新宮《しんぐう》市から夜行列車に乗って、目白の田中邸に向かった。

二階は、田中に会うや、自分の選挙活動を伝える地元の紀州新聞と日高新報を見せた。

田中は、ちらと新聞に目をやるや言った。

「きみのところの後援会新聞か」

「いえ、町の新聞です」

「ほぉ、こんなにしてもらっていいな」

田中は、二階に訊いた。

「きみの選挙区には、どのくらい市町村があるんだ」

「三十三市町村です」

「そうか。それじゃ、その一つひとつの状況を言ってみろ」

二階は目を丸くした。

「えっ！　一つひとつですか……」

「そうだ」

二階は、言われた通り、三十三市町村の状況を一つひとつ報告していった。

田中は熱心に耳を傾け、一つひとつ点検してくる。

「なぜ、そんなに少ないんだ」

「そうか、そんなに取れるのか」

二階は、そのたびに理由を説明した。

二階は有田郡清水町について報告した。

「清水町の有権者は、四千人ですが、私は、百票しか取れないでしょう」

田中は、ダミ声で訊いてきた。

「百票とは、なんだ！」

二階は説明した。

「ここは、正示先生の生まれ故郷なんです。ですから、敢えて入らないようにしているんです。生まれ故郷の地盤を荒らすようなことは、私の性に合いませんからね」

田中は鼻をならした。

「ふーん、そうか。ま、百票だったら、ただの泡沫《ほうまつ》候補でも取れるな」

二階は思わず苦笑した。

まもなく、三十三市町村すべての点検が終わった。二階は、新人候補のために、わざわざ時間をかけて、ひとつひとつ点検してくれた田中を心から尊敬した。

〈なんて、頼りがいのあるひとなんだろう〉

田中は、激励してくれた。

「ここで負ければ、少なくともあと三年はこれまでと同じように選挙区回りをしないといけない。きみも辛いだろうが、おれもそういうことをきみにさせたくない。だから何としても、石に齧《かじ》りついてでも、この選挙で当選させてもらえるよう頑張れ！　おれがきみのために何をすればいいか、何でも言ってくれ」

二階は答えた。

「私は、県議時代に高速道路の紀南延長を訴え続けてきました。その裏付けをしてもらう意味でも、内海《うつみ》英男《ひでお》建設大臣にきていただきたいのですが」

内海は田中派の一員であった。

田中は、すかさず言った。

「わかった。内海君に行ってもらおう」

「ありがとうございます。しかし、内海大臣には、どのように連絡すればよろしいんですか」

「きみは、そんなことは心配しなくていい。内海君の方から、きみの方に連絡がいくようにしておく」

最後に、田中は念を押した。

「大丈夫か！」

二階は初陣に強敵を相手に大丈夫なわけはなかった。が、田中派の新人は自分一人ではない。田中に少しでも心配をかけまいと思い、きっぱりと答えた。

「大丈夫です」

のちに田中は、このときの様子を再現して二階をひやかした。

間もなく、内海建設大臣の秘書官から連絡が入り、応援に来てもらうことになった。

江崎真澄、林義郎《はやしよしろう》厚生大臣をはじめ田中派の議員も続々と応援に駆け付けてくれた。

ただ、小沢一郎は、選挙を取り仕切る党総務局長に就任したため、自民党本部で陣頭指揮を執らなければならない。そこで、小沢と同期で仲の良かった羽田孜を代わりに応援に寄こしてくれた。

羽田孜は、小沢一郎と同じ昭和四十四年初当選で、仲が良く、自民党林政調査会長、総合農政調査会長を経て、「総合農政族」と呼ばれていた。

門三佐博は、この時、内心はひやひやした気持ちで、二階の応援をしていた。

定数三のところに、保守系候補が四人も出馬し、大激戦が予想されていた。

二階は、広大な和歌山県第二区の各市町村に後援会と事務所をつくり、選挙戦中もまわっていた。門も、二階の応援のために、ついてまわっていた。

一方、二階の妻の怜子は、二階の演説は、可能な限り聴いた。お客さんが来ていても、二階の演説が始まると、必ず聴いた。自分も演説をするのだから、亭主が何を主張しているのか知っておかなくてはならない。

二階の演説は、県会議員に出馬したときから上手かった。話に情があり、聴衆を泣かせた。説得力があった。なにより、和歌山県を思う気持ちが尋常ではなかった。

怜子も、負けずに選挙の応援に駆けずりまわった。

選挙事務所には、「先生日程」「奥さん日程」とびっしりスケジュールが書き込んである。

二階は、県議選に初出馬した際、怜子に見栄を切った。

「女房を街頭へ立たせなきゃならないんだったら、おれは政治を辞める」

その後、怜子は、二階に「どこへ行け」と指図されたことはない。怜子は、その時以来、心に決めた。

〈主人は初出馬の時、あんなに偉そうに見栄を切ったのだから、主人の指図では絶対に動かない。ただし、二階のために懸命に働いてくれる後援会の人たちと事務所の人達の言うことは、絶対に聞こう〉

怜子は、後援会の人たちと一緒に徹底的に走りまわったという。

選挙が公示されて以来、二階は、田中角栄の郡部から都市部に駆け上がる「川上戦術」に倣《なら》い、地元・御坊市に入らなかった。二階は、投票日の二日前の最終盤になって、ようやく御坊市入りした。

二階が選挙カーから降りると、待ちかねた地元・御坊の聴衆が集まって来て、右からも左からも二階を引っ張ろうとする。どんどん人垣の渦ができたという。

門三佐博の息子で、現在、衆議院議員を務める門博文《かどひろふみ》も、このとき二階の衆議院選挙を手伝っていた。和歌山大学の学生だった博文は、二階の長男で当時十八歳であった俊樹《としき》とともに、二階についてまわっていた。

御坊市に入ると、各地域で有権者を前におこなう二階の演説にも力が入った。つい時間が長くなってしまう。門は心配していた。

〈このままじゃ、一番人が集まる夕方から夜の時間に全部の場所をまわれなくなってしまうぞ。なんとか切り上げさせなきゃ〉

門は、二階の妻の怜子に頼んだ。

「奥さん、二階さんに演説を短めにするように言ってくれませんか」

だが、怜子は、からっと笑って言うだけであった。

「門さん、そんなこと言わんと、好きなんだから、気が済むまで喋らせてやってくださいよ」

結局、新人の二階は、五万三六一一票を獲得し、初当選を飾った。実力者の玉置和郎に次ぐ二位での当選だった。三位には、東力が滑りこみ、現職の正示啓次郎は、四位で落選した。

二階は、当選が決まると御坊市だけでなく、和歌山県第二区内の各市町村の自分の支持者が集まる詰め所をまわった。

東牟婁《ひがしむろ》郡の北山村の詰め所に行こうとした頃には、日も変わり、翌朝の四時くらいになっていたという。

北山村は、和歌山県の飛び地で、和歌山県の東の端の新宮市よりさらに北にあった。北山村で二階を応援してくれた村会議員は、北山村まで二階に来てもらうのは大変だということで、麓《ふもと》まで下りてきてくれたという。

二階は、この初当選以来、十二回連続当選を続けている。

第六章　激闘！　田中軍団

角栄学校

昭和五十八年十二月二十七日、国会が召集されることになった。この日朝八時、二階は地元の後援会の幹部数人と共に目白の田中邸に出向いた。当選のお礼の挨拶をするためである。

田中は、開口一番言った。

「おーい、二階君。よく当選したな。たくさんの票を取ったな。良かったな、本当に良かった……」

田中の読みでは、二階は、当選ラインぎりぎりだったのであろう。まるで自分のことのように喜んでくれた。

しばらくして、田中派新人議員の歓迎会が料理屋で開かれた。田中をはじめ二階堂進《にかいどうすすむ》、江崎真澄、竹下登、後藤田正晴ら錚々《そうそう》たる顔ぶれが集まった。渡部恒三《わたなべこうぞう》、奥田敬和《おくだけいわ》、羽田孜らの初入閣が決まった夜でもあった。一回生議員は、幹部らと相対する形で座敷に一列に並んで座らされた。

司会役の議員が口をひらいた。

「それでは、一人ずつ自己紹介をしてもらいましょうか」

そう言い終わるやいなや、田中がいきなり立ち上がった。

「おれが紹介する」

なんと、田中自ら紹介していくというのである。

田中は一人ひとりの新人議員、すべてを空で紹介していった。

「彼は、××県××区選出で、こういう経歴の持ち主だ。彼の公約は、こうだ。対立候補は、××派の×

×だな」

やがて、二階の番になった。田中は、すらすらと紹介していく。驚いたことに、名前や数字を一つも間違わない。最後に言った。

「二階君は、農林省の局長をやった遠藤三郎先生の秘書を十一年も務めてきたから、長い政治経験をもっているんだ」

二階は照れ臭そうに下を向いたという。

田中は当選回数についても語った。

「政治家の基準、評価は難しく、やはり当選回数というのが大きくものをいってくる。ときには抜擢人事をおこなうが、これは、実に難しい。抜擢された者は喜ぶが、同期や他の人に恨まれてしまう。しかし、知事経験者や事務次官経験者は、一期早く大臣になってもらうからな」

田中の教えは、新人代議士であった二階にとって、一つひとつが政治家としての基本軸になったという。


二階ら自民党一回生は、昭和五十八年に当選したことにちなみ、超派閥の「五・八会」を結成した。奈良県選出の鍵《かぎ》田忠三郎《たちゅうざぶろう》、長崎二区選出で河本派の松田《まつだ》九郎《くろう》が世話役となった。「五・八会」で各派の領袖を招いて話を聞こうということになった。各派の領袖に伺いを立てると、おおむね賛同してくれた。但し、一年生議員の顔や名前が一致しないため、全員名札を付けることになった。

中曽根派領袖の中曽根康弘、河本派の前身である三木派の領袖であった三木武夫元総理らに講義をしてもらった。

田中角栄にも講師として来てもらった。田中は、一くさり話を終えると、おもむろに立ち上がった。一人ひとりの席をまわって話を始めた。

名札をのぞきこみ、声をかける。

「あんたは、××さんの息子だな。××さんは、元気でやっているか」

「きみは、何度も選挙に挑戦して、苦労してきたな。ようやく当選できて、本当に良かった」

驚いたことに、田中は他派の議員の出身や経歴についても知悉していた。

二階は舌を巻いた。

〈田中先生はさすがだな。これは、かなわないや〉

田中は自派の議員の席にくると、「ああ、これはうちのひとだからいい」と言って飛ばしていった。自派の議員よりも、他派の議員を優先してまわった。これまで、そのような行動をとる領袖は一人もいなかった。他派閥の議員は、すっかり人間・田中角栄の魅力に引き込まれ、田中のファンになってしまったという。

やがて、お開きの時間となった。

二階は、田中から声をかけられた。

「遠藤先生の奥さんたちは、元気にしておられるか」

二階は小声で言った。

「実はこの後、遠藤先生のご家族、それに秘書時代の先輩たちと、この店の別室で会合をするんです。帰り際に五分でも顔を出していただけますか」

田中は酔いがまわったのか、顔を赤らめながら上機嫌で言った。

「何を言うか。五分といわずに、行こうじゃないか」

二階は、田中を案内して遠藤家御一党の待つ部屋に入った。予期せぬスペシャルゲスト田中角栄の飛び入り参加に、みなは驚いた。

田中は、しみじみと遠藤の思い出話を語った。

「遠藤先生は、農林省の役人だったが、官僚に似合わぬスマートな人だったな」

田中はそれから間もなく、二階に言った。

「二階君、今度、おれが地元の和歌山に応援に行ってやるよ」

「地元には、玉置和郎さんも、東力さんもいます」

「かまやしない。おれは行く。一万人は集めろ」

「一万人も入る場所がありません」

「なら、学校の運動場でいい」

「雨が降るかもしれません」

「構うもんか。傘を差させればいい」

「先生、ありがとうございます」

わざわざ田中角栄が和歌山にやって来てくれるというのだ。二階はうれしかった。

ところが、その田中の来訪は幻となってしまう。

竹下登や金丸信らによって「創政会」が結成され、田中派は分裂、その挙句に田中は倒れてしまう。

政界の首領であった田中は、二度と政治の表舞台に復帰することがなかったのである……。

ニューリーダー竹下登

竹下登は、大正十三年二月二十六日、島根県飯石《いいし》郡掛合《かけや》町（現・雲南市）に生まれた。太平洋戦争のさなか、早稲田第一高等学院を半年繰り上げで卒業し、早稲田大学商学部へ進学。陸軍特別操縦見習士官に応募して、滋賀県大津の陸軍少年飛行学校でグライダー操縦法と日本史を教えた。

竹下の生家は名門の造り酒屋である。父勇造は、掛合村の村長を経て、県会議員となった。政治家の血は息子のなかにも流れていた。

昭和二十年の敗戦後、荒れ果てた故郷の山々を目の当たりにして、国の再興を願い政治家となることを決意。早大に復学し、昭和二十一年暮れに、学生の身ながら郷里島根の農地委員に立候補し選ばれた。さらに、大学卒業の二十五年には島根県の連合青年団長となる。二十六年四月、二十七歳となり被選挙権を得た竹下は、県会議員選挙に出馬し、二位を倍以上引き離したトップ当選を果たす。以後、二期七年の県議生活を送る。

竹下の「気配り」は、すでに県議当時から有名だった。初出馬のときには自転車で郡内をくまなくまわり、選挙民の顔と名前が一致するようにすべて覚えていた。また、当時の五円玉を入れた小さな祝儀袋をいつもポケットに用意しておき、運転手や守衛たちに会うと、「ご苦労さん」と声をかけ、そっと手渡したりしていた。こうした竹下の気配りや気さくさは地元の人気を集めた。

竹下の姿勢は「汗は自分でかきましょう。手柄は人にあげましょう」という言葉によく表れている。

代議士となってからも新人議員の面倒をこまごまとよくみた。そのため、竹下を慕う人間は多かった。

昭和三十三年、竹下は父親の友人で急死した高橋円三郎《たかはしえんざぶろう》の地盤を引き継ぎ、五月の第二十八回衆議院選挙に初出馬。最高点で当選を飾った。政界入りする際、参議院の大物議員である松野鶴平《まつのつるへい》から「次の次の次に総理になる男につけ」とアドバイスを受け、当時の自民党総務会長であった佐藤栄作を推薦される。

竹下は、将来の総理総裁をめざす佐藤の子飼い第一号となった。以後、佐藤を「政治の師」と呼び、その手法を徹底的に学んで、党内調整や国会運営などで才能を発揮する。感情に激して興奮したり怒ったりすることのない竹下は、野党対策も巧みであった。

昭和三十九年、佐藤内閣で官房副長官に起用され、政治の中枢に参画する。その後、佐藤と田中角栄内閣の〝幕引き〟官房長官を務め、大平正芳、中曽根康弘内閣では大蔵大臣となり、着々と実力を蓄えていった。

大平が急死した衆参ダブル選挙の頃から、竹下担ぎを目論む金丸信らによって「世代交代論」が出てきた。いわゆるニューリーダー、実力者予備軍の台頭である。

大派閥の跡目を継ぐ位置にある者、小なりといえども派閥のボスにおさまっている者、派閥に準ずる議員集団を研究会などの名目で主宰する者などがニューリーダーとみなされた。田中派では竹下登や小坂徳三郎《こさかとくさぶろう》、山下元利《やましたがんり》、宏池会では宮沢喜一、田中六助《たなかろくすけ》、福田派の安倍晋太郎《あべしんたろう》、河本派の河本敏夫、中曽根派の渡辺美智雄らの名前がマスコミで取り沙汰された。政界の田中支配が続くなか、竹下、安倍、宮沢がニューリーダーとして一歩先んじた存在となっていく。

「三角大福中」勢力の最後の一人である中曽根のあとを取るのは誰か。各派のニューリーダーとのせめぎあいの一方で、竹下は田中からの独立を虎視眈々とうかがっていた。

竹下登と金丸信

現在、衆議院議長を務める大島理森《おおしまただもり》は、毎日新聞記者、青森県議を経て昭和五十八年十二月の総選挙で初当選を果たした。当選同期の一人が、二階俊博であった。大島は河本派、二階は田中派に属したが、ともに県議出身ということで意気投合した。

衆議院大蔵委員会に所属していた大島は、大蔵委員会が開かれるたびに、毎回、欠かさず出席していた。田中派の竹下登大蔵大臣が、感心するような口ぶりで二階らにもらした。

「大島君は、ずいぶん熱心だね」

大蔵大臣にとって、審議に参加してくれる委員の存在はありがたかった。竹下は、大島を他派ながらかわいがっていた。

ある時、竹下大蔵大臣が、二階と大島に勧めた。

「県会議員出身の議員が大蔵省主計局と対決することになったら、これほどの悲劇はない。国のためにならんし、本人のためにもならん。しかし、同時に政治的な試練を経験している県議出身議員と大蔵省の役人が政策などで意見の一致をみて、おたがいに協力しあうとなると、これほど国のために大きな役割を果たすことはないんだ。だから、双方が集まり、勉強会を開いたらどうか。こっちから、大蔵省の将来を担う人を出す。あなたがたの方からも、そういう人材を選んでくれ」

二階らは、さっそく人選を進めた。

その際、大島が二階に言った。

「二階さんが、会の名前をつけてくれ」

二階は思案し、大島に伝えた。

「あまりに華やかだと、何か特別な意図があると思われるような名前じゃ駄目だ。したがって、大八車というのがあるだろう。あれと似たような響きだけど、大蔵省の『大』と五十八年の『八』をとって『大八会』というのはどうだろう。これならメンバーに入れてもらえなくても、『大八車』からとったといえば、誰も文句を言ってこない。そんな会があるといっても、みんな一笑に付して終わってしまうよ」

竹下の肝煎り発足した「大八会」は、定期的に会合を開いた。幹事役は、鈴木善幸元総理の娘婿の大臣秘書官であった。

竹下は、先を読んでいる人物である。二階が思うに、おそらく、その後の重要な政治課題となる消費税など税制改革法案の審議の際、真にしっかり政策がわかる者をいまから育てていかなければならない、という心理が働いていたのではないか。

さらに、将来消費税を実現させようとする時、反対の中心になるような県議出身の政治家を押さえ込んでおこうという考えも頭の隅に置いていたのであろう。

当選回数の少ない二階らいわゆる陣笠《じんがさ》代議士は、大蔵省に陳情に行っても、相手にされないこともあった。が、大蔵省の「大八会」のメンバーが密かに力になってくれた。

その竹下登は、二階に言っていた。

「政治家は、自らが偉くなったと思った瞬間に、そこで成長は止まる」

竹下登と天下獲りの野望を持ちコンビを組んだ金丸信は、大正三年九月十七日、山梨県中巨摩《なかこま》郡今諏訪《いますわ》村（現・南アルプス市）に生まれた。竹下より十歳年上、田中角栄よりも四歳年上であった。父康三は、造り酒屋を経営するかたわら、山梨交通の専務も務め、県会議員もしていた。

昭和三十三年五月、金丸信は山梨全県区から衆議院選挙に初出馬し、当選を飾った。この第二十八回総選挙の初当選者には、竹下登、安倍晋太郎がいた。

竹下も金丸も、佐藤栄作派に属し、造り酒屋の長男ということでウマが合った。

政界では、金丸・竹下の「弥次喜多コンビ」といわれていた。

金丸は、田中角栄を総理にすることに汗を流し、ついに実現させたが、田中が竹下を後継者にすることを拒み続けたため、田中からの独立を企図していた。

金丸は、中曽根康弘総理の「風見鶏的政界遊泳術」が、大嫌いであった。が、いまは、竹下のために中曽根と組む以外ない。

自民党幹事長の金丸は、昭和五十九年十一月下旬、東京都港区元麻布二丁目の自邸で、いつもの眠そうな眼をカッと見開き、中曽根康弘内閣の大蔵大臣である竹下登を口説きにかかった。

「オヤジ（田中角栄）は、佐藤（栄作）から禅譲されるんじゃなく、福田（赳夫）と争って、総理の座を奪いとった。政権は口を開けて待っていても、落ちてくるもんじゃない」

オヤジへの忠誠心

昭和六十年の年が明けてまもなく、二階俊博は衆議院議院運営委員長に就任した小沢一郎に呼ばれた。その席で、打ち明けられた。

「実は、先日、竹下さんを中心とする勉強会旗揚げの準備会がおこなわれた。メンバーを人選したため、きみを誘わなかったが、旗揚げに参加してくれないか」

二階は田中派の外様議員である江﨑真澄の系列と見られていた。江﨑は田中派の会長代理として田中の名代的存在である。派内に勉強会結成の動きがあることを知られたらまずい。それゆえ、二階には声がかからなかったのである。

二階は答えた。

「竹下先生を中心にした勉強会ができることは、大変、結構なことだと思います。しかし、田中先生の祝福をあびて出発すべきではないでしょうか。もし、それができなければ、結成式を延ばすべきです」

小沢は眉をひそめた。

「なかなか、そうもいかないんだ……。一週間のちに、また会おう」

一週間後、二階はふたたび小沢のもとを訪ねた。

小沢は訊いてきた。

「どうだ、一緒にやってくれるか」

しかし、二階は、いくら小沢からの誘いとはいえ、なかなか踏ん切りがつかなかった。

「よく考えたのですが、やはり、この間の考えと変わりはありません。田中先生の祝福をあびて、出発すべきです」

田中角栄倒れる

昭和六十年一月二十八日、毎日新聞の朝刊に『竹下氏が政策集団を旗揚げ』というスクープ記事が躍った。

翌二十九日、それまでの竹下の政策集団の創政会側がとってきた極秘行動が白日の下に曝《さら》されると、田中角栄は怒り狂った。

「おれは佐藤（栄作）が派閥をやめると言ったからこそ、田中派をつくったんだぞ。竹下はおれが派閥をやめないと言っているのに、それでもつくりおって……」

田中の腹心である木曜クラブ会長の二階堂進をはじめ、会長代理の江﨑真澄、事務総長の小沢辰男《おざわたつお》、田中の秘書・早坂茂三《はやさかしげぞう》、佐藤昭らは、創政会の参加を表明した議員の個別の切り崩しを図った。

一方、創政会のメンバーは、竹下派結成支持の議員集めに躍起になった。

「事が公となったからには、一刻も早く人数を増やすしかない」

二階のもとにも、小渕恵三《おぶちけいぞう》や創政会の中核メンバーから次々に誘いの電話が入った。

しかし、二階は重ねて丁重に断った。

「勉強会をつくることは賛成です。しかし、田中先生の祝福を浴びる形で出発できなければ、いまは参加できません」

二階は、渡部恒三に連れられ、自民党幹事長室に金丸信を訪ねた。

二階は金丸に言った。

「今回の創政会設立総会に参加しませんが、田中先生や江﨑先生の了解が得られれば、その時には参加させてもらいます」

金丸は鷹揚《おうよう》に頷いた。

「筋が通っているではないか」

二階は、創政会へは遅れての参加となるが、このように金丸にはきちんと仁義を切っていたのでハンディはまったく感じなかった。金丸にもそれまで通りかわいがられた。

二階は、田中角栄がなぜ、後継者を指名しなかったのかについて思う。

〈ご本人に確かめていないから定かなことはわからないが、特にこだわっていたのは、総理を経験した者がロッキード事件のような罪を背負って、このまま終われるか。総理に対する屈辱は、自分の時代に晴らさないといけない。そうした強い思いがあった。無理もないところがある〉

ロッキード社から田中総理に献金が渡ったと言われたが、果たして現職総理の田中がその程度の事で、ロッキード事件の主役を演じることはありえない。

飛行機の一機や二機、航空会社がどこから買ってこようとも、総理として意識的に取り組む仕事ではない。非常に不幸な事件で、最高権力者が被告人という立場に追い込まれたからにはその罪をそそがないといけない。そういう強い気持ちを持っていた。

田中が闇将軍として派閥を拡大していったのも、もう一度、総理にチャレンジして政治生命を終えたい、と思っていたのではないか。

二月七日午前八時、砂防会館別館三階の田中派事務所で、ついに創政会の設立総会が開かれた。出席者は、衆議院議員二十九人、参議院議員十一人の計四十人であった。

その騒ぎの最中二月二十七日、田中は突然、自宅で倒れた。病名は、脳梗塞であった。

この日以来、不世出の宰相・田中角栄は、政治の表舞台に復帰することなく政界を去ることになる……。

角栄の気遣い

三月初め、二階俊博のもとに、奥田敬和《おくだけいわ》から電話がかかってきた。奥田は、田中の「鉄砲玉」の役割を一貫して果たしてきた。田中の意向を聞き、それを派内の幹部、中堅を問わず伝えてきた。いやな役目が多かった。そのため、田中に近いとされ、昭和五十九年十一月の内閣改造までは現職の郵政大臣だったこともあり、創政会の準備会には誘われなかった。むろん、設立総会にも出席しなかった。が、そうかといって、二階堂や江﨑らとも立場を異にしていた。

いわゆる、中間派であった。

「今度、アフリカのトーゴで列国議会同盟（ＩＰＵ）会議が開かれる。おれは、その団長として出席するんだが、きみも一緒に行かないか。すぐに返事をくれ。なぜ、きみを誘ったかは、アフリカへ行ってから話す……」

「日数は、どのくらいですか」

「会議のあとエチオピアを視察すると、十六日間だ」

二階は考えた。

〈一回生の私が、十六日間も国を離れるわけにはいかんな……〉

二階は即答を避けた。

「申し訳ありませんが、日程の調整もありますので、しばらく時間をください」

数時間後、ふたたび奥田から電話がかかってきた。

「どうだ、考えはまとまったか」

二階は、思案した末、この機会を逸したらアフリカへ行くチャンスはないかも知れないと考え、同行する旨を伝えた。

奥田は、竹下政権の七奉行の一人となるが、北國新聞記者を出身だけあり、社会全般に深い知識があり、歴史や文学にも精通していた。

しかし、ひどく癖もあった。飲んでいて、相手が自らの正義感に合わない発言をするや、テーブルに酒や料理が並んでいても、「何だ!」と大声を発し、暴れたりする。

先輩たちが、二階によく言っていた。

「きみは、奥田みたいな恐ろしい奴と、毎日のように一緒にいて飲んだりもしているよな。何ともないのか。みな不思議がっているぞ」

二階ら議員団を乗せた飛行機が成田空港を飛び立った。

その機中、二階は奥田から打ち明けられた。

「おれがなぜ、きみを誘ったのか、知ってるか」

「いえ」

「実はな、郵政大臣を退任した後、すぐに田中のオヤジに挨拶に行ったんだ。その時、オヤジに、こう言った。『一人前になったとはいいませんが、大臣を無事に務めさせてもらいました。これから先は、派内の若い人のために力を尽くさないといけないと考えています。誰を応援したら、いいでしょうか』と。そしたら、オヤジは、『今度、和歌山から出てきた二階君を手助けしてやってくれ』と言った。それが頭に残っていたんで、きみを誘ったんだ」

二階は感謝の気持ちでいっぱいだった。

〈田中先生は、そこまで心配してくださっていたのか……〉

竹下政権とリクルート事件

昭和六十二年六月三日、ホテル・オークラにおいて、「竹下先生を総裁選に推薦する会」が開催されることになった。創政会の中核部隊は、この日を実質的な竹下派旗揚げと秋の総裁選に向けての竹下の出馬表明の場にしようと目論んでいた。

田村元《たむらはじめ》、奥田敬和を大将格とする中間派の議員は、こぞって参加することを決めた。

しかし、二階堂グループの江﨑真澄、小坂徳三郎、山下元利、田中直紀らは、そろって欠席することを決めた。

その日、二階は江﨑に電話を入れた。

二階ら中間派の若手議員は、竹下派に参加する意志を固めていた。

二階は思っていた。

〈最後まで田中先生に尽くすことが、筋かも知れない。しかし、国会議員は政治の流れを見極めて、郷土

の期待にも応えなければならない。苦しい選択だが、やむを得ない〉

しかし、なかなか二階堂グループの幹部に打ち明けられなかった。二階は、まわりにせっつかれた。

「二階さんは、江﨑先生と親しいんだから、報告してきてくださいよ」

二階は大役を担い、それまで六度も江﨑に会った。

が、いざとなると、切り出せないでいた。

二階は思い切って、電話で打ち明けた。

「我々は、竹下先生の候補擁立集会に参加します。ご了解をいただきたい」

江﨑は答えた。

「おれは、二階堂さんと行動を共にしないといけないので参加はできないが、きみはしっかり頑張れ」

二階は江﨑の了解を得ると、直ちに小沢一郎に電話を入れた。

「遅くなりましたが、これから参加させていただきます」

「竹下登・自民党幹事長激励の夕べ」と題したパーティーに百二十人を超える田中派議員が出席したことで、田中派の大勢は二階堂進ではなく竹下にあることが明らかになった。

勢いに乗った竹下は、六月三日の擁立集会で竹下派として政権を目指すことを表明する。

七月四日、竹下派「経世会」が発足。百十三人を擁する党内最大派閥の誕生であった。ちなみに「経世会」は、「経世済民」（世を治め、人民の苦しみを救う）に由来する名である。これにより、反竹下の二階堂派は十五人、小沢辰男ほかの中立派が十三人となる。

十月、安倍晋太郎、宮沢喜一、竹下の三人が相次いで総裁選立候補を宣言した。ここにおよんで、二階堂は立候補を断念した。

各派の思惑が絡んだ総裁選は公選ではなく、総理に調整を一任することになった。十月二十日、中曽根康弘は竹下を指名裁定する。

十月三十一日、竹下は自民党大会で第十二代総裁に選出され、十一月六日、竹下内閣が発足した。竹下政権は、内閣を宮沢副総理・大蔵大臣、党内を安倍幹事長が支える安定政権としてスタートした。

竹下は、所信表明演説で「安定的な税制構築」（新型間接税）に取り組むことを表明した。大平正芳内閣時の一般消費税、中曽根内閣時の売上税と、過去の税制改革はいずれも頓挫しており、自民党十年の悲願でもあった。中曽根の売上税法案は、さまざまな業界からの圧力で例外規定を多く設けた欠陥税制の感が強かった。国民から総スカンを食った前回の反省をふまえ、消費税は、税率三パーセント、所得税・相続税・法人税などの大幅減税をセットにし、税制改革関連六法案として提示された。当然のごとく野党の猛反発にあうが、国会対策に熟練した竹下の手腕のもと、自民党は衆参両院ともにこれを強行採決。消費税は平成元年四月一日から施行された。

だが、竹下政権下最大の出来事といえば、やはり「リクルート事件」であった。

政・財・官・言論界の多方面にわたる戦後最大の構造汚職事件が発覚したのは、竹下内閣発足からわずか半年後の昭和六十三年六月だった。

事件の発端は、リクルートの関連会社リクルートコスモスの未公開株が川崎市助役へ譲渡され、同助役はそれを公開時に売却し一億円超の利益を取得した、という朝日新聞横浜、川崎支局取材班のスクープだった。若い記者七名と支局デスクが挑んだ入魂の取材は、のちに「調査報道の金字塔」と呼ばれた。

その後、同様に値上がり確実なリクルートコスモス未公開株の譲渡先として、中曽根康弘・安倍晋太郎・竹下登の秘書関与が判明。さらに、疑惑譲渡先として宮沢喜一大蔵大臣、渡辺美智雄、森喜朗文部大臣、社会党・上田卓三《うえだたくぞう》、民社党・塚本三郎《つかもとさぶろう》などの名があげられた。

最終的に、さまざまなかたちで資金提供を受けていた政治家の数は、判明しただけでも九十人近くにのぼった。リクルート創業者で会長（当時）の江副浩正《えぞえひろまさ》から政官財に撒き散らされた一大スキャンダルは、竹下政権中枢に大打撃を与え崩壊させる。

昭和天皇の崩御《ほうぎょ》にともない、昭和から平成へと元号が改まっても依然として国会は紛糾しつづけた。平成元年四月二十五日、竹下は国民の政治不信の責任をとり、予算案成立後の辞意を表明。竹下の元秘書・青木伊平《あおきいへい》が自殺するに及んで、「秘書にすべての罪を押しつけるのか」と竹下に非難が集中した。

六月二日、竹下内閣が総辞職し、竹下の指名により宇野宗佑《うのそうすけ》内閣が成立。

しかし、宇野内閣も、就任直後に発覚した女性スキャンダルに足をすくわれる。七月の第十五回参院選では、土井たか子社会党の「マドンナ旋風」が起こり、与野党の議席数が逆転となった。敗北の責任をとって宇野は退陣。在任わずか六十九日という記録的な短命政権であった。

竹下は、その後も田中角栄の手法をとり、政界に君臨する。が、政局は波乱含みの様相を色濃くしていき、離合集散がつづいていく。

平成元年八月九日、宇野内閣退陣のあとを受けて、海部俊樹《かいふとしき》内閣が発足した。

五十八歳の海部総理とコンビを組んだのは、四十七歳の幹事長、小沢一郎である。リクルート事件、女性スキャンダルで蔓延していた政治不信を払拭すべく、海部は所信表明演説で「〝対話と改革の政治〟を旗印に、力の限りを尽くす」と表明。だが、内実は竹下派の支持なしでは存続できない弱体政権であった。

母の死

平成二年七月二十日午後三時四十二分、二階の母親菊枝が老衰のため和歌山県御坊市の北出胃腸病院で死去した。享年九十歳であった。

菊枝は、御坊市新町で内科、小児科、産婦人科の医院を開業していた。そのため、忙しい日々を送った。ときには深夜遅く「子供が四十度の熱を出した」と患者の母親が髪を振り乱してやってくる。車などない時代である。菊枝は、暗い夜道を自転車の荷物台や文化車という人力車のようなものに乗せられ、ときには歩いて往診に出かけることもあった。それでも嫌な顔ひとつ見せなかった。

二階は、母親によく言われた。

「一生懸命頑張れば、それなりに世間が認めてくれる。それに見合う生活が自然に与えられる。努力すれば、必ず結果が出る。勉強して頑張りなさい」

二階の気配りは、母親の背中を見て育ったせいとも言えるのではないか。

二階は当時、第一回日米観光協議の共同議長を務め、日本の観光業界の松橋功成田空港会長（元日本旅行業界会長・JTB会長）と、アメリカ各地を廻っている最中で、フロリダで母の計報に接した。

葬儀・告別式は、二階の帰国を待って七月二十九日午後一時から御坊市立体育館で盛大に営まれた。

竹下登は、「当日は外国出張中で、出席できなかったので」と断って、後日わざわざ一人で大阪から電車で駆けつけてくれた。二階は、後援会の幹部十人と御坊の自宅で竹下を出迎えた。

二階は、ふと思った。

〈お袋の日記を見てもらおう〉

母が亡くなったあと、遺品を整理していた二階は、母親の日記を偶然見つけた。竹下政権が発足した昭和六十二年十一月六日の日記には、こう綴られていた。

『俊博が応援している竹下先生が総理になられて、本当に良かった』

二階は、竹下に母親の日記を見せた。

竹下は、感慨深そうな表情で、何度もその部分を読み返してくれたという。

小沢幹事長辞任──都知事選敗北のしこり

平成三年は、湾岸戦争の勃発で幕開けとなった。前年八月のイラク軍によるクウェート侵攻に端を発する湾岸危機は、一月十七日、アメリカ軍を中心とする多国籍軍の「砂漠の嵐作戦」によって戦争に突入した。日本政府は、多国籍軍への九十億ドルの資金拠出を決定。さらに、「国連平和維持活動協力法案」（PKO協力法案）づくりに乗り出す。しかし、武力行使を禁ずる憲法第九条をめぐって海部内閣での成立のメドが立たず、継続審議となり、のち平成四年六月に成立。

海部が政治生命を賭けると明言していた「政治改革関連三法案」（「公選法改正案」「政治資金規正法改正案」「政党助成法案」）に対しては、野党のみならず自民党内からも反対が出て審議が難航。結局、九月に廃案となった。その際、解散をちらつかせた「重大な決意」発言をきっかけに、海部は竹下派の支持を失い、政権続投を断念せざるを得なくなった。

小沢も、この年の都知事選で、自公民推薦の磯村尚徳《いそむらひさのり》が鈴木俊一《すずきしゅんいち》に大差で敗れた責任をとり、四月に幹事長を辞任していた。十一月五日、竹下派の支持をえた宮沢喜一内閣が発足した。

平成三年十一月下旬、東京都庁の鹿谷崇義副知事が鈴木俊一知事の意向を受けて、二階のもとにやってきた。

「鈴木知事が、小笠原空港建設計画でお世話になっているので、食事でもさしあげたいと申しております。ご出席願えませんか」

二階は答えた。

「私には、そんなご心配は結構です。それより、小笠原の空港について最初に言及されたのは小沢先生です。ですから、それなら小沢先生や金丸先生とおやりになった方が……」

小沢一郎と鈴木知事は、保守が分裂したこの年四月の都知事選で対立して以来、断絶状態であった。

鹿谷副知事は、言葉を濁した。

「いえ、まあ……。そんなことができれば、きっと鈴木知事もお喜びになると思います」

小笠原空港建設計画に関わっている二階は、一計を案じた。

〈鈴木都知事と金丸先生や小沢先生がいつまでも仲違いをしているのは、東京都のためにはもちろんのこと、日本のためにも良くない。この機会に、お互いが仲直りするように努力してみよう〉

二階はさっそく金丸と会い、切り出した。金丸は、自民党副総裁に就任していた。

「副総裁の立場にある人と日本の首都東京の都知事とが、なんとなく仲違いしているのは、都民にとっても、日本にとっても良くないことだと思いますよ」

「そりゃ、そうだ」

「今度、鈴木知事との食事の会に出ていただけませんか」

「そりゃ、結構なことだな。他に、どんな人がくるんだ」

「奥田敬和先生、愛知和男《あいちかずお》先生、村岡兼造《むらおかかねぞう》先生、西田司《にしだつかさ》先生、それに運輸省の松尾航空局長、小笠原の安藤村長、宮川議長もきます」

奥田運輸大臣は、十一月二十九日に閣議決定され、小笠原空港建設が盛り込まれた第六次空港整備五カ年計画の策定を担当した経世会の前事務総長である。村岡は、その途中までかかわった前の運輸大臣。愛知は、前環境庁長官、西田は、小笠原諸島振興開発特別措置法を所管する前国土庁長官であった。

「そうか。行こうじゃないか」

「ところで、小沢先生と鈴木都知事との間もなんとか修復されてはどうでしょうか」

小沢は、知事選で党本部の方針に沿って反鈴木側に回った自民党都義に配慮し、これまで知事との会談に応じてこなかった。

「うん、そうだな」

「小沢先生に、このことを、金丸先生から言っていただけませんでしょうか」

金丸はしばらく間をおくと、ぽつりと言った。

「それは、きみから小沢君に言え」

二階は思った。

〈それが難しいから、金丸先生にやってもらおうと思っているのに……〉

二階は乗りかかった船だと考え、小沢に会い、要請した。

小沢は、意外にもあっさりと答えた。

「あのとき自分と一緒に行動を共にしてくれた東京都議のみなさんもいるからね。相談してみよう」

小沢は十一月二十六日、知事選で磯村尚徳陣営についた自民党都議八人を都内のホテルに集め、知事と会うことを説明した。

こうして、十二月十三日昼、赤坂のフランス料理店「クレール・ド・赤坂」で昼食会が開かれることになった。

その日、鈴木都知事は赤坂に向かう車中の自動車電話で、鹿谷崇義副知事に対し、ぽつりと洩らしたという。

「ほんとうに、金丸さんや小沢さんが、来てくれるのだろうか……」

鈴木都知事の心配をよそに、金丸、小沢は姿を現した。新聞記者やテレビ局も押しかけた。昼食会は、なごやかな雰囲気で一時間に亘っておこなわれた。

金丸、小沢の出席に骨を折った二階は、胸を撫で下したという。

第七章　政界再編の激流

経世会分裂

平成四年八月二十二日、この日、政界を揺るがすに足る一つのスクープ記事が報道された。朝日新聞朝刊の一面に「東京佐川急便の渡辺元社長『金丸氏側に五億円』と供述」と大きな見出しが踊ったのである。

八月二十七日午後三時四十分過ぎ、竹下派（経世会）の金丸信会長は、佐藤守良《さとうもりよし》事務総長と共に自民党本部四階に設けられた記者会見場に姿を現し、その事実を認めた。

その後、金丸は、港区元赤坂にある自宅に閉じ籠ってしまった。閥務《ばつむ》は、会長代行の小沢一郎が取り仕切ることになった。

しかし、この日を境に激しい派内抗争が勃発した。小沢を支持するグループと小沢の対応に猛烈に反発する反小沢グループに分裂した。政界の首領として君臨した金丸も、十月十四日、政界を引退した。

十月二十一日は金丸の議員辞職が正式に決定する日であり、経世会の後継会長が選出されるタイムリミットの日でもあった。

小沢グループは、羽田孜を会長の座に推した。一方の反小沢グループは、小渕恵三を推していた。

小沢は正式に羽田擁立を決めるため、いわゆる小沢系の議員を午前八時に招集した。場所は、千代田区紀尾井町のホテルニューオータニ「桂の間」であった。

午前七時半過ぎ、二階はホテルニューオータニに入った。すでに、「桂の間」は異様な雰囲気に包まれていた。反小沢グループの多数派工作にもかかわらず、経世会の全衆議院議員六十七名のうち、代理出席を含め三五人も集まった。

六回生の愛知和男は、小沢グループ、反小沢グループと派内が割れていくことに戸惑いを隠せなかった。

〈小沢さんの政治姿勢は評価する。が、今回の経緯からして、小沢さんが会長になるのはどうだろうか。かといって、小渕さんがいいとも言えない。小渕さんは、人柄も円満だし当たり障りはない。が、会長にならなければいけないという必然性がない。どちらかというと、橋本さんなら話はわかる〉

決断を迫られた愛知は、派内で仲のよい三回生の二階と話しあった。

当選回数こそ愛知が三期先輩だ。が、年齢もそれほど違わない二人は、妙に気が合った。

二階はけしかけた。

「小沢さんと、行動をともにしましょう」

二階は、小沢とも縁が深かった。

愛知は答えた。

「きみが言うのなら……」

二階は小沢を支持することに何の迷いもなかった。

〈小沢さんは、国際社会のなかにおける日本の果たすべき役割を考え、政治家が国民に対して何をなさなければならないのかという主張など、しっかりした哲学と政策的基盤をもっている。あるいは政治的な手法においても、優れた政治家である。私は、小沢さんの主張する政治改革の道を一緒に歩んでいこう〉

小沢が挨拶に立った。まず、金丸の献金問題に触れた。そして、羽田を会長に推す理由を説明し、最後に言った。

「私は、同志の羽田孜さんを新会長に推挙致します」

集まった同志から、一斉に拍手が沸き起こった。

やがて、羽田が「桂の間」に姿をあらわした。羽田は会長職を引き受ける決意を述べた。

しかし、十月二十九日、反小沢グループの背後にいる竹下登の推す小渕が、経世会の第三代会長に就任した。

小沢グループも、新政策集団「改革フォーラム21」の旗揚げを発表した。

経世会は事実上、分裂した。「改革フォーラム21」は、のちに自民党を離党し、新生党を結成することになるが、若手議員のほとんどが、この時、最大派閥の分裂にまで発展していくことになるとは思ってもいなかった。

小沢一郎は、選挙制度改革に反対する中選挙区制維持派に「守旧派」のレッテルを貼り運動を展開した。二階は小沢一郎と行動をともにしたが、実はこの選挙制度改革は、あくまでテクニカルな事だと思い冷めて見ていた。選挙制度は、選ばれる者が、情熱を持って「賛成だ」「反対だ」と騒ぐべきではない。自分を相撲取りにたとえるなら、与えられた土俵の大きさに文句を言ってはいけない。政治家もそうである。「選挙区がどうだ」「有利だ」「不利だ」と騒ぐべきではない。

それゆえ二階は、選挙制度改革に声高に騒ぐことはなかった。

非自民連立政権の誕生

平成五年六月十七日午前、社会、公明、民社三党の党首が、この国会での選挙制度改革法案の成立を断念した宮沢喜一総理に対し、内閣不信任決議案を提出し、衆議院の解散を求めた。

翌十八日午後八時過ぎ、宮沢内閣不信任決議案の採決がおこなわれた。「改革フォーラム21」のメンバーの衆議院議員三十四人が賛成にまわり、内閣不信任決議案は可決した。宮沢総理は、衆議院を解散。七月四日公示、七月十八日投票の総選挙に突入した。

自民党を離党した「改革フォーラム21」のメンバー衆・参合わせて四十四人は、六月二十三日に新生党を結成。党首には羽田孜、代表幹事には小沢一郎が就任した。

竹下派七奉行のうち、小渕恵三、橋本龍太郎、梶山静六の三人が自民党に残り、小沢一郎、羽田孜、渡部恒三、奥田敬和の四人が新生党に移った。

この時、新生党に参加した同僚の岡島正之が訴えるかの表情で詰め寄ってきた。

「あんたが勉強会に参加しようというから、一緒について来た。そうしたら、こんなことになっちゃった。選挙区に帰った場合に、どこの町も私の後援会長は、ほとんど全員自民党ですよ。その人たちに、どう説明したらいいんだ」

二階は、岡島を励ました。

「我々は方針を決めたんだ。そこに身を委ねて頑張っていくしかない。世の中は、捨てる神あれば、拾う神ありだ。必ず我々を支援してくれる人もいるはずだ。前を向いてやろう」

二階は、同志の議員たちと話し合い、熱っぽく訴えかけた。

「みんな、必ず当選して国会に帰ってこよう。丸裸になって、火の海に飛び込むような心地だ。生きて帰れるか、まったくわからない。が、思い切り戦って、死んでもいいくらいの気概があれば、なんとかなる。『身を捨ててこそ、浮かぶ瀬もあれ』の心境で、頑張ろうじゃないか」

解散後、二階はしばらく東京にいた。新生党から出馬したいという新人候補の相談を受けていたためである。が、知り合いの議員と顔を合わすたびに言われた。

「二階さん、まだ東京にいるの？」

実は、これまで二階の選挙区である和歌山二区は定数三であった。しかも、自民党独占区であった。が、定数が是正され、三から二に減っていた。保守同士の厳しい戦いが予想され、そのことを心配してくれたのである。

二階は、ふと思った。

〈みなさんが心配してくれているように、私は東京にいてはいけないんだな〉

二階は新人候補の相談事を小沢代表幹事にお願いし、羽田空港から南紀白浜空港に向かった。

南紀白浜空港には、十四、五人の支援者が出迎えていた。二階は眉をひそめた。

〈あーあ、怒られるのか……。『なんで、自民党を飛び出したんだ！』と責められるんじゃないかな〉

二階は支援者たちに取り囲まれた。一人の支援者が、二階のもとに歩み寄り、肩をポンと叩いた。

「二階さん、我々はどこまでも、あなたについていくよ……」

二階はうつむきかげんであった顔をパッと上げた。支援者たちの顔を見回すと、彼らはみな同調するように、うなずきながら笑みを浮かべているではないか。二階は思いもよらぬ温かい出迎えに目頭が熱くなった。

〈我々の政治改革に取り組む姿勢が、認められたんだ。ありがたい、本当にありがたいことだ……〉

七月四日、総選挙が公示された。

二階は選挙事務所での出陣式を終え、早速街頭に飛び出した。有権者に懸命に訴えかけた。

「いま、日本には、改革の風が吹いています。この紀伊半島からも、ぜひ改革の狼煙をあげさせていただきたい。羽田先生、小沢先生を中心に、我々新生党はこの国の政治を変えるという気概で立ち上がった。いま国会議員として当選させていただいて、東京に帰れなければ、一緒に立ち上がった同志に対して申し訳ない。私は過去三回、みなさんに当選させていただきました。しかし、なんとしても、この戦だけは勝たせていただきたい」

反応は上々であった。はからずも自民党を飛び出したことに対して、誰一人からも中傷や非難めいた言葉を浴びせられなかった。後援会もひどく燃えてくれた。

二階はうれしくなった。

〈非自民の政権をつくるという我々の意志を歓迎し、理解してくれている〉

選挙中盤には、党首の羽田孜も応援に駆けつけてくれた。特別に動員したわけではないのに、会場にはあふれるほど人が押しかけてきた。時は政治改革のブームであった。

渡部恒三、奥田敬和、愛知和男ら幹部も続々と応援に駆けつけてくれた。

彼らの話では、全国を回っていると、現職議員はもちろんのこと、新人候補も善戦しているという。それだけではない。細川護熙《ほそかわもりひろ》率いる日本新党の候補者が台風の目となり、自民党が苦戦しているという。

二階は、意を強くした。

〈自民党の議席は必ず減る。過半数は取れない。非自民連立政権も夢ではない〉

二階は、演説で意を強くして言った。

「私は自民党を出たが、野党に成り下がるつもりはない」

ところが、来賓に来ているのは、それまで野党であった労働組合の委員長とか、社会党の有力者たちばかりであった。

「おれたちの前で、何も『野党に成り下がる』と言わなくてもいいんだろう。もう少し良い表現はないですか」

二階は言った。

「そんなこと言ったって、演説は激しくないと。みんなで与党になろうとしてるんだから、いいじゃないか」

七月十八日、投票がおこなわれた。

二階はなんと十万四六〇〇票を獲得し、堂々のトップ当選を果たした。

前回の平成二年二月の総選挙で獲得した票のほぼ倍の数字であった。しかも、一〇万票を越えたのは和歌山二区における戦前、戦後を通じてのレコードであった。

ちなみに、和歌山一区の新生党現職候補の中西啓介《なかにしけいすけ》も九万二二七〇票を獲得し、トップ当選を果たした。

二人の獲得票を合わせると、羽田の地元の長野県、さらに小沢の地元の岩手県よりも新生党の支持率が高く、全国一であった。

選挙前に二階に「どうしてこんなことに……」と詰め寄ってきた同僚議員の岡島正之も、トップ当選をはたしていた。

総選挙の結果は、自民党二二三、社会党七〇、新生党五五、公明党五一、日本新党三五、共産党一五、

さきがけ一三、社民連四、無所属三〇であった。

平成五年七月二十二日夕方、二階は千代田区紀尾井町の戸田紀尾井《きおい》町ビル内にある新生党本部に向かった。ビルの入口でばったり小沢一郎代表幹事とすれちがった。小沢はどこかに出かける様子であった。

二階は小沢から声をかけられた。

「これから、細川さんに会ってくる」

「そうですか。いってらっしゃい」

二階は小沢の後ろ姿を見送りながら思った。

〈小沢さんは、細川さんに、総理の座を要請するつもりだな……〉

自民党が過半数を割ったため、政界は自民連立政権か非自民連立政権かで混沌としていた。そのキャスティングボートを握っていたのは、自民か非自民かで曖昧《あいまい》な態度をとっていた日本新党であった。小沢は日本新党代表の細川護熙を口説き落とし、なんとか非自民側に引き込もうとしていた。

二階ら新生党のメンバーは当然、新生党党首の羽田孜を総理に担ぎたかった。

が、羽田を担げば、新生党グループだけになってしまう。細川を担ぐことによって、野党を巻きこみ、自民党から政権を奪取するしかない。しかし、小沢は、密かに細川が「いえ、いえ、衆議院当選一回生の私が総理なんてありえない。私でなく、羽田さんですよ……」と言ってくれることを期待していたかも知れない、という。

が、二階はこの時、細川は間違いなく総理の座を引き受けると確信していた。

小沢は、細川との話し合いを終え引き揚げてきた。

小沢は、新生党のみなに伝えた。

「細川さんが、総理を受けてくれることになったよ」

こちらから持って行った案だから、文句のつけようはなかった。

一・一ライン

平成五年八月九日、非自民七党一会派による細川内閣が成立した。三十八年ぶりの非自民連立政権の誕生に国民は沸き返った。支持率は、なんと七十%を超えた。

二階は、細川総理に尊敬の念を抱いていた。

〈信念はしっかりしているし、人をひっかける様な事はない。やはり熊本藩主細川家十七代当主と殿一族の血筋を引いているな〉

細川政権の官房長官には新党さきがけ代表の武村正義《たけむらまさよし》が就任したが、官房副長官には、やはり新党さきがけの鳩山由紀夫《はとやまゆきお》が就任した。

実は当初、二階が官房副長官に就任する案があったという。しかし、鳩山が「どうしても、私が官房副長官をやりたい」と強く言った。さきがけを非自民連立政権に巻き込む必要があったので、二階は鳩山に譲ったという。

二階は、細川内閣で再び運輸政務次官に就任する。

二階が私淑し、指導を仰いできた奥田敬和元運輸大臣に言われた。

「おれと伊藤は、陸軍士官学校の同期生だ。我々は十五歳の時、御国のためにと一片の疑いも持たずに戦場に赴き、生死を共にした仲間だ。きみはその伊藤と大臣・政務次官としてコンビを組む。一所懸命支えて、伊藤からは、運輸省以外のことで指導を受けてこい」

二階の細川内閣での政務次官時代は、社会党の運輸大臣・伊藤茂《いとうしげる》を差し置いて「影の運輸大臣」と呼ばれた。

細川政権では、公明党が初めて与党になった。石田幸四郎《いしだこうしろう》は、総務庁長官に就任した。二階は、その意味は深いという。それまで公明党の議員にとっても、大臣になるなんて希望は持ってもいなかったろう。

二階は、これらのことは、小沢一郎の力量によるところが大きいという。

二階は、政権というのは家を建てるのと一緒だと思っていた。土台がしっかりしていないとダメだ。それがしっかりと根付くまで連立政権に加わった各党の与党議員は、相当の決意を持って、丁寧に政治行動しなければならない。その認識をすっ飛ばして、政権を獲った喜びに酔いしれて、党利党略、唯我独尊に走れば国民にそっぽを向かれ、政権の崩壊は早い。

小沢一郎、羽田孜、渡部恒三、奥田敬和、二階俊博をはじめ自民党出身の議員は与党の経験が豊富にあり、与党のなんたるかを知り尽くしていた。が、社会党をはじめ野党しか経験のない議員は与党の本質を知らない。七党一会派の寄せ集めの連立政権は各党バラバラであった。

バラバラの連立政権をまとめるための努力は大変であったという。やむを得ず二階は、連立与党議員を集めて、歌を唄う懇親会の場もつくったりした。

平成六年二月二日水曜日から二月三日木曜日へと日付が変わった深夜零時四十五分、細川総理が、総理官邸で記者会見を開いた。いつもならかならず同席するはずの武村官房長官の姿は、そこになかった。

細川総理は、一言一句を確かめるように言葉を発した。

「今年一月から、総額六兆円の減税を先行実施します。また、平成九年四月に消費税を廃止し、それに代わる一般財源として、仮称ですが国民福祉税を創設。その税率は、七パーセントとします」

二月三日午前十一時五分、武村官房長官が定例会見を開いた。憮然《ぶぜん》とした面持ちで、今回の国民福祉税の強引な手法に疑問を投げかけた。

「振り返ると、すべてが正しかったとは言えない。私自身は、大変異例だと思っている」

さらに、総理批判まで口にした。

「『過ちを改めるにしくはなし』という言葉がある」

そこには、国民福祉税導入方針に直接参加できなかった苛立ちと、小沢に対する不満の表情がありありとうかがえた。

それ以降、細川は、完全に軸足を小沢に移していった。

二階は、この細川総理の深夜の国民福祉税会見をテレビで見て知り、さすがに驚いた。

〈こういう傲慢なことをやっては、やっぱりダメだ……〉

小沢一郎と大蔵省の斎藤次郎《さいとうじろう》次官の合作による独走であった。こういう時こそ、同じ党を形成している同志の了解を得た上でおこなうべきだ。国民福祉税という政策が問題なのではない、問題はそのやり方にあったという。

二階は、振り返って思う。

〈この独走がなければ、政権は続いていた。自民党政権の復活はなかった。小沢一郎と斎藤の二人は、何でもできると思い上がっていたのだろう。自民党政権復活の最高功労者は、この二人ともいえる〉

「一・一ライン」が「一・一独裁ライン」との批判もあった。二階はこの批判について思った。

〈当初の段階では、新生党と公明党とは、予行練習もなくスタートしたようなものだ。とやかく言われもしたが、連立政権は小沢一郎代表幹事と公明党の市川雄一《いちかわゆういち》幹事長の「一・一ライン」方式でないとまとまらなかった。それは認めないといけない〉

しかし、細川政権は長くは続かなかった。細川総理は、自民党から執拗に、いわゆる佐川急便スキャンダルを追及され、耐えきれずに就任からわずか八カ月の平成六年四月八日、退陣を表明した。

羽田政権が短命に終わった理由

平成六年四月二十五日午後一時、衆議院本会議で首班指名選挙がおこなわれた。大方の予想通り連立与党の推す新生党党首の羽田孜が二百七十四票を集め、第八十代、五十一人目の総理に指名された。

午後四時半、常任幹事会が開かれた。小沢が、時折笑みさえ浮かべながら報告した。

「実は、民社党の大内委員長から統一会派結成の話がもちかけられています。日本新党の細川代表も了解されたようです。これまで、ずっと批判的な立場にいた大内委員長からの話なので、私も正直いって驚いています。しかし、折角の申し出なので、ここは、我が党としても議論していただき、参加するかどうかを決めていただきたいと思っています」

常任幹事らは、たがいに顔を見合わせた。みな信じられない、という表情をしていた。

常任幹事の一人が、小沢に質問した。

「しかし、社会党は大丈夫なのか。いつものように、また騒ぎ出すんじゃないの」

細川政権時代には、コメの市場開放、政治改革法案、内閣改造問題と、社会党がことごとく反発し、その都度、連立与党は苦しめられてきた。誰しもがもつ大きな疑念であった。

小沢は、もっともだ、という表情で答えた。

「大内委員長の話では、問題ないようです。（社会党の）村山《むらやま》（富市《とみいち》）委員長も、やむを得ない、という意思表示をされたそうです」

メンバーから、ようやく安堵の声があがった。

「それなら、問題はないじゃないか。羽田政権の基礎をより強固にするのだから、断る手はない。我々も是非、参加しよう」

その後、つづけて拡大幹事会が開かれ、統一会派「改新」への参加が承認された。が、統一会派「改新」騒動で、ついに社会党が政権を離脱。羽田政権は、少数与党となってしまった。厳しいスタートを切らざるを得なかったが、小沢は、社会党がいてもいなくても厳しい状況であることに変わりはないと思っていた。たとえ社会党と連立を維持しても、会期末までにすったもんだの事態になる。

二階が見るところ、羽田総理は、辣腕を振って何かをするという性格ではないが、誠実な人柄で、金丸信はじめ先輩方の評判はよかった。

平成六年度予算が成立した六月二十三日午後、ついに羽田内閣への内閣不信任案が自民党から提出された。

小沢は、勝負するならば解散総選挙をすべきだと考えていた。しかし、過半数を占めなければ、政治改革法案は一からやり直しになってしまう。結果的に羽田政権が政治改革を潰したんだ、との汚名を着せられることにもなる。小沢は、選挙となった場合の票読みを思い描いた。

〈現行の中選挙区でおこなえば、新生党は間違いなく増える。しかし、そのかわりに日本新党は減ってしまう。民社党も減る可能性が高い。公明党は前回と変わらず。トータルとして、与野党の数は変らない〉

小沢は、政治的勝負を好むタイプである。が、総理である羽田の判断に任せることにした。

六月二十四日午前十一時二十分、羽田総理は記者会見で、ついに内閣総辞職を表明した。

二階は、羽田総理は、総理になったらすみやかに解散すべきだったと思っていた。それをやらないで、「これでいけるかも知れない」と安易に考えてズルズルと歩み始めて、どこが頭か尻尾かわからなくなって、解散のチャンスを逸してしまったという。瞬時の判断ミスで政権の寿命が終わることもある。

また、選挙資金の問題もあった。トップに立つ者は、党全体の選挙資金の責任を負わないといけない。いざ鎌倉という時に、キチッと計算が出来る責任を負わなくてはいけない。それができなかったのだと思っている。

自民、ウルトラCの「社会党・村山総理」擁立で巻き返し

平成六年六月二十九日午後二時半、総理官邸の連立与党側に、自民党を離党した元総理の海部俊樹が正式に首班候補指名を承諾したという一報が入った。

一方、自民党執行部は、政権に返り咲くため、ウルトラCの自社さ連立を画策し、社会党の村山富市委員長を首班に推すことを党議決定した。

小沢は、代表会議で最終的な票読みをおこなった。しかし、社会党から海部に投じてくれると確認できたのは、わずか十三人であった。

午後八時五十二分、衆議院本会議での開票が終わった。その結果、村山二四一票、海部二二〇票、不破《ふわ》哲三《てつぞう》一五票、河野洋平《こうのようへい》五票、白票無効二三票であった。いずれも過半数に届かず、上位二名の決選投票となった。

本来なら、自民党、社会党、さきがけの基礎票三〇二票を獲得するはずの村山が、二四一票しか取れなかったのは、自民党から二六票、社会党から八票の造反、それに二三票の無効票が出たからである。

午後九時二十五分、決選投票の結果、村山が総理に任命された。社会党総理の誕生は、昭和二十二年の片山哲《かたやまてつ》以来、実に四十七年ぶりのことであった。

六月三十日、自民、社会、さきがけ三党による村山内閣が発足した。

村山総理は、七月十八日、所信表明演説で「自衛隊は合憲」「日の丸、君が代を認める」と、従来の社会党の左派政策を百八十度転換させた。

二階は思った。

〈自社さきがけ連立政権は、社会党の村山委員長と自民党の梶山静六（元官房長官）が中心となって誕生した〉

村山と梶山は、かつて国対委員長同士として仲がいい。それに、この政権は、自民党が政権に戻れるなら、たとえ共産党とも、悪魔とも手を組むことを辞さないという気迫、執念で政権返り咲きを狙っていたグループの手練手管の結晶だ。そんなことは、心ある国民が決して認めているわけがない。

平成六年十二月十日、非自民八党派が合流し、新進党が結党されることになった。その直前、新進党の初代党首選がおこなわれることになった。海部俊樹、羽田孜、米沢隆《よねざわたかし》の三人が立候補し、海部が勝利をおさめる。

多くの国会議員は、新進党にこう期待していた。

「今度も、簡単に政権が取れるだろう。小沢さんが采配をふるえば、選挙を勝たせてくれる。小沢神話によって当選させてくれるのではないか」

しかし、二階はそう簡単に政権を取り戻せるとは考えていなかった。

〈新進党は茨の道を歩んでいく。小沢さんと一緒に選んだ苦難の道だ〉

阪神・淡路大震災と二階俊博

平成七年一月十七日午前五時四十六分、二階は、大阪・地下鉄御堂筋《みどうすじ》線の中津駅前にある東洋ホテル十二階のエレベーター前にいた。

この日、午前九時から衆議院内の第二十五控室で新進党の政権準備委員会、いわゆる「明日の内閣」の閣議が招集されていた。国土・交通政策担当の二階は、その閣議に出席するため、午前六時十二分の新大阪駅発「のぞみ三〇二号」に乗り込むつもりであった。

エレベーターが下から上がってくる途中でランプが消えた。二階は眠気まなこをこすりながらエレベーターを待っていた。その瞬間、とてつもない揺れが二階の体を襲った。立っているのがやっとであった。

〈なんだ！　いったい……〉

二階の目の前で、信じられぬ光景が繰り広げられた。大きな植木鉢が、目の前でひっくり返る。背の高い灰皿が倒れ、コロコロと転がっていくではないか。

やがて、すべての照明が消え、真暗闇の世界となった。

〈地震だ！　地震が起こったんだ〉

間もなく、揺れがおさまった。だが、エレベーターは、もちろん動かない。

二階は、タクシーを走らせ、午前六時過ぎ、新大阪駅に到着した。新大阪駅までの道のりは、いつもと変わらない状態であった。しかし、新幹線は不通となっている。

駅員が言った。

「たとえ一時間待ったとしても、動く見込みはありません」

二階は、仕方なく、伊丹《いたみ》空港に向かった。

運良く、日本航空一〇二便、七時二十分発羽田行きに乗ることができた。

羽田空港には八時半に到着した。急ぎ足でモノレールに乗り込み、カバンから携帯電話を取り出した。

震度七の巨大地震の揺れである。当然、官邸が何らかの対応をしているはずだ。が、念のためと思い、二、三の省庁に電話を入れてみた。ところが官邸からは、何の指示も出されていないという。信じられないことだが、この時、まだ政府は何も動いていなかったのである。

午前九時半、二階は衆議院内の第二十五控室に入った。すると、海部党首が、険しい表情で仁王立ちしている。二階を見ると、怒鳴るように言った。

「直ちに、地震災害対策本部を設置する。きみは、副本部長として、いますぐ現地に飛んでくれ！　ヘリコプターをチャーターしてもいい。とにかく、急げ！」

二階は大阪から東京に戻ったばかりである。しかし、すぐさま神戸に引き返すことになった。だが、東京からヘリコプターを飛ばすのでは、あまりにも時間がかかりすぎる。時刻表を調べると、羽田空港発午前十時半全日空六〇三便の岡山空港行きに乗り、そこからヘリコプターで現地に向かうのが、最も早く現地入りできる手段だとわかった。

二階は、直ちに運輸省に申し入れ緊急の飛行許可を取り、岡山空港に民間のヘリコプターをチャーターした。

こうして午後三時過ぎ、神戸市の上空にたどり着いた。あたり一面が凄まじい炎に包まれている。二階は現地入りした政治家のなかで、一番乗りであった。

政府対策本部の責任者である小沢潔《おざわきよし》国土庁長官の現地入りは、二階から遅れること一時間後の四時二十分であった。

二階は惨状を説明するため、ヘリコプターのなかから西岡武夫《にしおかたけお》幹事長に電話をかけた。

「もの凄い状況になっています」

西岡が言った。

「小沢幹事長が、成田空港に到着次第、あなたと連絡を取るように言っておられますので、よろしく」

この日午後三時過ぎ、小沢はアメリカから帰国する予定であった。

午後三時五十分頃、二階はヘリコプター内の携帯電話から小沢の自動車電話に連絡を入れた。二階から詳しい報告を受けた小沢が言った。

「いまから現地に行こうか」

二階が「すぐに来てください」と答えれば、成田空港から羽田空港に向かい、そのまま現地入りするといった口ぶりであった。

二階は考えた。

〈小沢幹事長が、いまから現地入りすると、夜になってしまう。視察はできない。それに幹事長が来たら、番記者も同行する。別の意味の混乱も起こるかも知れない。かえって騒ぎが大きくなるだけだな〉

二階は、小沢に伝えた。

「私は今夜、東京に帰ります。明日の朝、報告に行きますので、東京で待機していてください」

翌十八日、新進党の海部党首は、震災の当日、現地調査から戻ってきた二階から報告を受けた。

二階は、海部に進言した。

「党首、明朝、調査に行きましょう。ヘリコプターは私が手配しますから」

海部はうなずいた。

「よし、行こう」

この日、海部党首を団長とする第二次調査団が政府の調査団よりも早く現地に入った。二階も同行した。

海部党首は、あらためて二階の行動力に感じ入った。

〈この人は、できる人だなあ〉

その後も、二階は何度となく現地入りした。新進党のなかにも、リュックサックを背負って現地入りする議員もいた。

一月二十日、通常国会が召集された。二階は、衆議院本会議で新進党の代表として「兵庫県南部地震」についての緊急質疑に立った。

二階の「地震を知ったのは、いつか」という質問に対し、村山総理が答えた。

「この地震災害の発生直後の午前六時過ぎのテレビで、まず第一に知りました。ただちに秘書官に連絡を致しまして、国土庁等からの情報収集を命じながら、午前七時三十分ごろには第一回目の報告がございまして、甚大な被害に大きく発展する可能性があるということを承りました。午前十時からの閣議におきまして非常災害対策本部を設置致しまして、政府調査団の派遣を決めるなど、万全の対応をとってきたつもりです」

しかし、地震発生当日の午後零時五十分、村山総理は記者団に対し、「七時半に秘書官から聞いた」とコメントしている。

二階は憤りさえ覚えた。

〈七時半に知ったのでは、都合が悪いとでも思ったのか。しかし、それにしても午前六時に知り、午前七時半に報告を受けたというなら、その一時間半、いったい何をやっていたのか。国家の最高責任者としての自覚がなさ過ぎる……〉

総理大臣たるもの、国民の生命、財産を脅かす戦争や災害の発生に対する危機管理は、常に考えていなければならない。ところが、村山総理は、翌十八日の朝八時から呑気に財界人と会食している。

二階は地震発生当初、村山総理をはじめ政府与党がもっと機敏に迅速に対応していれば、千人から千五百人の死者は救えたのではないかと思っている。

しかし、村山総理は自衛隊そのものにこだわった。たしかに自衛隊法には、「自衛隊は知事からの要請がないと出動できない」と記されている。が、自衛隊の最高指揮官は総理である。必要を感じれば、災害対策基本法の百五条に基づく各種の強制的な規制など、総理に権限を広く集め、効力のある「緊急災害対策本部」を早急につくれる。そうすれば大蔵大臣の了解なしに予備費の支出もできた。とりあえず、食費などの資金的援助が迅速にできたではないか。

危機管理能力のない村山政権

平成七年三月十七日午前、二階は災害対策特別委員会で質問に立った。ずらりと顔を揃えた各省庁の説明委員に向かって訴えた。

「みなさんは、財源手当てだけでもしてくれれば、我々はどんな方法でもやり方はありますよ、と心で思っているのではないですか」

村山政権は当時、財源の方法を明示していなかった。それゆえ、現行の枠内でおさめることしかできない。あれだけの大災害を受けた兵庫県の県庁の幹部でさえ、「中央の役所の壁は厚い」と打ち明けた。言葉の表現は穏やかである。

が、その裏には、「政治はいったい何をしてくれているのか」「もう、お見舞いの言葉などいらない」といった激しい憤りを抱いていた。

二階は再三再四、本会議や予算委員会で適切な処置をするよう訴えた。

村山総理は、それに対してあたかも本気で取り組むかのような答弁を繰り返す。

だが、国会決議までしているにもかかわらず、村山総理の答弁と国会決議は、見合っていない。新進党の再三の申し入れを聞かずに、一方的に事を進めようとしていた。

しかし、新進党側は、このことを政争の具にしようという気持ちは持っていない。従って、予算の審議に協力してきた。国会審議の時間を少なくしても、大臣以下政府の幹部たちが国会に時間を取られず、適切な現地対応ができるよう配慮してきた。

その結果、平成七年度予算は、早期成立を見ることができた。

自民党は、「これほど早く成立したことはない」と得意げであった。しかし、これは勘違いも甚だしい。一年前の細川政権時代には、自民党は国会の審議にまったく応じなかった。そのため、予算が大幅に遅れてしまった。新進党側は、その反省に立って是々非々でいこうと与野党の協力を呼びかけていたのである。

しかし、村山政権は野党の存在をまったく無視した。たとえば、明日、国会にかけようとする法案の名称を、その日の夕方になって平気で変えることもあった。

二階は、村山総理を詰問した。

「あなたも国会対策委員長の経験者です。こんなことが許されていいのですか！」

すると、村山総理は平然と答えた。

「それは国会でお決めになることですから」

二階には、まるで魂の入っていない答弁だと感じられてならなかった。村山総理には、野党や国民と協力して、この危機を乗り越えていこうという迫力も誠意も感じられなかったという。

「壊し屋」小沢一郎――新進党解党

平成七年十二月二十六日、小沢一郎党首は五役会で新進党を解党し、安全保障政策や経済政策を軸に賛同者だけを再結集して新党「自由党」をつくる考えを表明した。

十二月二十九日、新進党は、六つの政党に分離することになった。

小沢を党首とする自由党は、百名を超えるのではないかと言われていたが、衆参合わせて五十四人という勢力に留まった。ただし旧公明党グループからも、九人が自由党に参画した。

二階は、小沢一郎率いる自由党に参画した。二階は、新進党の解党が残念でならなかった。

〈新進党の結党が、少し早過ぎたのかも知れない……〉

二階は、平成五年六月二十二日、同志四十四人と共に自民党を離党し、翌二十三日、新生党を結党した。同年七月の総選挙の結果、自民党は過半数を割り、非自民、非共産の七党一会派による細川連立政権が誕生した。自民党離党後わずか一か月後で与党となったのである。

しかし、非自民連立政権は長くは続かなかった。社会党の連立離脱、自民党の巻き返しによる、自社さ連立政権が誕生し、新進党は政権をわずか一年余りで明け渡した。

二階は反省した。

〈もう少し鍛練をし、政策を練りに練って、坂道を這い上がるような、壁に爪を立てて登っていくような努力が必要だったのかも知れない。振り返ってみると、そういう辛抱や訓練が足りなかった。エネルギー

を結集できなかったことが残念でならない〉

そして平成九年十二月、非自民連立政権を支えた政党が結集した新進党も、ついに解党という結末を迎えたのである。

野中─古賀─二階ライン

山一証券の倒産や長銀の経営破綻に象徴される金融危機が日本経済を襲った橋本龍太郎《はしもとりゅうたろう》政権下、政界は住専処理問題に揺れ、社会は平成不況のどん底にあった。「失われた十年」「リストラ」という経済用語が雇用不安を煽り、自殺者は三万人に達した。

平成十年七月十二日投開票の第十八回参議院議員選挙で、自民党は歴史的な大敗を喫す。

自民党百三議席、民主党四十七議席、日本共産党二十三議席、公明党二十二議席、社会民主党十三議席、自由党十二議席、新党さきがけ三議席。参議院での単独過半数割れに追い込まれたのである。

橋本総理は参院選直後に辞任し、後継には、小渕恵三が選ばれた。

七月三十日に発足した小渕内閣は、参議院で少数与党であるために、非常に不安定な舵《かじ》取りを強いられていく……。

それから間もなくのことである。院内の自由党国対委員長室にいた二階国対委員長のもとに、自民党国対委員長に就任した古賀誠《こがまこと》が挨拶にやってきた。

古賀は、昭和十五年八月五日、福岡県山門《やまと》郡瀬高《せたか》町（現・みやま市）に生まれる。

二歳の時に第二次世界大戦に従軍していた父親がフィリピン・レイテ島で戦死。以来、女手一つで苦労する母親の姿を見て、政治家を志す。

自民党の鬼丸勝之《おにまるかつゆき》参議院議員の秘書を経て、昭和五十五年に衆議院議員に旧福岡三区から初当選。派閥は、宏池会に所属し、建設政務次官、自民党建設部会長、衆議院建設委員長、自民党総務局長を経て平成八年十一月に、第二次橋本内閣で運輸大臣として初入閣した。

その後、平成九年十月から二度目の自民党総務局長を務め、平成十年七月から国会対策委員長に就任した。

二階と古賀は、かつて梶山静六国対委員長のもとで、共に副委員長として汗を流した仲である。二階は竹下派、古賀は宮沢派と派閥こそ違ったが、仕事に取り組むうちに親しくなった。

その後、二階は、新生党を経て新進党に参画。袂を分かったため、付き合いは一切なかった。

古賀は、二階に言った。

「生意気なことを言うようだけど、法案をいつ上げるとか、委員会の審議をどうやって進めていくだとか、そんなことは時間が経てば誰だってできる。おれは、政治を安定させるという意味で、ひとつの枠組みをつくりたい。そういうことをやろうよ」

二階は答えた。

「おれもそう思う」

二階の反応を見た古賀は思った。

〈いける……〉

古賀は、その後も自由党の国対委員長室に頻繁にやってきては二階を掻《か》き口説きつづけた。

「お互い、この国のために何とか協力しようよ。自民党がどうだ、自由党がどうだなんて言う前に、この国のことを考えようじゃないか」

二階は、古賀の熱意に感服した。

〈古賀さんは、本気で自由党に協力を求めている〉

九月十一日、小渕総理は、政府が国会に提出予定の対人地雷全面禁止条約の批准《ひじゅん》承認案についての作業を急ぐよう外務省に督促した。小渕総理は、外務大臣時代に官僚の抵抗にあいながらもリーダーシップを発揮して署名にこぎつけた経験もあり、法案成立に意欲を燃やしていた。

九月十五日敬老の日、古賀は、野中広務官房長官と対人地雷全面禁止条約について話し合った。その席から、二階に電話をかけた。

「対人地雷全面禁止条約の批准の承認をできるだけ早くしたいという小渕総理の要請で、協力をお願いしたい」

古賀は、二階と電話で話しながら、ふと思った。

〈どうせだから、野中官房長官に電話を代わってもらおう〉

古賀と野中は、自自協力を進めることで一致していた。

古賀は、二階に言った。

「実は、あなたの長年の友人がこの横にいるんですけども、電話を代わりたいというので、代わってよろしいか」

二階は訊いた。

「友人って、誰ですか」

「野中官房長官です」

古賀は、そう言うと野中官房長官に受話器を渡した。

野中官房長官は、要請した。

「この対人地雷全面禁止条約の問題については、古賀国対委員長からお願いしましたが、このことについてぜひ協力してもらいたい」

「わかりました。検討します」

野中広務は、大正十四年十月二十日、京都府船井郡園部町《そのべ》（現・南丹市）に生まれた。

旧制京都府立園部中学を卒業後、大阪鉄道局に勤務。その後、帰京し、青年団活動を経て、園部町議会議員、園部町長を歴任。昭和四十二年に京都府議会議員に当選し、蜷川虎三《にながわとらぞう》革新府政と烈しく対峙する。昭和五十三年には、保守系の林田悠紀夫《はやしだゆきお》府政のもとで、副知事に就任する。

昭和五十八年の衆議院補選に当選し、国政進出。当選後は、田中派に所属し、竹下登を担ぎ創政会の旗揚げにも参加する。平成六年には、村山富市内閣で自治大臣、国家公安委員長に就任し、初入閣を果たす。橋本内閣では、加藤紘一幹事長のもと、幹事長代理に就任し、党務に尽力する。平成十年七月に発足した小渕恵三内閣で、内閣官房長官に就任していた。

二階は早速、小沢党首に報告した。

「野中官房長官と古賀国対委員長から、対人地雷全面禁止条約について協力を要請されましたが、どうしますか」

小沢党首は答えた。

「それは、国対委員長に任せる」

二階は、その夜、国対副委員長を招集して協議した。侃々諤々《けんけんがくがく》の議論の末、江﨑鉄磨《えさきてつま》副委員長が独特の言いまわしで言った。

「地雷は吊るすもんじゃなく、埋めるもんじゃないですか。ここらが潮時ですよ」

つまり、いつまでも俎上に載せておくものではないという意味だ。

対人地雷全面禁止条約は国対委員長に一任となり、二階は判断した。

「我が党は、賛成しよう」

自由党の協力のもと、九月二十九日、対人地雷全面禁止条約の批准承認とその国内法である「対人地雷の製造の禁止、所持の規制等に関する法案」が衆議院本会議で可決。

翌三十日、参議院本会議でも全会一致で批准承認され、法案も成立した。政府は、条約締結の批准書を持回り閣議で決定し、国連に寄託する。

しかし、自自両党は、金融再生関連法案では激しく対立した。

自民党は金融再生関連法案で民主党、平和・改革と協議している。蚊帳《かや》の外に置かれた自由党が自民党と協議して案をつくるという政治的な雰囲気ではなかったのである。

そうこうするうちに、自民党、民主党、平和・改革の三会派による金融再生関連法案の修正案が明らかになってきた。

二階は、その中味を見て憤慨した。

〈どう考えても産業界の大多数を占める中小企業の問題が置き去りにされている。冷淡な扱いを受けているじゃないか。これは許せない〉

平成十年十月一日夜十一時過ぎ、二階は自民党の古賀誠国対委員長に電話を入れた。

「お目に掛かりたいのですが」

古賀は答えた。

「私が伺うべきですが、できればこちらにお越し願いたい、隣に官房長官がおられます。三人で話せば早いじゃないですか」

二階は院内の自民党国対委員長室に足を運んだ。部屋に入ると、野中官房長官の姿があった。

二階は軽く会釈した。

〈何か打ち合わせをしていたんだな〉

二階は、古賀に申し出た。

「中小企業への貸し渋りの問題、なかんずく信用保証協会の拡充強化を図ることによって中小企業を助けないといけません。いま大手の金融機関に対して、貸し渋り対策だ、なんだといっているが、地方には、都市銀行はそんなにない。

私の選挙区である和歌山三区には、わずか一行の支店があるだけです。郷里では銀行が一行潰れ、いま信用組合が潰れかかっている。信用保証協会が本気になって中小零細企業に手を差し伸べることをしないと、政治にならないではありませんか」

二階はさらに続けた。

「この中小企業の問題を、なぜ自民党はもっとしっかりやらないんですか。我々、野党三会派が提出した問題ではあるけども、残念ながら他の野党は情熱を傾けてくれる状況ではない。自民党が本気になってくれれば、我々と自民党とで、中小企業の貸し渋り対策を実現することはできる。もし、自民党がこのことに協力してくれないならば、旧国鉄債務法案は責任をもてない。私は反対にまわりますよ」

「わかりました。ちょっと失礼します」

古賀はそう言うと、隣の部屋に誰かと連絡を取りにいった。

部屋には二階と野中官房長官の二人だけが残された。国対委員長同士の話ゆえ、口を挟まなかった野中官房長官が、二階に訊いてきた。

「自由党は、ほんとうに旧国鉄債務法案にご協力してくれますか」

二階は、きっぱりと答えた。

「我々は、協力するといった場合には何の駆け引きもなく協力します。国のためになるということなら、これまでにも何度も協力してきたはずです。ですから、中小企業の問題は真剣にやって頂きたい。これをやって頂けるなら旧国鉄問題もスムーズにいくでしょう。我々は従来からそういう決意を固めています」

野中は二階に言った。

「できるだけ早い機会に、改めてお会いしたい」

「官房長官は忙しいでしょうから、時間の都合がつけば私の方からお訪ねしてもいいですよ」

野中と二階は、近く改めて話し合うことを約束した。

戻ってきた古賀は提案した。

「国対委員長同士で話し合って、中小企業の貸し渋り対策をまとめることにしよう」

二階は、ただちに古賀と合意文書の作成にかかった。

この両国対委員長の合意によって、自民、自由の協力により、中小企業への貸し渋り対策は、今日、日本中の中小企業の救世主のような貢献を続け、全国の中小企業が救済された。

野中・小沢会談——自自連立への布石

平成十年十月二日、官邸に野中官房長官を訪ねた二階は迫った。

「小沢党首と野中官房長官は、お互いに国家のため政治家として話し合いをされてはいかがですか」

野中は答えた。

「この際、是非お会いをしたい。党首と話し合うことは大事なことだと思う」

「官房長官は、あと五十年ほど政治をおやりになるつもりはありますか」

野中官房長官は、右手を振った。

「いやいや、小沢さんは、まだ若いので長くやるだろうが、私はそんなに長くやるつもりはありません」

「それでは、これは急ぎますね」

「小沢さんにお会いいただけるなら、私はいつでも結構です。ぜひ、お願いしたい」

二階は言った。

「早速、小沢党首に話します。旧国鉄の債務については、まず官房長官と野田《のだ》（毅《たけし》）幹事長が話し合われたらどうでしょうか」

「それでは、改めて自由党に古賀国対委員長を連れ立ってお願い上がります」

十月五日の午前九時、野中官房長官と古賀国対委員長が院内の自由党控室にやってきた。野田毅幹事長と二階国対委員長が対応した。

野中官房長官は、改めて要請した。

「旧国鉄債務問題について、是非、自由党の協力をお願いしたい」

午前十時、二階らは自民党の要請を党本部に持ち帰った。小沢党首、野田幹事長、二見伸明《ふたみのぶあき》元運輸大臣、二階国対委員長の四人で旧国鉄法案に対しての基本的な方向を協議した。

午前十時半、自由党本部に川崎二郎《かわさきじろう》運輸大臣、黒野事務次官、小幡鉄道局長がやってきた。運輸省として正面から自由党に協力を要請するためである。

川崎運輸大臣は言った。

「自由党の考えを、お聞かせいただきたい」

小沢党首が、党の方針を説明した。

「旧国鉄債務の支払いが困難な経理状態にある北海道、四国、九州、JR貨物については、政府が無利子貸付けや国庫補助、税制措置などで負担増を上回る支援をする。利益を上げている東日本、東海、西日本に対しては、企業が負担する」

川崎大臣は直ちに反応した。

「政府としても賛成できますので、政府案を修正します」

自民党の対応は、素早かった。政府と自民党で話をまとめ、この日の午後一時、衆議院国鉄長期債務処理・国有林野改革等特別委員会が自民党理事の杉山憲夫《すぎやまのりお》、自由党理事の江﨑鉄磨、社民党理事の伊藤茂らの活躍で開かれることになった。

従って、野中官房長官、古賀、二階の自・自の国対委員長に加え、現場の特別委員会の杉山、江﨑、伊藤らの努力により、自民、自由、社民三党が共同修正案を提出することになった。

特別委員会は、賛成多数で可決。翌六日の午前中には衆議院を通過した。

なお、杉山と二階は、経世会、新生党、新進党と共に歩んだ頃の同志であり、二階が師と仰ぐ遠藤三郎の秘書時代に、杉山は遠藤会の青年部長として活躍していた旧知の仲であった。

一方、極秘裡に進められていた小沢・野中会談を前に、二階は古賀に訊かれた。

「相談があるんだけど、野中さんが小沢さんに会った時、最初の挨拶をなんて言えばいいのかな」

小沢と野中は、経世会分裂抗争以来、激しく対立してきた。野中は、小沢のことを「悪魔」呼ばわりしていた。

野中は、『私は闘う！』という著作で、金丸信が佐川急便からの五億円の献金を認めて副総裁を辞めると耳にしたとき、「私は『クーデターやな』と直感した」と書いている。

私は、この金丸辞任後に神奈川県・箱根で開かれた経世会の研修会でも、会長代行だった小沢一郎さんが「金丸会長の問題処理は私に任せてほしい」と言った時、猛然と反対している。私は小沢さんの派閥乗っ取りの野心を警戒していた。金丸献金問題で揺れる経世会を竹下、金丸を放逐《ほうちく》することで一気に自分の手勢で乗っ取ろうとしていると踏んでいたのである。

小沢さんは金丸問題の処理を独占するためにあらゆる手段を使った。金丸邸に来ては「私に任せてください」と言いながらさめざめと泣いたり、号泣したりした。大の大人が本当にこれをやったのである。人情家の金丸さんは「小沢に涙を出して泣かれた」と言っては「一郎、もういい。お前の言う事は分かった」と、次第に小沢さんに問題をあずけてしまうような形になっていた。私は横にいて「ようあれだけうまいこと涙が出るな」と思い歯ぎしりをしたが、どうしようもなかった。

小沢さんは金丸問題の処理を独占していくことによって派内の抗争を勝ち抜こうとしていた。突然の「五億円授受を認め、副総裁を辞任する金丸会見」も、経世会の反小沢派がすべて出払っている夏休みの時期をねらって、強行したのである。

私は何としてもこれを阻止しなければと考えた。


（『私は闘う！』野中広務著　文藝春秋）


野中と小沢は経世会分裂に際し、こうした激しい闘争があったゆえ、改めて会談の最初に何と言えばいいのか、いい言葉が見つからないというのだ。

二階は、アドバイスした。

「この七日に韓国の金大中《キムデジュン》大統領が来日するでしょう。だから、日韓方式でいこうじゃないですか」

「日韓方式？」

「金大統領は、ソウル駐在の日本人記者団との懇談で、『韓日両国がこれ以上の葛藤を続けることなく、きれいに清算して、信頼と理解、協力の時代に入ることを心から望んでいる』とおっしゃっている。つまり、過去は問わない。未来指向ということだ。素晴らしい言葉だと思う。政治は、井戸端会議でものが決まるわけではない。国の運命を担っている者同士が将来を見据え、大局に立って話し合うべきだと思う」

「なるほど」

その後、間もなく古賀から連絡が入った。

「我が方は、その方式で結構です」

二階は答えた。

「まだ党首には相談していないけど、党首もそれで了承されると思う」

二階は、小沢党首に要請した。

「野中官房長官と会談をお願いします」

小沢党首は受け入れた。

「自分は、個人的なことで野中さんとの間にわだかまりはない」

「自民党の方へは、過去は問わない未来志向だと言ってありますが」

「当たり前だ」

小沢党首の了解を取りつけた二階は、直ちに古賀に連絡を入れた。

「こちらも、オーケーです」

双方の日程を調整し、会談は十月八日、場所は帝国ホテルと決まった。

二階は、古賀と前もって打ち合わせした。

「お互いに党の運命、ひいては国の運命も背負っての話になる。二人だけで話し合いをされた方がいい。我々は国対の用があると言って途中で退席しよう」

十月八日、いよいよ野中・小沢会談が始まった。二階と古賀は、コーヒーを一杯飲み終えた後、打ち合わせ通り席を立った。

「我々は、国対の話があるので席を外します」

二人は、部屋の外に出た。四十分ほど経った頃であろうか。

二階は、古賀に声をかけた。

「大きな音も聞こえてこないし、騒ぎにはなっていないでしょう。そろそろ中に入りましょうか」

二人は、部屋の中に入っていった。

「どうですか」

話がまとまったのか、小沢はすっきりとした表情であった。

しかし、野中の姿が見えない。

二階は思った。

〈どこにいったんだ〉

やがて隣の部屋から野中が出てきた。スーツからモーニング姿に着替えている。

野中は言った。

「これから、官邸で金大統領夫妻の歓迎晩餐会《ばんさん》があるんだよ」

歓迎晩餐会は、この夜七時から開かれるようになっていた。

野中は、そう言い残し、そそくさと部屋を後にした。

この野中・小沢会談は、自自連立を大きく前進させるターニングポイントとなる。

十月十五日、旧国鉄債務処理法が参議院本会議で可決した。十一年もの長きにわたって延び延びとなり、どの内閣も先送りしてきた法案が鮮やかに成立した瞬間であった。

自民党と自由党との間に急速に信頼関係が芽生えた。小渕総理と小沢党首は、旧竹下派で同じ釜の飯を食い、竹下内閣では官房長官、官房副長官でコンビを組んできた。外国の賓客を迎えるレセプションや宮中行事などでは、たびたび顔を合わせて言葉を交わしていた。旧国鉄債務処理法案の取りまとめの際には、電話で何度か会談もしていた。

野中官房長官もマスコミを通じて、しきりに自由党にラブコールを送り始めた。

二階は思った。

〈自民党は、法案ごとにパートナーを変えて取り組むことに疲れてしまったのだろう〉

二階は、与野党国対委員長会議後の会合の席で、毎回、古賀に掻き口説かれた。

「私は、正直、普通の国対委員長の仕事はどうでもいいと思っているんです。誰が演説するとか、何時間審議するとか、こんな程度のことは、あなたでなくても、私でなくともできる。そんなことよりも、こうして一党の国対委員長同士として仕事をすることになったのだから、何とかこの国の政治を安定させるために汗をかきましょう。自民党は、いま毎日毎日が薄氷を踏むような思いです。こんなことでダイナミックな政治や国民のためになる政治ができるわけがない」

二階は、次第に「そうかな」と思うようになったという。

自自連立に向けて、二階には、気がかりなことがあった。

〈我々旧新生党のメンバーは、宮沢内閣不信任案に賛成して自民党を去った。理性的で冷静な宮沢さんのことだから、我々に対してけしからんとか、彼らが自民党を政権の座から降ろしたとかは口には出さないが、わだかまりがないと言えば嘘になる。一度、小沢さんと会談した方がいいのではないだろうか〉

二階は、古賀に打診した。

「宮沢先生に、一度、会ったほうがいいのではないだろうか」

古賀は、一瞬、困ったような表情を見せた。が、事情を熟知している古賀は言った。

「やってみましょう」

野中・小沢会談に続いて、十一月十二日、宮沢・小沢会談がおこなわれた。同席者は、古賀と二階の二人だけであった。宮沢と小沢は、二時間近く、じっくりと話し合った。二人の認識は、まったくちがわなかったという。この会談は、十一月十九日の自自連立合意の大きな布石となる。

竹下・小沢会談を実現させる

二階は、平成十年十一月十九日の自民党と自由党の連立合意書の調印を前に一計を案じた。

〈自民党の真の実力者は、元総理の竹下登先生だ。小沢さんと竹下先生の信頼関係を回復しないことには、自自連立はうまくいかない。小渕総理と小沢さんが合意書に調印する前に、なんとか竹下・小沢会談を実現させよう〉

二階は、「昭和の参謀」と呼ばれた伊藤忠商事特別顧問の瀬島龍三《せじまりゅうぞう》に橋渡し役を頼むことにした。しかし、瀬島はあいにく海外に出張中であった。調印式の日は、刻々と迫っている。もう日もない。

二階は、自ら竹下の衆議院会館裏にある永田町ＴＢＲビルにある事務所を訪ね、小沢との会談を持ちかけた。

竹下は、二階の来訪を心からよろこび、快諾してくれた。

ただし、このような会談の橋渡し役は、世間の誰が見ても納得する大物がふさわしい。そこで、二階は、竹下と小沢の両者が尊敬している元経団連会長（元東京電力社長・会長）の平岩外四《ひらいわがいし》にお願いすることにした。

平岩は、快く引き受けてくれた。

「竹下元総理がおっしゃることなら、私が席を用意しましょう」

こうして、竹下・小沢会談が数年ぶりにおこなわれた。が、会談を実現するために汗をかいた二階は同席しなかった。その日は、あえて郷里の和歌山県に帰った。

竹下と小沢は、四時間も、日本酒を酌み交わしつづけた。それほど二人の心中には距離があったのだ。

のちに二階は、竹下が二階のことを褒めたという話を、ある有力な政治家から聞いたことがある。

「普通の政治家は、こういう時は自分の手柄とばかりにしゃしゃり出てくるものだけど、二階君は、違うなあ」

自自連立への苦悩

「新進党を解党した小沢一郎は、政治家としては一度、死んだ」

小沢と政治行動を共にした衆議院議員の西川太一郎《にしかわたいちろう》（現・東京都荒川区長）はそう思った。そんな小沢を生き返らせたのは、自自連立を仕掛けた二階だ、と西川は思っている。

平成十年十一月十九日、小渕恵三総理と自由党の小沢一郎党首が歴史的な会談をおこない、自自連立が合意した。しかし、政策協議はなかなか合意に至らず、連立解消という声もささやかれ始めた。

自由党国対委員長の二階は思った。

〈両党が言いたいことを言っていれば、壊れるに決まっている。その可能性もないことはない〉

自民党内には、心から連立政権の成立を願う人と、そうでない人がいる。「何が実行されるかという担保、確約もないうちになぜ急いで一緒になるのか」「小さな政党の自由党の言いなりになり、小沢の恫喝によって自民党は何もかも譲ってしまうのか」そう言われれば、両党ともに、さようでございますと言える政治家はいない。

マスコミは、連日報道した。

「自由党はハードルを高くしている。閣僚ポストや副総理ポストを要求している」

二階は、さすがに腹にすえかねた。

〈我々はそんなことを言っているわけではない。自由党は閣僚数の削減を要求している。その自由党が閣僚ポストを三つも四つも要求するなど、バランスからいってもできるわけがない。我々は、自分たちの主

張さえ通してもらえば閣僚はゼロでも結構だと言っている。これは、駆け引きでもなんでもない〉

十二月十九日午前十時から、小沢、小渕の党首会談が総理官邸でおこなわれた。

会談後、ホテル・オークラで待機していた古賀誠のもとに、野中官房長官から電話がかかってきた。

「案の定だよ。何もまとまらなかった。次は二十一日あたりにやってもらえばいいかな」

古賀は進言した。

「明日は、日曜日です。日曜日には、両党の幹部がテレビ出演する。月曜日には、自由党の会議もある。週明けに持ち越すと話がこじれる可能性もありますよ。今日中にまとめるべきです」

古賀は、二階に連絡を入れた。

「小沢党首がそのままお帰りになると、持ち帰りみたいになってしまう。時間を置かずにやるべきじゃないか」

「私も、そう思う」

「それじゃ、落ち合おう。いま、オークラにいるので、ご足労をかけますが、おいでいただけますか」

二人は、ホテル・オークラの一室で約四時間半にわたって安全保障問題、閣僚の数、政府委員廃止などの問題点について話し合った。おたがいに秘書を連れてこなかったので、ワープロを打つ者もいない。鉛筆をなめながら、すり合わせをおこなった。

小沢は、閣僚の数を二十から十七に削減するよう要求した。改革と言えば改革だが、そう簡単に閣僚の首を切れるものではない。自民党の幹部は、この話になると、みんな逃げてしまった。しかし、数を減らさなければ小沢は承知しない。自自連立は、幻となる。関係者一同、困り果てていた。が、古賀は二十と十七の間をとって十八でまとめた。その度胸の良さに、二階は感心した。

古賀、野中、二階は、小沢と連絡を取り合いながら合意案をまとめ、午後十時に再会談を設定した。

しかし、党首会談の直前、小沢が自民党側に難色を示した。

「閣僚数は、十八で譲歩する。しかし、安全保障をなんとかしてくれ」

官邸は、「安全保障の原則を確立する」というくだりを合意に書き込むことを打診し、小沢も了承した。

党首会談の合意を受けて、実務者レベルで協議が続けられた。

小沢と小渕総理は、十二月二十九日夜、総理官邸で会談した。誰も交えず、二人きりで、連立政権づくりをめぐって話し合った。

小沢は、政策重視の姿勢を改めて強調した。

「我々の政策が実行、実現されないなら、この連立の話は、なかったことにしていただきたい」

自由党が連立政権の前提として、政策面の一致を主張してきたことを重視し、政策協議を加速することで合意した。四十分にわたった会談を終えて、自由党本部に戻った小沢党首は、満足そうな表情をしていた。二階は推察した。

〈感触がよかったんだな……〉

小渕総理は、この夜の会談を受け、年明けの平成十一年一月半ばに内閣改造を実施する方向で調整に入った。

年明け早々、政策ごとのプロジェクトチームで協議に入ったが、ボタンの掛け違いになりかねないような心配事もあった。

十一月十九日の小渕、小沢の党首会談の合意文書には、自由党の提示した政策をすべて理解し、ともに実行するために共同の政権を担うと書いてある。

だが、自民党のなかには、「合意文書は自由党の意見であって、このなかから必要と思われるものを順次議題に載せていけばいい」と解釈した人もいた。

二階は思っていた。

〈自民党は、自由党よりも七倍も大きな政党だ。いい面においても、そうでない面においても、決断、決定には多少時間がかかるのは仕方がない。それに、おたがいにそれぞれ選挙を争ってきた仲だ。小渕・小沢会談で意見が一致したからといって、末端の兵隊に至るまで、右向け右でただちに従うというのは難しい。ある程度のタイムラグはやむを得ない〉

水面下では、二階が小渕派幹部らと相次いで会談し、十四日の内閣改造を前提にした調整作業を進めた。年の明けた平成十一年一月十三日、午後五時前、ようやく合意文書がまとまった。小沢の主張に、外務省も納得した。合意文書では、「憲法の平和主義、国際協調主義の理念に基づいて、国際社会の平和と安全確保のための活動に積極的に協力する」として自由党の主張を取り入れた。

そのうえで、国連平和活動への協力についてもはっきりさせた。

一月十四日、自自連立政権がようやく発足することになった。

自由党の小沢一郎党首は、小渕総理に求めた。

「自由党から、二人を入閣させてほしい」

小沢は、野田毅幹事長と二階を入閣させようと考えていたのである。

二階は小沢に言われていた。

「野田幹事長と、あなたに入閣してもらおうと思う」

しかし、自自両党の政権協議により閣僚数が三つ減った。そのうえ自由党が二ポストを獲得するのは厳しい状況であった。

結局、自由党に割り振られた閣僚ポストは一つとなり、野田毅幹事長が自治大臣として入閣した。二階は引き続き、自由党国会対策委員長として留任した。

運輸大臣として初入閣

平成十一年九月二十一日、自民党総裁選の投開票がおこなわれた。小渕総理は、全体の七割近い票を集め再選を果たした。

小渕総理は、党役員・内閣人事の具体的な検討に入った。

自由党の入閣候補に二階俊博の名前が上がった。自自公連立政権発足に伴う閣僚数について、自由党は二ポストを要求した。自民党は、いわゆる派閥の論理で閣僚ポストの配分が決められる。つまり、派閥の規模が大きければ大きいほど、ポストの数が多く割り当てられる。その論理でいけば、所属議員五十一人の自由党は、一・八人分の閣僚ポストが配分されることになる。

自由党は、自民党執行部と交渉した。

「前回は連立を組んだばかりだし、閣僚数を減らしたので、一ポストで勘弁していただきたいということだった。が、自自連立は多くの成果をあげた。そのことが自自公連立につながり、政治も安定した。そのことを考えれば二ポストを要求してもおかしくない」

自由党が入閣候補として推薦したのは、二階と扇《おおぎ》千景《ちかげ》参議院議員であった。

が、当の二階は、静観の構えを見せていた。

〈自自公連立政権なんだから、自自公三党の党首、つまり小沢党首と公明党の神崎代表が入閣したほうがいいんじゃないか〉

九月二十七日の月曜日、二階は、小沢党首とある件で会った。小沢党首は言った。

「二階さんに入閣の要請がきたら、しっかりやってください」

この時、マスコミは入閣予想の顔ぶれを連日報じていた。二階は、運輸大臣候補であった。二階はNHKの密着取材を受けた。

しかし、二階は取材に対して慎重に言葉を選んだ。大臣としての抱負などは、一切語らなかった。

二階は思った。

〈人事というものは、最後の最後までわからないものだ。土壇場でひっくり返ることもある。発言は控えよう〉

そう自戒していたのである。

十月四日、明治記念館で自民党小渕派会長の綿貫民輔《わたぬきたみすけ》の国会議員生活三十周年パーティーが開かれた。

二階も、そのパーティーに出席した。

二階は、パーティーが終わり、明治記念館の正面玄関を出た。芝生の上を歩きながら駐車場に向かった。

その途中で携帯電話が鳴った。

電話の主は、官房長官に内定した青木幹雄《あおきみきお》であった。

「小渕総理は、明日内閣を改造します。あなたには運輸大臣兼北海道開発庁長官をお願いしたい。なお、政務次官には自民党議員を据えますが、ご了解いただけますか」

「結構でございます。自自公連立のなかで、ともに汗を流していきたいと思います」

「今回の組閣は、それぞれの省庁の政策に精通している人を選んだつもりです。ついては、明日の朝九時までに閣僚として何をやりたいか、その抱負をまとめたレポートを官房副長官に内定している額賀《ぬかが》（福志《ふくし》郎《ろう》）さんに届けてください」

二階は運輸行政に精通する、いわゆる運輸族であった。海部内閣、細川内閣と二度にわたり運輸政務次官に就任。自民党時代にはすでに交通部会長を経験、新進党時代には「明日の内閣」の運輸大臣役の国土交通担当、自由党では、国対委員長として汗を流すかたわらで交通部会長と農林部会長を務めていた。運輸大臣はまさに適役と言えた。

この夜、二階は、赤坂の議員宿舎で机に向かった。鉛筆を舐めながら、レポートづくりにとりかかった。

二階は思った。

〈このレポートは、将来の法案の提出、さらに予算要求に極めて重要な意味合いを持つ。運輸省が年来主張していることと懸け離れたことを書くわけにはいかない。ただし、役人では言えないことも正面から取り上げよう〉

二階はまず〝交通安全宣言〟について触れることにした。世の中は、まるで水や空気の話と同じような感覚で「交通安全を守ろう」と言っている風潮がある。慣れからミスも起こる。現場任せになっているようなところもある。そこで、安全第一を徹底させようというのである。

運輸省には、三万七千人の職員がいた。運輸省に登録された関係事業者は、個人タクシーを含めて二十万社、勤労者は三百五十万人を数えた。

運輸省の管轄といえば飛行機や新幹線などを連想しがちだ。むろん、それらの事業も重要である。が、中小企業、零細企業などにも目を向けなければいけない。運輸、交通の関係者がお互いに協力しあい、日本の交通安全を徹底していく。

また、バスやタクシーの規制緩和、海上保安庁、気象庁などの装備の近代化にも触れた。

一方、中央省庁の再編により、平成十三年には、運輸省、建設省、国土庁、北海道開発庁の四省庁が統合され、国土交通省となる。そのことを想定した政策を進めていくと同時に、組織をまとめていく努力をしなければならない。

その意気込みも綴った。気がつくと、時計の針は深夜一時を指していた。

十月五日午前九時、二階は、額賀官房副長官にレポートを提出した。

額賀は言った。

「総理が目を通されて、大臣として適任だと判断されれば正式に呼び出しされます」

午前十一時過ぎ、官房長官に内定していた青木幹雄から連絡が入った。

青木は言った。

「改めて、運輸大臣兼北海道開発庁長官をお願いしたい。ついては、午後一時二十分までに官邸にお越し下さい」

二階は、官邸に出向いた。青木官房長官、二人の運輸政務次官の立ち会いのもとで小渕総理から訓示を受けた。

「しっかりと頑張ってください」

さらに小渕総理からねぎらいの言葉を受けた。

「自自連立、および自自公連立に至るまで大変なご苦労をおかけしました」

その後、二階は共同記者会見に応じた。

「ただいま運輸大臣および北海道開発庁長官を命ぜられました、自由党の二階俊博でございます。まず、運輸行政から一言申し上げたいと思いますが、運輸行政は大変幅広い分野を担当します。特に、私が留意していかなくてはならないことは、安全ということです。これを最も重要視してまいらなくてはならない。同時に、これからは高齢化社会に突入します。また、国際化社会のなかに進んでいく。その点において運輸行政がいかにあるべきか、ということを常に考えて参りたいと思っております」

具体的な問題について語った。まず、ＪＲの問題。

「旧国鉄から民営化を目指して、今日まで関係者は大変なご努力を頂きました。私は高く評価をしたいと思います。しかし、いわゆる完全民営化につきましては、いま一歩のところまできています。従いまして、次の通常国会に法案を提出できる環境を整えるべく、これから努力をしてまいりたいと思います」

バス、タクシーの規制緩和。

「これは、国民のみなさんの利便を最重点に考えながら、あるいは辺地の問題、僻地《へきち》の問題等についても心を配り、規制緩和の問題を推進するにあたりまして、国民の皆さんの声にしっかり耳を傾けながら対応してまいりたいと思っています」

国際空港。

「いわゆる空の玄関でありますし、国際化社会において極めて重要な役割を担っているわけですが、成田空港、あるいは関西国際空港、さらに中部国際空港等が、これから私どもが真剣に取り組んでいかなければならない問題であります。この課題の解決のために、地元の協力を得ながら懸命に対処してまいりたいと思います」

新幹線の建設問題。

「国土の均衡ある発展を図るという観点から大変強い要望があるわけですが、先般も自自協議のなかで、新幹線問題について積極的な対応を図ろうという決意を新たに致しておりますが、その線に沿って今後、努力をしていきたいと思います」

運輸省が色々な分野でおこなっている研究開発。

「海の新幹線といわれるテクノスーパーライナー、あるいはまた、海に大地をつくるという意味でのメガフロート、そして新幹線から在来線に直通運転ができる、在来線から新幹線に直通運転ができるという、いわゆるフリーゲージトレインというものが、いま研究開発を進めておりまして、間もなく、これは成功するだろうという状況にあります。これら、技術の関係のみなさんが、今日まで取り組んでまいりました大きな革命的な成果をこれから政治として、私共は全力を尽くして支えていきたい、と考えております」

二階が長年手がけてきた観光の問題についても力説した。

「いま、日本から毎年海外に出かける旅行客は千六百万人を数えております。しかし、残念ながら外国から日本を訪れる観光客は四百万人です。このギャップをこれからいかにして埋めていくか。同時に、国内観光についても、これから特に力を注いでまいりたいと思っております」

こうして平成十一年十月五日、自民党と自由党の連立政権に新たに公明党が加わり、いわゆる自自公連立政権が発足した。

しかし、小沢は、自自連立はもう駄目だという見切りをつけ始めていた。

公明党が自自連立に加わり、自自公連立政権となった秋以降、自民党は公明党との連立維持のため注力し、自由党の主張する政策が受け入れ難くなっていた。小沢は、いつ連立政権を離脱するか、そのタイミングを測っていた。

だが、小沢は、なかなか決断がつかなかった。側近の達増拓也《たっそたくや》に、ぼそっと洩らした。

「二階も、大臣として正月の挨拶をさせてやらないと気の毒だからな」

二階は、自民党竹下派、新生党、新進党、自由党と、これまでずっと小沢党首と行動をともにしてきた。そして、平成十一年十月に発足した自自公連立政権で運輸大臣兼北海道開発庁長官として初入閣したばかりである。それなのに、わずか二、三カ月で大臣を退任させるのは気の毒だ。せめて年が明けるまでは、という小沢の親心であった。

二階だけではない。小沢は、選挙が厳しい情勢にあった小池百合子《こいけゆりこ》を経済企画庁政務次官に、西川太一郎を、核問題の発言で辞任した西村眞悟《にしむらしんご》の後任の防衛庁政務次官に据えた。

結果的に、自由党は分裂し、情けが仇《あだ》となって返ってくるが、小沢には、そのような人事に配慮した、優しい一面もあった。

連立離脱の危機

平成十二年三月二十七日、小沢一郎は、党常任幹事会で連立政権への今後の対応について、離脱問題をめぐって党内調整に入る意向を明らかにした。

「約束した政策を実行しないのなら、連立していても意味がない」

二階運輸大臣のもとに、若手議員が何人も訪ねてきた。彼らは、みな涙ながらに訴えてきた。

「なんとか、分裂を回避してください」

二階は危機感を強めた。

〈国会議員は、みなそれぞれ選挙区を抱えている。解散の時期も近い。みな命懸けだ。ここは、なんとしても分裂は避けなければいけない〉

三月二十八日、二階は記者会見で離脱問題について触れた。

「小渕内閣の閣僚という責任ある立場で、軽々しくそうした問題に言及するつもりはない」

閣僚である二階の去就は、多少なりとも政局に影響をおよぼすことには違いない。自らの態度を内外に明らかにするのは、最後の最後まで慎重でなければならない。そう考えていたのである。

従って、二階は、連立離脱派、維持派のどちらのグループの集まりにも、あえて参加していなかった。

この夜、二階は小沢党首と都内のホテルで会談し、意見交換した。

小沢には、自分に付いてきてくれた若手議員を全員当選させたいという感情がありありとうかがえた。

一方、二階を頼ってくる若手議員もいる。二階は、信義を重んじる田中政治、竹下政治、金丸政治のなかで育ってきた。若手議員を見殺しにし、「あなたは、何もしなかったのか。自分だけよければ、それでいいのか」ということになってはならない。

二階は悩んだ。

〈自分の損得勘定で行動するのではなく、どうすれば一人でも多くの同志を救うことができるのか。それを考えなければならない〉

二階の地元では、「離脱をするな」という声が後援会の幹部や市町村長の間で圧倒的に多かった。

同じ和歌山県選出の中西啓介国対委員長も、二階に言っていた。

「地元は、『離脱をするな。二階さんと協調して頑張れ』という声が多い」

二階は、西川太一郎にぼそっと語った。

「折角、連立を組んでいるのに、困ったものだ。ここで我慢してくれれば、やがては小沢政権という、我々の努力も実るんだけどなあ」

自由党の離脱騒動は、多くの若手議員に慕われている二階の動きが鍵であり、最大の焦点であった。二階や西川は、「絶対に離脱させてはならない。そうなれば分裂してしまう」という思いで行動していた。

一方、政権への残留を目指す野田毅前自治大臣は、この懇談会に先立っておこなわれた小沢党首との会談で、自由党がもし政権を離脱するなら、新党を結成する考えを伝えた。

三月三十日、自民党の森喜朗幹事長と自由党の藤井裕久《ふじいひろひさ》幹事長が国会内で会談した。森幹事長は、選挙協力は現状の五選挙区から上積みするのは困難との認識を伝え、両党の協議が最終的に決裂した。

また、自由党の連立離脱問題をめぐって自民党、自由党、公明党の党首会談が四月一日夕方に総理官邸で開かれることも正式に決まった。

二階は、複雑な心境であった。二階の今日までの政治活動における大きな拠り所は、小沢党首であった。小沢党首の存在があったからこそ、ここまで野党の時代も苦楽を共にして、頑張り抜いてきた。

しかし、自分を慕ってくれる若手議員が「連立の維持」を真剣に訴えてくるのを見た時、自らの政治判断だけで物事を決めるわけにはいかない。

しかも、二階は閣僚である。閣僚の立場でなければ、もっと自由に行動もできるし、発言もできるが、閣僚である以上は内閣に迷惑はかけられない。小渕内閣の足を引っ張るようなことは慎まないといけない。

二階は悩んだ末、肚をくくった。

〈場合によっては、閣僚として党首会談に同行を求められるだろう。私は、自由党から入閣した大臣だ。仮に会談が決裂し、小沢党首が政権離脱を決めた時には、辞表を提出しよう〉

自分は、微力ながら国対委員長として自自連立を実現するために努力してきた。自由党がようやく、ここまでたどりつけたのに、途中でこれを放棄するのは辛いが、だからといって閣僚の座に恋々としているわけではない。やり残しの仕事がある。仕事の途中で辞めてしまうのは関係者のみなさんに大変申し訳ないと思う。しかし、そこはきちんとけじめをつけておきたい。

二階は、運輸省の役人をせかした。

「頼んでいた仕事だが、急いで片づけてほしい」

いつ辞任してもいいように、仕事の区切りだけはつけておこうと思ったのである。

二階は、藤井裕久幹事長、中井洽元法務大臣、中西啓介国対委員長の四人で話し合った。

再度自民党に選挙協力を含めた自自両党の合意事項の実行を迫り、仮に決裂しても、その五分前まで努力をすべきではないか、ということで一致した。

この夜も、二階は小沢党首と会談した。三晩連続で小沢党首と腹を割って話し合った。

二階は、できれば小沢に慎重になってほしいという思いが強かった。が、小沢は離脱に傾いていた。

二階は思った。

〈小沢党首は、あれほどの政治家だ。新保守勢力の結集などいろいろと思い描く戦略があるのだろう。小沢党首は、もう一度大きな勝負に出ようとしている。現状の政治に非常に大きな危機感をもっている。歴史観や国家観においても小沢党首の主張は正しいが、その理想を一挙に達成するには、もう少し時間がかかる〉

さらに、交渉次第では、選挙協力が可能な選挙区は上積みできるかも知れない。しかし、小沢党首が満足する数になるかどうかは、きわめて難しい。自民党は、支部や組織が古いだけあって一応しっかりしている。せっかく小選挙区から出るための準備をしているのに、自由党に譲れ、となれば、後援者や自民党員の不満が噴き出す。そう簡単に調整はできないだろう。それに、小沢党首は選挙協力よりも政策が命だと言われる。いよいよ自民党にとって難しい話になってくる。もともと自民党は、大政党で、政策の転換などは、あまり得意でない。

小沢党首は、所属議員一人ひとりと個別に話し合いの場をもった。江﨑鉄磨も、話し合いの場に臨んだ。

小沢は言った。

「率直に意見を言いなさい」

江崎は、正直に思いのたけを口にした。

「なぜ、ここで連立政権から離脱しなければいけないのでしょうか。離脱したら、いま小渕内閣で国民的評価が最も高い二階先生が運輸大臣をお辞めにならなければいけなくなります。私は、二階先生のもとに今日があります」

小沢党首は、冷たく言い放った。

「党から（二階を）大臣に送り込んでいるのだから、それはやむを得んよ」

江崎は寂しく思った。

〈二階先生は、自民党を離党して以来、小沢党首を懸命に支えてきた。それなのに、このような温もりのない言い方をされる。なんて冷たい人なんだろうか〉

江崎ははっきりと言い切った。

「私は、二階先生とこれからも政治行動を共にさせていただきます」

小沢党首は、ムッとした表情を見せた。

数日後の早朝、江崎は、二階に呼ばれ運輸大臣室を訪ねた。

二階は、苦悩の表情を浮かべながら言った。

「江崎君、このままだと小沢さんは少数派になってしまう。それでは、気の毒だ。きみたちは、新しい道を選択しなさい。おれは、自由党に留まるよ」

江崎は、二階の情の深さに強く心を打たれた。

「私は、二階先生と行動を共にします」

運輸省を後にした江﨑は、二階を慕う西川太一郎の議員会館の部屋に飛び込んだ。

「ちょっとビックリするような話がある。いま二階さんに呼ばれて会ってきたのだが、『きみたちは、これから新しい道を選択しなさい。私は、小沢さんが気の毒だから留まろうと思う』と言われた」

「俺も、おなじようなことを言われたよ」

西川は、興奮した口調になった。

「ことここに至り、それはない。二階さんは、まさに我々を〝二階〟に上げて梯子《はしご》を外すつもりでいるのだろうか」

「いや、そうではないと思うが……」

西川は、その経緯を読売新聞の記者にリークし、遠まわしに二階にあらためて翻意を促した。

西川のリークもあり、三月三十一日の読売新聞朝刊には、自由党の分裂を巡り、二階の動向が焦点になっていることを伝える記事が載った。

二階は、離脱を決意した小沢党首と何度も会談した。が、自らの態度は明らかにしなかった。党内には、二階を慕ってくれる若手議員も多い。自らの一挙手一投足は、さざ波程度かも知れないが、影響力がある。

二階は思い悩んだ。

〈政治の世界が、かくも厳しいものとは。こんな世界に自分は来なければ良かった……〉

いっそ病気になって死んでしまいたい。死んでしまえば、誰も何も言えない。そう思うほど眠られぬ夜が続いた。

なお、二階の政治家人生のなかで、このような思いをしたのは、平成五年六月に自民党を離党した時と、この連立離脱危機の二度だけである。

連立維持派の若手議員数人が、運輸大臣室にやってきた。二階は、彼らに問いかけた。

「小沢党首に、もう一回だけついていくという道もある。きみらも、もう一度考え直して、とにかく一緒に行くということを考えられないだろうか」

そうしたところ、若手議員たちがみな怒り始めた。

「我々は、すでにルビコン河を渡ってしまったんです。いまそんなことを言われても、困ります」

彼らの言い分も、もっともであった。

二階は決断した。

〈我々は、連立の大義を守り、小渕政権を支え続けよう〉

有珠山噴火と最後の握手

平成十二年三月三十一日午前、閣議が開かれた。

同日午後一時七分、北海道の有珠山《うすざん》で国道二百三十号線横の西山山麓からマグマが水蒸気爆発し、噴煙は火口上三千五百メートルに達した。周辺に噴石が放石され、北東側に降灰した。

二階は運輸大臣兼北海道開発庁長官として、その危機対応に追われた。二階は報告した。

「数日以内に噴火する可能性が高く、厳重に警戒する必要がある。本日、私自身も現地に参る所存です」

その後、参議院本会議に出席した。

二階は、口元を引き締めた。

〈明日の党首会談の結果によっては、大臣として最後の参議院本会議への出席となるかも知れないな……〉

この本会議で、大臣就任後初の法律となる港湾法の改正が成立した。

退席する際、期せずして声が上がった。

「運輸大臣、ガンバレ！」

さらに、励ましの拍手まで起こった。

二階は万雷の拍手を背に受けながら議場を後にし、有珠山視察のため直ちに羽田空港基地に向かった。ファルコン（海上保安庁捜索海難救助機）に乗り込み、北海道の新千歳空港に向けて出発した。

運輸省官房長の小幡政人、北海道開発庁総務監理官の斉藤徹郎、気象庁予報部長の山本孝二、海上保安庁警救部長の久保田勝の四人が随行した。新千歳空港到着後、海上保安庁のヘリコプターに乗り換えて現地上空に向かった。

その後、まもなく噴火の第一報が入った。

噴火から十分後に現地上空に到着した。

真っ黒の噴煙がヘリコプターよりも高く三千二百メートルの上空まで噴き上がった強烈な硫黄の匂いが機内まで立ち込めた。眼下の街にも、火山灰が広がっていた。

長い気象庁の歴史のなかでも、大臣がこのような大規模自然災害の現場に直面したのは、初めてのことであった。

二階は、ふと五年前の阪神・淡路大震災を思い起こした。当時、新進党の「明日の内閣」国土・交通政策担当だった二階は、すぐさま現場に急行した。惨状を目の当たりにした二階は、政府の対応を激しく糾弾した。

二階は思った。

〈もし、私がここで、途中で職務を投げ出したならば、その時の言動との説明がつかないな〉

その後、二階は、伊達市に到着後、直ちに国土庁の増田総括政務次官、堀達也《ほりたつや》北海道知事、菊谷伊達市長、菊池伊達市議会議長と打ち合わせをした。

さらに、伊達市役所にて現地連絡会議を開催。伊達市役所にて記者会見後、市内の避難所に移動し、避難民を激励した。

避難民の話を聞いたとき、二階は、自然に「頑張ってください」という言葉を繰り返していた。改めて、しっかりした対応をしなければ……と心に誓った。

二階は新千歳空港に戻ると同時に、総理秘書官から連絡が入った。

「いま、総理は公式行事に出かけておりますが、大臣が帰京されるころには官邸に帰ってきております。官邸でお待ちしておりますので、よろしくお願いします」

二階は腕時計を見た。あと十五分もすれば、中山正暉《なかやままさあき》災害対策本部長（国土庁長官）が空港に到着する。

二階は判断した。

〈できれば中山本部長と打ち合わせをしたかったが、総理を長く待たすわけにもいかない。中山本部長宛に、手紙を書いておこう〉

置き手紙を書き終えるやいなや、ファルコンに乗り込んだ。

午後七時三十分、ファルコンは羽田空港に到着した。二階は、長靴、防災服姿のまま大臣公用車に乗り込んだ。夜の高速道路を、先導するパトカーに引っ張られるようにして官邸に向かった。

午後八時三分、二階は、総理執務室に入った。小渕総理に現地の情勢を三十分にわたってくわしく報告した。

小渕総理は、いつになく顔が引き締まっていた。

二階は思った。

〈今日は、いい顔をしておられるな〉

この時、二階は、まさか翌日に小渕総理が倒れるとは夢にも思わなかった。

小渕総理は、引き続き対策の指揮をとるよう指示をした。

「被災者の生活環境、避難に万全を尽くすように」

そして自然と、話題は党首会談に移った。

小渕総理は、先程までの険しい表情から打って変わって柔和な表情になった。

「ぼくと小沢君は、竹下内閣の官房長官、副長官という間柄だ。経世会の後継会長を決める時、周りは小渕が年上だから、先にやって、次に小沢さんがやればいいという雰囲気だった。その時、ぼくも『いつまでも長くやるつもりはないから、ぼくの次に小沢君がやればいいじゃないか』ということを言ったんだ。でも、小沢君は納得せず、飛び出していかれた。ぼくは、小沢君のあの性格も好きだし、主張も立派だと思っている。できるだけ小沢君の主張を聞き、協力してやりたいんだが、うちは所帯も大きいからな。そんなに簡単にはいかないよ。いずれにしても、明日、小沢君とよく話してみるよ」

二階は、深々と頭を下げた。

「総理、いろいろとお世話になりました。総理のご指導や周りの人たちに親切にしてもらって、私は、ずいぶんいい仕事をさせてもらいました。運輸省の仕事も、北海道開発庁の仕事も、精一杯やらせてもらいました……」

自由党が政権を離脱した時は、閣僚を辞任する旨を暗に伝えたのである。

小渕総理は、手を横に振った。

「いやいや、大臣として頑張ってくれ。それぞれの役所も、あなたにしっかり支えていってもらわないといけない」

報告を終えた二階は、一礼し、執務室を出ようとした。すると小渕総理は、わざわざドアまで送ってくれた。

小渕総理は右手を差し出し、二人はがっちりと握手を交わした。

「いろいろ、ありがとう。しっかり頼むよ」

これが、二階と総理在任中の小渕との最後の会話となった。

小沢一郎との決別

この日、二階のもとに中西啓介国対委員長から連絡があった。

「明日、党首会談の前に、二人で小沢党首に会おう」

二階は応じた。

「我々で、最後の説得をしましょう」

同じ和歌山県出身の中西と二階は、自民党離党から自由党結成に至るまで政治行動を共にしてきた。平成十年七月の参院選では、和歌山選挙区から弱冠三十一歳の鶴保庸介《つるほようすけ》を擁立し、命懸けで当選に導いた。自由党が地方区で得た唯一の議席であった。

そのような関係にある中西と二階が別々の道に別れたら、どうなるか。和歌山県は大騒ぎとなり、折角、誕生させた鶴保参議院議員の政治生命にも大きな影響をおよぼすことにもなるであろう。

そこで二人は、がっちりとスクラムを組み、どのようなことがあっても行動を共にしようと話し合ってきたのである。

党首会談を二時間後に控えた四月一日午後四時、二人は小沢党首のもとを訪ねた。

小沢党首は、はっきりと言った。

「離脱という気持ちはないよ」

そう言われれば、こちらがあまり執拗に聞く必要もない。

中西は安堵した。

〈この言い方だと、離脱はなさそうだ〉

中西は、以前から何度も小沢党首に進言していた。

「自自公連立の調子が悪いからと言って、選挙の期間だけ連立を抜けるというわけにはいきませんよ。選挙後また組もう、と言ったって通用しません。政治は、数が大切です。数がなければ、自分たちの政策を実現することはできない。離脱した後、いったいどことパートナーを組むんですか。野党第一党の民主党ですか。民主党の半分は、左ですよ。それに、石井《いしい》（一《はじめ》）さんや熊谷《くまがい》（弘《ひろし》）さんとは、いろいろとわだかまりがある。民主党と組めるわけがない。離脱しても、展望が立たないじゃないですか。ですから、こんな話はおくびにも考えるべきではありません」

その時、中西には小沢党首も納得してくれたように思えた。それゆえ、「離脱という気持ちはない」という言葉から、自民党を少しでも揺さぶろうという手段だと認識したのである。

中西は思った。

〈自民党は、巨大政党だし、したたかだ。その政党と組んだ以上、それなりに耐えるところは耐えないといけない。党首の大先輩でもある岩手県出身の原敬《はらたかし》元総理も、耐えに耐えて最後に大輪の花を咲かせた。党首も、そのつもりでいるのだろう〉

話題は、有珠山に移った。

小沢党首は二階に訊いた。

「有珠山を視察に行こうと思っている」

「現地は、ごった返していて、なかなか対応がうまくいかないと思いますよ。ヘリコプターに乗ることもできないし、避難民の方を慰問するくらいしかできませんよ」

小沢党首は言った。

「それで、現地の様子は、どういう状況なのか」

二階は、噴火の状況や避難民の生活について詳しく説明した。話し合いは、なごやかな雰囲気のなか一時間近くに及んだ。何かと忙しい身の三人が、これほど長い時間にわたって話したのは、実に久しぶりのことであった。

二階は思った。

〈党首は、この際、連立離脱問題を一時棚上げし、災害対策を中心に対応しようという気持ちになっているようだな〉

帰り際、中西は小沢党首に声をかけた。

「それでは、頑張ってください」

小沢党首は答えた。

「月曜日に、みんなに話をするから」

平成十二年四月一日午後六時、小渕総理、自由党の小沢党首、公明党の神崎代表の与党三党首による会談が総理官邸でおこなわれた。青木幹雄官房長官も同席した。

午後七時五十分、小渕総理は、報道各社のインタビューで自由党との連立解消を正式表明した。

小渕総理は、公明党に、自由党の野田毅らが結成する新党「保守党」を加えた新たな三党連立を構築する方針でいた。

その直後、松浪健四郎のもとに、二階から連絡が入った。

「野田（毅）さんと、行動をともにしろ」

野田幹事長は、連立維持派である。

松浪は訊いた。

「先生は、どうするんですか？」

二階は、一言だけ言った。

「心配するな」

が、四月二日午前零時半過ぎ、小渕総理は公邸で体調の不調を訴えた。深夜一時過ぎ、秘書のライトバンで千鶴子夫人に付き添われ、順天堂大学付属病院に向かった。臨床診察で脳梗塞の疑いがあることが千鶴子夫人に伝えられた。緊急入院となった。

午後二時頃、順天堂大学付属病院のＭＲＩ（磁気共鳴断層撮影）で、小渕総理は、脳梗塞と診断された。

海部俊樹のもとに、中西啓介と二階が相談にやってきた。

「自自連立を組んだ以上は、私たちは連立に残ります」

海部は、内心びっくりした。

〈二階さんは、小沢さんの腹心中の腹心だったのに……〉

海部は、二階らと行動をともにすることを決意した。

四月三日午後四時、自由党の全議員懇談会が開かれた。

小沢党首は、連立政権への対応をめぐって発言した。

「大変な非常事態なので、この際、我が党のうんぬんはちょっと置いて、しばらくの間どのような事態にも対応できるように推移を見守りたい」

しかし、自民党と公明党は、すでに連立解消を明らかにしている。推移を見守っても状況は変わらない。

野田毅が、すかさず手を挙げた。

「結党以来、いろいろ先頭に立ってご苦労さんでした。長い間、お世話になりました」

懇談会は、三十分で終了した。

連立維持派は、この夜直ちに新党の設立総会を開くことを決めた。

二階は決断した。

〈北海道の被災地の復旧をなし遂げ、さらに政局を安定させ、現在の日本の危機的な状況を乗り切るためにも、この際、連立内閣を支える努力を重ねることが重要だ。私は新党に参加しよう。しかし、小沢党首とわれわれは政策理念では変わることはない。やがてまた日本の新しい時代に、共にその中軸を担う時が必ずくる〉

運輸省に戻った二階は、記者会見で明らかにした。

「新党に参加し、連立政権を維持します」

新党に参加した衆議院議員は、二階俊博のほか、海部俊樹、加藤六月、野田毅、井上一成、青山丘、中西啓介、井上喜三、岡島正之、安倍基雄、中村鋭一、小池百合子、青木宏之、江﨑鉄磨、西川太一郎、西田猛、西野陽、松浪健四郎、吉田幸弘、三沢淳の二十名。

参議院議員は、扇千景、星野朋市、泉信也、鶴保庸介、月原茂皓、入沢肇の六名であった。

午後八時半、キャピトル東急ホテルで新党・保守党の設立総会が開かれた。

自由党全国会議員五十人のうち半数以上の二十六人もが参加した。

党首には、海部俊樹元総理、野田毅らの名前が上がったが、そもそも自民党と連立を組むことになった最大の理由は、参議院対策である。それに、衆議院議員は総選挙が間近に控えている。全体を見ながら、自分の選挙を戦うのは大変なことだ。そこで、参議院の象徴として扇千景を党首に決めた。幹事長には、野田毅が就任した。

二階は常々、自自連立および自自公連立を実現した中心人物の一人として「連立の成果を今年こそ」という政治の責任も果たさなくてはならないとも考えていた。

従って、有珠山の大災害の対策にも全力で取り組む責任も痛感していた。

二階は思った。

〈国務大臣としての任務をまっとうすることが、被災者や今日まで自分を支えてくれた方々に報いる道だろうな……〉

保守党幹事長に就任

平成十二年四月四日、小渕内閣は総辞職した。

翌五日、自民党の森喜朗新総裁を首班とする自公保連立政権が発足し、二階は、運輸大臣・北海道開発庁長官に再任した。

江崎鉄磨は、小沢一郎と二階俊博の違いについて語る。

「人と人との繋がりを大切にするかどうかだと思います。二階先生は、人と人との縁を大切にするから、何かあっても、自分の方から人間関係を切るようなことはしません。二階先生ほど人間関係を切らない人はいないと言えます。そこが小沢さんとの決定的な違いです」

二階は、改めて思った。自由党は、まさに日本丸が沈没しようとしていた平成十年十一月、景気回復が第一だと考え、これまでのわだかまりを捨てて自民党と連立を組むことになった。平成十一年一月に連立政権が発足するやいなや、一万三千円台まで落ち込んでいた株価が、平成一二年三月には二万円を越えるところまできた。

株価が上昇するとともに小渕内閣の支持率も上がった。

しかし、いかんせん参議院では数が足りない。それなりに努力もしたが、一歩どころか半歩も前進しない場面もあった。結論としては、公明党に協力を得る以外になく、自自公連立が発足した。公明党に振り回されるという人もいたが、連立を組んだ以上は当然のことだ。普段は外にいて、参議院の票決の時だけ協力してもらうなどというのはムシがよすぎる。新たに保守党を結成したからには、お互いに我慢するところは我慢し、粘り強く、自らの党の政策を連立の枠組みの中で実現していくことが大切だ。

小渕総理の後継として四月五日に総理大臣となった森喜朗総理は、六月二日、衆議院を解散した。総選挙をのぞむ保守党の候補者は、十九人であった。

二階は強く思った。

〈なんとしても、当選者を二桁に乗せたい〉

総選挙の結果、保守党の議席数は七議席で、二階俊博のほかは、西川太一郎、海部俊樹、松浪健四郎、井上喜一、小池百合子、野田毅であった。公示前勢力から十二議席も減らした。

二階は悔やんだ。

〈委員会の配分がどうのこうのという問題ではなく、二桁取れているのと一桁の七議席では大きくちがう。同志を失ったことは、返す返す残念でならない〉

第八章 小泉純一郎「郵政解散」と二階俊博

「自民党をぶっ壊す」──小泉旋風と保守党惨敗

小泉純一郎《こいずみじゅんいちろう》は、「神の国」発言以降、内閣支持率が九％まで低下した森喜朗総理の退陣を受けた平成十三年四月の自民党総裁選に、橋本龍太郎、麻生太郎、亀井静香《かめいしずか》とともに出馬した。

三度目の自民党総裁選に敗れれば、政治生命にも関わるとも言われたが、清新なイメージで人気があった小泉への待望論もあり、森派、加藤派、山崎派の支持を固めて出馬した。

小泉は主婦層を中心に大衆に人気のあった田中角栄の長女の田中眞紀子の協力を受けて、総裁選を有利に進めることに成功した。

最大派閥の橋本の勝利が有力視されたが、小泉は、一般の党員を対象とした予備選で派手な選挙戦を展開した。

「自民党をぶっ壊す！」

「私の政策を批判する者は、すべて抵抗勢力」

小泉は熱弁を振るった。その街頭演説には多くの観衆が押し寄せ、小泉旋風と呼ばれる現象を引き起こした。

予備選で地滑り的大勝をすると、中曽根康弘元総理と亀井静香元建設大臣の支持も得て、四月二十四日の議員による本選挙でも圧勝して、自民党総裁に選出された。

四月二十六日の内閣総理大臣指名選挙では、公明党、保守党、「無所属の会」の支持を受けて内閣総理大臣に指名された。

平成十三年七月十二日、参院選が公示された。

保守党の改選は、三議席であった。が、そのうち再出馬したのは、五期目を目指す党首の扇千景国土交通大臣一人だけとなった。保守党の立候補者は、現職の扇千景、新人の三沢淳、荒井和夫《あらいかずお》、滝本泰行《たきもとやすゆき》、鬼沢慶一《おにざわけいいち》の五人。いずれも、比例代表であった。

七月二十九日、参院選の投・開票がおこなわれた。連立与党は、改選議席の過半数を大きく越える八十一議席と勝利した。自民党は、六十五議席と大勝し、公明党も十三議席と健闘した。が、保守党は、扇党首のわずか一議席とふるわなかった。

二階は、危機感を覚えずにはいられなかった。

〈今回の参院選で、我々のような小数政党が議席を得るには、わずか半年や一年ほどの選挙準備期間では間に合わないということがはっきりした。三年後の参院選では、四人の現職が改選を迎える。さらに、数人の新人候補を抱えていくとすれば、いまからその準備にかからなければいけない〉

保守新党、自民合流の舞台裏

平成十四年十二月二十五日、保守党は、民主党の熊谷弘らと合流し、保守新党を結成することになった。

保守党は、野田毅や小池百合子らが自民党入りしたことで人数が減っていた。

保守党の泉信也《いずみしんや》参議院議員は思った。

〈ある程度の数を確保するということなのだろう。これでまた一つ力がつけばいい〉

しかし、泉は、代表人事については納得がいかなかった。代表には熊谷弘が就任するという。泉は、二階に申し出た。

「代表には、二階先生がおなりになっていただけませんか。入ってくる人が親分になるというのは、ちょっと理解できません」

二階は、神妙な表情で答えた。

「最後は、任せてくれ」

結局、代表には熊谷、幹事長には二階が就任した。

保守新党の衆議院議員は、熊谷、二階のほか、井上喜一、西川太一郎、松浪健四郎、佐藤敬夫、江﨑洋一郎、山谷えり子、金子善次郎の総勢十名。参議院議員は、扇千景、泉信也、入沢肇、鶴保庸介の四名であった。

平成十五年十一月九日、総選挙の投・開票がおこなわれた。保守新党は、熊谷弘代表をはじめ、佐藤敬夫、西川太一郎、金子善次郎、松浪健四郎、山谷えり子が落選し、二階俊博、海部俊樹、井上喜一、江﨑鉄磨のわずか四議席になってしまった。

熊谷代表は、千代田区紀尾井町の赤坂プリンスホテルに設けられた保守新党の開票センターで、ショックをあらわにした。

「大津波が来たという感じだ」

熊谷は、ただちに代表を辞任した。

熊谷代表を失った二階幹事長は、投・開票日の夜遅く、まず党長老の海部俊樹元総理に要請した。

「この際、代表に就任していただけませんか」

海部は受け入れた。

「党の大変な時だから、なんでも協力させてもらうが、おれがやるとしても暫定の短期間にしてもらいたい。しかし、政治的には二階さんが代表を兼務されるのが、世間的にもわかりやすくていいんじゃないか」

翌十一月十日午後四時一分、福田康夫《ふくだやすお》官房長官も同席のもと、国会内で与党党首・幹事長会談が開かれた。

会談終了後、二階は、福田官房長官に声をかけられた。

「総理がお会いして、ご相談したいことがあります」

そこで、二階は、午後四時三十分過ぎ、扇千景と総理官邸に小泉総理と福田官房長官を訪ねた。

小泉総理は、二階らに提案した。

「この際、保守新党が国民のみなさんに約束した政策をより具体的に実行していくためには、自由民主党と保守新党とが合流し、一緒にやっていってはどうか」

二階は答えた。

「持ち帰って、衆参の議員と相談します」

自民党との合流の政治的判断としては、この日しかなかった。二階は思っていた。

〈この日を逃せば、賛成と反対の両論が内外から出て、まとまる話もまとまらなくなる〉

二階には、この間、連立政権の構築に汗を流した野中広務元幹事長や古賀誠元幹事長のことが頭にあった。さらに、公明党の神崎武法代表や冬柴鐵三《ふゆしばてつぞう》幹事長など、相談して理解を得なければならない人は他にもいた。しかし、ここで相談をして簡単に理解を得られるような話ではない。ほとんどの人たちは、可能なかぎり保守新党に踏ん張ってもらい、自公保の三党体制でいるべきだと考えていることはわかっている。

二階は決断した。

〈ここは、ご心配をいただき、今日までご声援を送りつづけていただいた諸先輩には申し訳ないが、残された七人の国会議員で自ら判断する以外に道はない〉

二階は、ただちに保守新党の衆議院議員四人、参議院議員三人の計七人を院内の第二十二控室に招集し、小泉総理の提案を伝えた。

「我々は、この提案をどう受けとめるのか、みなさんの意見を聞かせてほしい」

意見は、さまざまであった。

「このまま一直線で新しい代表を選び、そして捲土重来を期して頑張ろう」

「選挙後でもあり、後援者、同志のみなさんと相談をしなければならない。当然、ある一定の時間が必要だ」

「幹事長に一任する」

みな、もっともな意見であった。

意見が出尽くしたところで、二階は引き取った。

「それでは、扇参議院会長と幹事長の私に、一任してくださるか」

異論は、出なかった。

二階と扇千景が相談した結果、自民党との合流を決めた。返り咲きの江崎鉄磨も加え、所属国会議員で

「小泉総理提案に対する党声明」をまとめた。

①新しい憲法の制定
②教育基本法の改正
③年金・医療・介護などの社会保障制度の安定
④中小企業の活性化、雇用の安定
⑤地方が個性豊かに発展できる基盤の確立
⑥防衛庁の『省』昇格
⑦農林水産業の振興
⑧観光立国の実現

の八項目であった。

二階は、この「党声明」を保守新党の国会議員全員に提示し、意見を求めた。

幹事長という立場にある二階は、小なりといえども保守新党の同志の運命を預かっている。二階自身、いまさら自分自身は何を思うということもない。政治の世界に入り、国会議員の秘書十一年、和歌山県議会議員二期八年、国政に参画して七期二十年と、三十九年ものキャリアがある。たとえ一人になっても、政治の世界を歩いていける。が、これまで一緒に歩んできた同志たちと、やはり最後まで運命共同体で進んでいきたい。全員が、この「党声明」を了承した。

二階は思った。

〈我々は、これまで連立の一角を担ってきた。しかし、今回の総選挙の結果、その十分な期待に応えられないことになった。連立のお荷物になってはいけない。多くの犠牲者を出したことは返す返す残念だが、落選した方は優秀、有能な方ばかりだ。彼らの政治への熱い思いを、また復活する場面、チャンスがより多くあるとすれば、私はそれに懸けたい〉

二階は、午後七時に記者会見を開くことを決め、福田官房長官に電話を入れた。「党声明」について打ち合わせをおこない、福田官房長官の了解を得た。

「それで、決行です」

保守新党とすれば、「ここまでいじめておいて冗談ではないぞ」と合流を拒否するのも勇気のいることであるが、参院選も控えている。流れに乗り、合流するという決断もまた勇気が必要である。

海部は、二階から前日に合流話を聞いた時びっくりした。

「もう、そこまで手を打っちゃってあるの？」

「はい。海部総理の写真も、ちゃんと綺麗にして、すぐに総裁室にかけるということですから」

自民党本部の総裁応接室には、歴代総裁の写真が飾られている。が、自民党を離党した海部の写真は外されていた。

合流が決まった十一月十日、海部ら保守新党のメンバーが総裁応接室を訪ねると、たしかに海部の写真が飾られていた。そればかりか、自民党本部の八階ホールには歴代総裁の肖像画が展示されているが、それまで外されていた海部の肖像画も戻っていた。

午後七時、海部俊樹最高顧問、扇千景参議院議員会長はじめ、国会内で記者会見にのぞんだ二階は、電撃的に自民党との合流を発表した。

古賀誠は、二階は、精神的な強さを持っていると思う。

たとえば、二階は、政治改革を実現するという目的で小沢一郎と行動をともにし、平成五年六月に自民党を離党した。が、果たして小選挙区制は国民のためになる改革だったのか、小沢一郎という一政治家の力量を試すための自民党分裂だったのではないか、そこは悩んだのではないかと思う。

それから十年間、新進党解党、自自連立、保守党結党といったいくつもの谷を乗り越え、苦労を重ねながら平成十五年十一月、自民党に復党した。

言葉には出さないが、その間、「慌てず、焦らず、諦めず」という心構えでいたのではないか。その精神力の強さが二階の真骨頂であり、今日の二階があるのだと古賀は思う。

十一月二十一日、保守新党は解散し、自民党に合流した。二階らは、政策グループ「新しい波」を結成し、会長に二階を選出した。

二階は、保守新党と自民党の合流が決まった時、メンバーに言った。

「しばらくは、低姿勢でやってほしい。どうしても、異議申し立てをしなければならないような時は、私に言ってくれ。私が矢面に立つ。そして、みんなが何かで失敗した時も、責任は私が負う。あとは、自由にやろう。我々と小泉総理には、八項目の政治的な約束がある。それを実現するためにも、みんながいろいろなポジションで発言し、説明し、了解を得られるようにしていこう。そして、できるだけみんなの理解を得られるようにしなければいけない」

二階は、自民党との政策合意の一つである「防衛省昇格」実現のため、保守新党時代の平成十三年、「防衛省設置法案」を衆議院に議員立法として提出した。

平成十四年十二月十三日には、防衛庁の「省」昇格を当面の最優先課題とする自民・公明・保守新党の三党幹事長・政調会長合意にこぎつけるなど全力を尽くして努力を重ねてきた。

平成十五年十一月十七日に交わされた自民党と保守新党の合流に際しての八項目の政策合意のなかにも、「防衛庁の『省』昇格について連立三党の合意の通り早期に実現すること」を盛り込んだ。二階は、その八項目の実現にこだわり続けた。

なお、二階の念願であった防衛庁の省昇格は、小泉政権後期の平成十七年後半にようやく政治日程にのぼり、第一次安倍政権下の平成十八年十二月十五日に「防衛省設置法等の一部を改正する法律案」は国会で可決、成立した。

自民党総務局長に就任

平成十六年九月、自民党の武部勤《たけべつとむ》は、幹事長に就任した。小泉総理は、選挙の実務を取り仕切る党の総務局長人事について、武部に訊いてきた。

「総務局長は、どうするかな」

総務局長は、総裁派閥が絶対に手離さないポストである。本来なら、小泉総理の出身派閥である森派から起用するのが自然であった。

しかし、武部には、ある人物の顔が浮かんでいた。

〈二階さんに、お願いしよう〉

武部は、小泉総理に進言した。

「二階さんは、どうでしょう」

「おお、いいな。引き受けてくれるかな」

「私の方から、お願いしてみます」

武部は、二階との長い付き合いから、その政治的力量の高さを評価していた。二階は、アイデアマンであり、かつ与野党に広範なパイプがあることを知悉していた。

武部は、二階に電話を入れた。

「総務局長を引き受けてくれないだろうか」

二階は、平成十五年十一月に、保守新党を解党し、自民党に復党してからまだ一年も経っていなかった。

二階は固辞した。

「武部さんとの長年の友情からして何でも協力しないといけないが、大事な選挙を担当する総務局長というのは、まだ自分には、似つかわしくない。別の面から武部幹事長を応援したいと思います」

しかし、執行部人事は、武部幹事長体制の組閣みたいなものだ。自分のことで滞ることがあっては、新幹事長に申し訳ない。旧保守新党は自民党と連立を組み、さらに一歩踏み込んで自民党と合流したのだ。

この時、二階は旧知の古賀誠自民党元幹事長に相談した。

「どうだろう、引き受けようと思っているが」

古賀は勧めた。

「自民党に入ったからには、早くど真ん中で仕事をしたほうがいい。総務局長は、大変な苦労のいるポストだけれども、やりがいがありますよ」

二階は、半日ほど考えたあと、武部に連絡した。

「私でお役に立つならば、引き受けさせていただきます」

選挙は、党全体が全員野球でのぞむことが大事だと二階は常々思っていた。つまり、みんなで束になって戦う体制を築くのである。かつて中選挙区時代は、選挙体制は派閥が中心であった。先輩議員の言を借りれば、同じ自民党の候補者が背中をこすりあって当選してきた。同じ自民党同士が血で血を洗うような戦いを繰り広げた。

だが、小選挙区制時代になり、政党と政党が競い合うかたちに変貌した。お題目としては、政策本位の選挙となり、その結果において内閣総理大臣をも決める。

ただし、党だとか、政策グループだとかいっても、最後は候補者本人の努力と力量がすべてを決する。時代がどう変わっても、このことは不変だ。選挙を楽に戦いたいがために、「総裁は背が高い方がいい」とか「もっと笑顔が似合う人がいい」とか、勝手なことを希望する人もいる。が、選挙は、そのようなものではない。やはり、自らが選挙民の信頼をどう勝ち得るかが最も重要なことである。

二階は、気を引き締めた。

〈その基本を忘れずに、みんなで力を合わせて頑張っていきたい。そして、現職のみなさんに全員当選していただくと同時に、いま落選中だが、志を持ち続けている同志の復活、新しい血を党に注ぐべく新人の発掘が大事だ〉

小泉改革の本丸――郵政民営化特別委員長に抜擢

平成十六年九月十日、小泉内閣は、郵政民営化法案を閣議決定した。郵政民営化法案に反対する守旧派は、その頃から、反対の狼煙をあげ始めた。が、公明党は、郵政民営化法案に賛成の意を表明してから、どのようなことがあっても微動だにしなかった。衆議院、参議院ともに一致してきた。

平成十七年五月十九日午後五時、武部は、小泉総理に呼ばれ、官邸の総理大臣執務室に入った。自民党の中川秀直《なかがわひでなお》国対委員長も、小泉総理に呼ばれていた。

小泉総理は、武部らに切り出した。

「人事を一任してくれるか」

武部は、息を呑んだ。

「はい」

小泉総理は言った。

「委員長は、二階総務局長に、お願いする」

小泉総理は、二階のことを保守党の幹事長時代から注目していたようであった。

武部は、長いときは一時間くらい小泉総理と二人きりで話をすることもある。その際、五分に一回は「二階俊博」という名前が出ていた。

実は、武部は、小泉総理は二階を「衆院郵政民営化に関する特別委員会」の筆頭理事に起用するのではないかと見ていた。なぜなら、平成研（旧橋本派）出身の久間章生《きゅうまふみお》総務会長は、小泉総理に、平成研の笹川堯《ささがわたかし》を委員長に推薦していた。平成研には、郵政民営化反対派の急先鋒である綿貫民輔がいる。小泉総理も、さすがに平成研に気を遣い、その推薦を受けるのではないかと見ていたのだ。

それだけに、まさか二階を委員長に起用するとは思いもよらなかった。

その頃、二階は自民党本部四階の総務局長室にいた。そこに、小泉総理から直接電話がかかってきた。

「ちょっと、官邸まで来てほしい」

二階は、党本部から総理官邸に向かう車のなかでぼんやりと考えた。

〈いったい何の用だろう。まあ、総務局長という立場だから、今後の選挙のことについて意見でも聞かれるのかも知れない〉

午後五時十九分、二階は、総理官邸の総理執務室に入った。武部幹事長と中川秀直国対委員長の姿もあった。

小泉総理は、いきなり言ってきた。

「衆院郵政民営化に関する特別委員会の委員長をやってほしい」

二階は、絶句した。思ってもみないことであった。

二階は小泉総理に訊いた。

「しかし、私には総務局長として、総選挙という大事な仕事があります」

小泉総理はうなずいた。

「もちろん、総務局長の仕事も大事だ。しかし、委員長は一カ月だ。その間、兼務で頼む」

二階は覚悟を決めた。

「わかりました。引き受けます」

この人事について、野党の民主党の渡部恒三前衆議院副議長は周囲に語った。

「二階さんは、郵政民営化反対派の古賀さんらとも親しい。二階さんが委員長になった以上、古賀さんたちも表立って反対することはできない。これまでの小泉人事のなかで最高の人事だ」

小泉総理は、平成十三年四月に政権を発足させて以来、小泉政権の生命線としてまさに命がけで郵政民営化を推し進めてきた。二階から見ても、その執念というのは大変なものである。

自民党国会議員なら誰でも、郵政三事業の民営化を持論とする小泉を総裁に選び、総理大臣に選んだ瞬間から、いつの日か小泉総理が郵政民営化法案を正面から堂々と国会に提出してくることはわかりきっていた。

しかし、党内には反対意見が強い。普通の総理総裁であれば、その座を延命していくために審議を先延ばししようとか、あるいは、今回は見送ろうかと考えるだろう。それが、自民党の常識でもあった。ところが、小泉総理には、そのような常識は通じない。それが小泉総理の魅力であり、小泉総理に対する党内の処し方の難しさでもある。

小泉総理は、相当な決意を持って郵政民営化法案を国会に提出した。そうである以上、郵政民営化に反対する人たちも、それを上回るような決意で対峙しなければいけない。

六月三日、後半国会の最大の焦点となった「郵政民営化関連六法案」は、衆議院郵政民営化特別委員会を舞台に、本格的な審議をスタートさせた。

審議に復帰した野党の民主党は、政局に持ち込もうと廃案を目指して対決姿勢を強めた。

自民党内の反対派も、徹底抗戦の構えを見せた。現状維持を願う反対派は、日夜、全国的に反対運動を展開した。

二階は思った。

〈反対派のなかには、ただやみくもに反対しているわけではなく、傾聴に値するという意見も当然ある。慎重の上にも慎重に審議を尽くさなければいけない〉

小泉総理は、「修正は、一切考えていない」とし、原案通り可決する決意で委員会にのぞんだ。これに対し、批判の声があがった。

二階は思った。

〈これは、言わずもがなじゃないか。提案された総理が「いつでも修正しますよ。何かあったら、どうぞおっしゃってください」といった自信のない、フラフラしたような法案では困る。総理が「これが最高の法案だ」と自信を持ってお出しになるのは、提出者として、また内閣を預かる人の言として、当然のことだ〉

しかし、議会はコピー機ではない。「総理のおっしゃることは、ごもっともです」と何も議論せずにただ通すだけでは知恵がない。

国民のために、あるいは、日本の将来のために、改革という名に値するものになるのかどうかを考えれば、必要があれば修正を加えるのは当然のことである。

それゆえ、二階は、早い段階から口にしていた。

「議会としては、修正も視野に入れて対処しなければいけないのは当然のことだ」

新聞には、「二階委員長は、柔軟姿勢だ」と書かれたが、二階は、そのことについて小泉総理に説明もしなければ、あえて弁明もしなかった。同時に、小泉総理も最初に「一切お任せします」と二階に言った通り、何の注文もつけなかった。

二階は、審議入り当初から与野党の委員に約束していた。

「できるだけ公平公正にやらせてもらう」

ただし、このような難しい法案は、可能な限り野党にウェイトを置いて運営しなければ政治はうまくいかないものだ。

二階は、当初から「強硬な運営をしてはいけない」と自分に言い聞かせていた。「野党の皆さんのおっしゃることも、できるだけ取り入れていこう」という気持ちに徹した。

二階は、小泉総理の心中を慮《おもんぱか》りながら、自民党内の状況を見、あるいは野党の立場にも配慮しながら審議を進めた。野党の委員の注文も、ほとんど取り入れた。

「参考人質疑が、もっと必要だ」

という意見にも耳を傾け、参考人質疑をおこなった。

民主党の中井洽筆頭理事から、「かつて、この郵政民営化の問題に言及した橋本龍太郎元総理ら五人の元閣僚を委員会に呼んで、意見の開陳を願いたい」という強い要請が繰り返しあった。野党に不満が残ったとすれば、中央公聴会が開けなかったことと、五人の元閣僚を委員会に参考人として呼ばなかったことくらいだと二階は推察する。

僅差の衆議院通過

六月七日、自民党の郵政民営化反対派がつくる郵政事業懇話会は、党本部で総会を開き、政府の郵政民営化関連法案に反対する方針を改めて確認した。衆参両院から前回を上回る百八人が出席した。綿貫民輔会長は、総会で政府案に反対するよう呼びかけた。

「政府案は不正常な形で舞台に上がった。賛否を堂々と述べ、投票行動を起こしていこう」

会場には、亀井静香元政調会長、平沼赳夫《ひらぬまたけお》前経済産業大臣、古賀誠元幹事長、藤井孝男《ふじいたかお》元運輸大臣ら各派幹部や郵政大臣経験者が顔をそろえた。また、政府側からも滝実《たきみのる》法務副大臣、森岡正宏《もりおかまさひろ》厚生労働政務官らが出席した。

衆議院の特別委員会で審議中も、二階特別委員長は、武部幹事長と打ち合わせを重ねた。武部幹事長は、二階にすべてを任せてくれた。

「ご苦労さんです。引き続きお願いします」

そういうだけで、特別に具体的な指示はなかった。

二階は、武部幹事長に言った。

「引き受けたことですから、私は必ずやり遂げます。ただし、終わったら総理にも申し上げたいことがあるということを、幹事長にだけは話しておきます」

二階には、小泉総理に、こういう点は少し配慮すべきではないかという思いもあった。しかし、自民党に合流してまもない二階には、何も仕事をせずに、先にそれを言うわけにはいかなかった。

武部幹事長は、そのことを小泉総理に伝えたようである。

衆議院郵政民営化特別委員会は、一瞬のミスで刺されるような緊張感が漂っていた。そんななか、委員長の二階は、チェアマンシップを発揮し、時に柔軟に、時に凄味を利かせながら、委員会を裁く。

〈お見事だ〉

二階は、昭和五十八年初当選組の同期で議席が近い伊吹文明、額賀福志郎、大島理森と、「四人の会」と名付けた懇親会を、月に一回ほど開き、定期的に酒を酌み交わしていた。

二階が郵政民営化特別委員会の委員長になったとき、伊吹、額賀、大島ら「四人の会」のメンバーは、それぞれ法案に対して意見があった。しかし、「二階さんが委員長になった以上は、仕方がない。法案成立に向けて一致協力しようじゃないか」ということで表立って動けない二階のために、いわゆる〝裏国対〟として実質的な働きをしてもらう。

七月四日、郵政民営化関連法案は、衆議院郵政民営化特別委員会で極めて整然と採決がおこなわれた。

その結果、六法案は、一部修正のうえ自民、公明両党の賛成多数で可決した。

七月五日午後一時過ぎ、衆議院本会議が開会された。

やがて、投票が始まった。

自民党議員が青票、つまり反対票を投じるたびに野党席から歓声があがり、大きな拍手が沸き起こった。

二階は、衆議院本会議の採決の直前の段階で古賀誠元幹事長の議員会館を訪ねた際、僅差になることは予想できた。二階の盟友である古賀が、自分に嘘をつくはずがなかった。

「あなたが特別委員会の委員長をやっているのだから、せめて委員長報告を聞いてから退場しようと思う」

古賀は、これまでの長い人間関係から採決を棄権することを決めていた。本会議に出席するつもりもなかった。

しかし、長年の友人である衆議院郵政民営化特別委員長の二階が、採決前、委員長報告をおこなう。よき友として、せめてその報告を聞いてから退席することにした。

古賀は、二階の趣旨説明を聞きながら自責の念に駆られた。

〈本当は、賛成しなければいけないのではないか。百九時間以上も委員長席に座り、ご苦労いただいたのに、申し訳ないな〉

二階が委員長でなければ、良心を咎めることもなかった。が、これまでの政治活動のなかで大きな影響を与えてくれた人との人間関係もある。委員長報告を聞き終えたあと、古賀は、本会議場から退席した。

この行動は、大きな意味を持っていた。賛成票と反対票の差が、わずか五票ということは、三人が反対に回れば、行って来いで反対票が上回る。堀内派には、古賀を慕う議員が多い。仮に古賀が反対票を投じていれば、行動をともにし、郵政民営化関連六法案は否決されていたかも知れないのだ。

二階は、事前の票読みで郵政民営化関連六法案が衆議院を通過することを確信していた。

ただし、自民党議員が青票を投じるたびに野党議員が騒ぎ、歓声が上がった。

数人が連続して青票を投じたとき、二階はさすがに不安が掠めた。

〈これは、容易ではないな……〉

投票の結果、賛成二百三十三票、反対二百二十八票と、わずか五票差で郵政民営化関連法案は可決した。

二階は、投票後に思った。

〈しかし、党を割ってでも法案を潰すという決意で行動した議員は、そのうち何人いたであろうか〉

小泉総理は、七月六日朝、総理公邸前で、郵政民営化関連法案が参院で否決された場合、衆院解散に踏み切ることもあり得る、との強い決意を明らかにした。

郵政民営化は、小泉改革の本丸であった。

郵政解散――小泉純一郎という火薬庫

平成十七年八月八日午後、郵政民営化関連法案が参議院本会議で採決された。その結果、自民党から反対二十二人、棄権八人の大量造反が出て、賛成百八票、反対百二十五票の十七票の大差で否決された。

小泉総理は、ただちに「国民に信を問う」として衆議院の解散を表明した。

八月三十日公示、九月十一日投・開票の総選挙に突入した。

衆議院郵政民営化特別委員会の委員長をつとめた二階は、参議院で審議が始まった段階で否決の可能性が高いと感じていた。が、まさか、これほど大差がつくとは思っていなかった。

態度を保留していた亀井派参議院議員の中曽根弘文が、八月六日に反対票を投じることを表明したことが否決を決定的なものにしたと二階は思った。

二階は、小泉総理の性格からして、もし法案が否決されれば、衆議院を解散することは初めからわかっていた。

だが、解散した後の反対派の慌てぶりから推察するに、彼らは、そうは思っていなかったらしい。小泉総理は、総辞職するとでも思っていたようである。

小泉純一郎という火薬庫のまわりで火遊びをしていたのだから、火が火薬庫に燃え移れば爆発するのは当然のことだ。彼らは、小泉総理のことを畑に積んである麦藁《むぎわら》とでも思っていたのであろうか。

二階は思う。

〈小泉総理にとって郵政民営化は、長年、温めていた政策だ。自分の内閣の間に必ずやり遂げるという強い信念がある。否決されても総辞職などするはずがない。それを野党や自民党の反対派は、完全に読み間違えた〉

逆にいえば、反対派は小泉総理の思う壺《つぼ》にはまったのだ。打つ気満々でバッターボックスに立ち、甘い球なら思い切り叩こうと構えているところへ、絶好のボールを投げたようなものだ。

小泉総理は、衆議院本会議で反対票を投じた三十七人を公認せず、対立候補を立てることを明言した。

小泉総理は、「郵政民営化に賛成か、反対かを国民に問う」と強調した。信を問うには、賛成派の候補者を立てなければ選択肢がない。当然、反対派の候補だけでは、国民に信を問うことにはならない。

小泉総理は、自民党総裁であると同時に選挙対策本部長、つまり選挙の最高指揮官である。最高指揮官が日本の構造改革の本丸と位置づける郵政民営化について国民に信を問うと判断した以上、この方針はくつがえらない。

小泉総理は、八日の記者会見で自らをガリレオに重ねて「郵政解散・総選挙」への決意を語った。

「約四百年前、ガリレオ・ガリレイは、天動説の中で地球は動くと発表し、有罪判決を受けた。それでもガリレオは『地球は動く』と言った。国会は、郵政民営化は必要ないと結論を出したが、国民に聞いてみたい」

その信念に基づいて、たとえ一人になっても郵政民営化を断行すると強調した。

二階は思う。

〈この発言によって、政治というものがいかに厳しいものであるか、いかに大変なものであるか、大切なものであるかというのをあらためて国民のみなさんも理解したにちがいない〉

二階は、八月十日の午後四時、八月十一日の午後四時と、二日連続で武部幹事長とともに総理官邸に小泉総理を訪ね、いろいろと指示を仰いだ。

その際、小泉総理はしみじみと語った。

「政治は、非情なものだねえ……」

小泉総理の非情さと同時に一瞬、情の部分も垣間見えた。

また、「必要なところへは、どこへでも応援に出かける」という気迫と勝利への執念も感じた。

飯島勲総理秘書官は、解散後ただちに武部幹事長、二階総務局長らと造反組にぶつける対立候補、いわゆる刺客《しかく》候補者の選定作業にかかった。作業を進めるのは少人数がいい。この三人で作業を進めていった。なかには、武部幹事長の領域で決まる候補者もいるかも知れない。また、たとえば近畿の事情は、北海道出身の武部幹事長や長野県出身の飯島ではわからないので、和歌山県出身の二階を中心に選定作業を進めたほうがいいという場合もあった。

自民党の過去の総選挙は、総裁派閥を中心としたもので、党の金庫を預かる経理局長まで抑えるのが常道であった。また、幹事長は、総裁派閥以外から起用するという、いわゆる総幹分離の時代には、幹事長が横を向けば総理総裁は解散も打てないこともあった。

しかし今回は、小泉総理、武部幹事長、二階総務局長ががっちりとタッグを組み、三者の意見が完全に一致した候補者でなければ公認しないという極めて異例なかたちでの選挙戦を展開することになる。

飯島秘書官は思った。

〈今回は、大勝負をかけるしかない〉

飯島、武部、二階の三人は、候補者選定の基準について話し合った。

「まず、オールジャパンで名前が通っている人物で、北海道から九州まで、どこの選挙区の有権者も納得するだけの経歴があること。同時に小泉改革に賛同し、比例名簿の順位も、復活当選が可能な上位でなくても、『この小選挙区で戦い抜く』という気概を持った人。自分の身柄を党に預けるという覚悟のあること。『この選挙区でないと嫌だ』という人は、たとえ有名人であろうが、どのような凄い経歴を持とうと、不適格です！」

たとえば、東京十区から出馬することになる小池百合子の名前を書ける有権者は、東京十区の住人だけだが、小池が小林興起《こばやしこうき》に勝てるかどうか、北海道から九州までのオールジャパンの人たちが興味を持つ。そのような注目選挙区が十カ所あれば、十段重ねになり、二十カ所あれば、二十段重ねになる。国民の注目する選挙区が多ければ多いほど、最初で最後のとんでもない選挙戦を展開できるのだ。

しかも、解散当初は反小泉的な報道をしていたテレビ局や新聞社も、競争というメディアの原理を考えれば、否応なしに注目選挙区の動向を追わざるを得ない。刺客候補という五本の花火を打ち上げただけで、日本中が大騒ぎになるだろう。

そのままの状況で公示日まで突っ込んでいったら、どうなるか。自民党に注目が集まり、民主党の影は薄くなる。そうなったら、しめたものだ。自民党は、まちがいなく勝利する。

飯島は強く言った。

「そして、どの選挙区になってもやり遂げるという熱意とパワーを、この次の総選挙まで持続できる候補者でないと困る。法案に反対した非公認組は、自民党に復党できない。今回の選挙で勝っても、負けても、この次の総選挙で人生最後の大勝負を懸けてきます。この次の、いつあるかわからない選挙のために、ずっと選挙運動をおこなっていく。そんな彼らを潰して、かならず小選挙区で再選を果たすという熱意とパワーがなければいけない。今回、自分が出る選挙区は、新しい自分の城下町、領土という意識で懸命に戦えるひとでなければ、失格です。候補者が相当なタマでも、『私は、どういうポストがもらえるんでしょうか』とか『比例のトップでないと困る』とか、そんな生ぬるい人はいりません」

武部と二階は、飯島の意向に理解をしめしてくれた。そして、そのような選考基準で選ばれた候補者を次々と刺客候補として発表していくことになる。

二階総務局長は、武部幹事長とともに刺客候補の擁立に汗を流した。

造反組の立候補した選挙区には、郵政民営化を訴える与党公認の候補者として、小池百合子をはじめ、木村太郎《きむらたろう》、太田昭宏《おおたあきひろ》、稲田朋美《いなだともみ》、長崎幸太郎《ながさきこうたろう》、小野次郎《おのじろう》、佐藤《さとう》ゆかり、金子一義《かねこかずよし》、片山《かたやま》さつき、中川泰宏《なかがわやすひろ》、川条志嘉《かわじょうしか》、高市早苗《たかいちさなえ》、竹下亘《たけしたわたる》、萩原誠司《はぎわらせいじ》、阿部俊子《あべとしこ》、山本幸三《やまもとこうぞう》、上杉光弘《うえすぎみつひろ》ら知名度の高い、有力な「刺客」を擁立した。

当時、ライブドアの社長として話題を集めていたホリエモンこと堀江貴文《ほりえたかふみ》も、無所属ながら、郵政民営化を訴える候補者として亀井静香への〝刺客〟として広島六区に出馬した。

人情家の二階には、内心、ここまでやるのか、という忸怩《じくじ》たる思いがあったのではないかと古賀誠は思う。が、二階は、党総務局長として総裁である小泉総理の指示に従った。

これは、保守本流の政治家として当然のことだと古賀は思う。執行部にいる以上、最高指揮官である総裁の思いを実現するために努力しなければいけない。

仮に古賀が執行部にいたとしても、やはり二階と同じように懸命に小泉総理を支えただろう。

仕事師の二階は、心を鬼にして小泉総理の方針を遂行した。


九月十一日、総選挙がおこなわれた。投票が締め切られた午後八時の時点で、テレビ各局は一斉に自民党の勝利を報じた。

東京は、二十五選挙区のうち、実に二十四選挙区で自民党候補が当選した。

比例東京ブロックは、重複立候補を含めて三十人を擁立したが、愛知和男元防衛庁長官をはじめ、なんと名簿順位最下位の清水清一朗《しみずせいいちろう》まで当選した。名簿登載者が足りなくなり、社民党に議席を譲るという前代未聞の珍事が起こった。

その頃、二階は、自民党本部四階の総裁室で小泉総理、武部幹事長、安倍晋三幹事長代理らと開票状況を見守っていた。この状況に総裁室は騒然とし、その場に居合わせていたひとたちから嘆きにも似た声があがった。

「誰が、こんなことを選挙公示の前から予測できたか……」

二階は思った。

〈今さら何を言っても、議席が返ってくるものではない。名簿に何人も並べておけばいいのだろうが、並べられた人の立場や、それぞれの候補者のプライドもある。それに、候補者には供託金が必要だ。みすみす供託金を没収されるようなことはできない。比例のブロックは、北海道から九州まで十一ある。そのなかで、たった一人だけオーバーしただけのことだから、それ以上を望まなくていいんじゃないか〉

二階は言った。

「これはこれで、チップを払ったようなものですよ」

小泉総理は、党の総裁であり、選挙対策本部長でもある。立場上、「それでも、いいよ」とは言えない。が、二階に向かって満足げに含み笑いを浮かべた。

二階は、武部幹事長と苦笑いをした。

「これだけは、最大の失敗だったな」

次々に当確が出るなかで、小泉総理は、さすがに笑みがこぼれた。が、二階が見る限り、つとめてよろこびの気持ちを抑えているようであった。公明党への配慮があったのか……。

なお、九月十二日に開かれた自民党役員連絡会でも、このことについて特に言及した人はだれもいなかった。

開票の結果、自民党は、二百九十六議席と圧勝した。刺客候補三十五人中、比例復活をふくめ二十八人もが当選した。

二階が、今回の総選挙でなによりうれしかったのは、女性候補のがんばりであった。

公示前、自民党の女性前職は、郵政民営化に反対し、非公認となった野田聖子《のだせいこ》らをのぞき七人であった。

公募してきた女性、また各界から推薦された女性を慎重に精査し、前職の七人プラス新人の十九人の計二十六人を公認した。

彼女たちは、「女刺客」と呼ばれ、キャリアや容姿にマスコミの注目が集まったが、有権者の期待が集まり、なんと二十六人全員が当選を果たしたのである。

二階は感慨深かった。

〈よくぞ、あの短期間で勝ち上がってきてくれた。十年も、二十年も、場合によって半世紀におよんで伝統的に培われた男性優先社会を打ち破って当選したのだから、見事なものだ。同時に、女性候補者が立候補したことで女性の政治への関心が高まったのではないか〉

民主党幹部の渡部恒三は、自民党の大勝に複雑な心境であったが、最大の功労者は二階だと思った。一大事を成すとき、誰よりも頼りになる男だ、と渡部は評価した。

同じ田中派、経世会出身の渡部は、しみじみと思った。

〈小沢一郎が二階を手放さずにいたら、民主党の党勢は拡大し、民主党政権が早く実現していたのではないだろうか……〉

第九章　経済産業大臣として

経済産業大臣として再入閣

平成十七年十月三十一日、二階俊博は、第三次小泉改造内閣で経済産業大臣に任命された。

十一月に入って、経済産業大臣室で大臣レクチャーがおこなわれた。若い課長たちが、それぞれ二階大臣にレクチャーしていく。

レクチャー終了後、二階は、おもむろに立ち上がった。そして、親子ほど歳の離れた若い課長たちに丁寧に頭を下げた。

「ご苦労さん。どうも、ありがとう」

杉山秀二事務次官は、その光景にびっくりした。

〈これだけの心遣い、気遣いは、なかなかできない。おれも、見習わねばいけないなあ〉

二階は、常日頃から事務方に口を酸っぱくして言っている。

「自分たちは、国民のために仕事をしているんだ。だから、いま政府が何を考え、何をしようとしているのかを、できるだけ国民にわかりやすく説明しないといけない。自分たちがどんなに素晴らしいことをやろうとしても、国民にそれがわかってもらえなければ、意味がないではないか」

役人からみれば、二階大臣は、厳しい人である。スピード感を要求されるし、実行が肝心だ。それに、発想が豊かだ。

「こういうことは、考えられないか？」

「これは、出来ないか？」

そういったことを常に求めてくる。

役人とすれば、仕えがいがある。経済産業省の役人は、大臣のためなら、たとえ火の中、水の中でも、寝食を忘れて一緒に仕事しようという気持ちでいるのではないだろうか。

省内のムードも、明るい。嫌々ながら仕事しているという感じはしない。

二階は、役人を注意することもある。が、声を張り上げて罵倒するようなことはしない。その注意も、説得力があり、ズシンと響く。

二階大臣は、防衛庁、国土交通省、農林水産省、財務省、外務省など他の省庁の現役やOBからも慕われていた。

二階は、省幹部に言っている。

「一つの省庁でできる仕事なんて、そう多くない。技術開発をやろうとすれば、文科省や財務省も関連してくる。人材の育成のようなことをやろうとすれば、内閣府や厚労省なども関連してくる。一つの省庁で始末がつく仕事なんか多くない。だから、各省庁と連携してやってほしい。ただし、その時には、自分たちが攻め込んでいくんだとか、向こうの仕事を分捕ってしまえとか、そういう気持ちは持ってはいけない。向こうの仕事は、向こうでやってもらったらいいんだ。こちらに知恵があれば、向こうに知恵を貸すなど協力することが大事なのだ」

二階は、こうも言っている。

「空理空論とか、作文だけの仕事はナンセンスだ。地に足のついたことをやれ。実態がどうであって、それが本当に役に立つのか、たたないのかを、よく考えてほしい」

経済産業省は、二階大臣の問題意識から新経済成長戦略、グローバル戦略、新国家エネルギー戦略を三本柱に据えた。

その三本柱をつくる際、二階は、事務次官らに指示した。

「改革論議を進めることは大事だ。しかし、改革の向こうに何があるか。その改革の先にどういう経済、産業の姿があるか、それを指し示さないといけない。国民のみなさんにきついことばかりお願いするというわけにいかない。改革の先には、どういう社会になるのか、どういう経済になるのか、どういう産業構造になるのか、それをわかりやすく提示し、みんなで議論してもらって共通の認識を得る。また、そのことだけを提示するのではなく、それを実現するためには具体的にこういうことをしたらいい、ということをきっちりと示さないといけない。

ただし、財政改革などいろいろな改革を進めるときに前提になるのは、経済が活性化していることだ。経済がフニャフニャでは改革もへったくれもない。改革を進めるためには、それを支える経済力、国富が必要なんだ。国富を増やし、経済を活性化して初めて改革ができる。

自分も、先頭切ってやるから、きみらも知恵の限りをしぼってほしい。それを考える時に、やっぱりエネルギーは基本なんだ。日本はエネルギー構造が脆弱なんだから、それを支えるエネルギー政策を考えなければ。それは、戦略的なものでなければいけない。国家戦略としての新国家エネルギー戦略を考えるんだ。エネルギーの安全保障がなくて、経済の活性化も何もないんじゃないか。

もう一つ、これだけグローバル化し、ボーダレス化しているのだから、産業とか経済の活性化を図る時に、世界全体を見渡したグローバルな視点を持ってやらないといけない。したがって、新経済成長戦略をつくる時に、それを支えるエネルギーとグローバル戦略とこの三位一体でもって急いで策定しよう」

当初、二階は、「六月末までに案をまとめろ」と指示していた。が、そのうち、例によって「五月中だ」「いや、三月中にできないか」と、どんどん早まってきた。

二階は、杉山秀二《すぎやまひでじ》事務次官（当時）らに発破をかけた。

「地に足がついたものをつくれ。実態のニーズに合うものをつくれ。空理空論ではいけない。だから、まず、学者、経済界、地方などいろいろな人から話を聞いてほしい。あるいは、研究所にも行って勉強してきてほしい」

二階は、人に言うだけでなく、自らも積極的にあちこちに出かけて話を聞いた。

さらに、二階の指示は続く。

「広く理解を求めよ。自分たちだけで作って、これはいい出来だ、というような自己満足はナンセンスだ。政治家にも学者にも理解を求めよ。話を聞くだけでなく、自分たちが考えているビジョンをこっちから発信することが大事だ」

経済産業省経済産業政策局の北畑隆生《きたばたたかお》局長（当時）は、「日本経済は、バブル崩壊後、少し自信をなくしている。周辺の条件は良くないが、いま一度自信を取り戻し、活路を見出さなくてはいけない。少し前向きなものを書かなくてはいけない」と思っていた。

そこに二階が大臣に就任した。

二階は、発破をかけた。

「元気な絵を描かなければ駄目だ。日はまた昇る、だ」

北畑は、二階大臣と波長が合って助かった。

〈これは、我々の考えとピッタリだ〉

そうして生まれたのが、「新経済成長戦略」である。

北畑は思った。

〈この新戦略は、うちの省だけでは実現できない。二階大臣の力をお借りすれば実現できるかも知れない〉

二階大臣は、三月二十九日、諮問会議で、新経済成長戦略のエッセンスをまとめた「骨子」を提案した。それに続けて、成長率の議論を積み重ねてきた議員たちを前にして、この戦略が目指す成長の姿について明らかにした。

「構造改革が引き続き推進され、『新経済成長戦略』の各政策の努力目標が達成された場合、二〇一五年まで年率二・二%程度の実質成長率を見込んでいる」

「経済がグローバル化するなかで、国民の真の豊かさを測る観点から、海外から受ける配当、利子、特許料収入などを含めた『実質GNI』も重要である。これを基準にすると年率二・四%程度、一人当たりでは二・五%程度の成長率を見込んでいる。これは二〇一五年に、国民一人当たりの所得が約三割増加することを示している」

二階が示した実質二・二%という数字は、従来の政府の公式見解に比べ高めの目標ではあったが、具体的な政策の裏付けによって達成可能であることを示すことで大きな存在感を持った。

また、「実質GNI」に注目し、国民に改革の先にある明るい未来の具体的なイメージを提供した点も斬新であった。

実は、GNI（国民総所得）という統計は、これまで表に出てこなかった。これは、GDP（国民総生産）に、海外からの純所得を加えたものである。つまり、海外への投資から生まれる利子、配当、特許料収入、ロイヤリティなどが十兆円もある。

二階は考えていた。

〈これからは、海外、特にアジアと協力し、共に成長していこうとしているのだから、経済の統計としてはこちらを取るべきだ〉

このGNIを使って十年後の一人当たりの所得を具体的に示した点も画期的である。二階によれば、当時の国民所得の平均は約四百二十万円である。これが三割増加すると五百五十万円、増加幅は百三十万円となる。この増加幅は、現在の物価水準に換算して池田内閣時代の「所得倍増計画」の時の増加幅に匹敵するものであった。

二階の提案に対して、民間議員の奥田碩《おくだひろし》経団連会長、牛尾治朗《うしおじろう》ウシオ電機会長、本間正明《ほんままさあき》大阪大学教授らが賞賛した。

「これは、いいですね。ぜひ、二階大臣、やってください」

小泉内閣の経済財政諮問会議では、財政再建を進めるために「公共事業を切れ」「社会福祉を切れ」といった歳出・歳入一体改革の議論ばかりおこなっていた。が、「新経済成長戦略」は、経済を成長させ、税収を増やし、国民の所得も増えるという前向きな構想である。

民間議員に続いて、谷垣禎一財務大臣、与謝野馨《よさのかおる》経済財政担当大臣、竹中平蔵《たけなかへいぞう》総務大臣も異口同音に賛意を表した。

北畑隆生経済産業政策局長によると、経済産業省は当時、活気があったという。これほど省内が盛り上がりを見せているのは、第三次佐藤改造内閣の田中角栄通産大臣以来ではないかと思う。田中大臣が掲げた日本列島改造論は、やはり当時の通産省が考えた政策とぴったり合っていた。また、田中大臣も、二階大臣も、若手を含め役人の心を掴む人心収攬術に長けていたという。

中小企業支援に注力

中小企業庁長官（当時）の望月晴文《もちづきはるふみ》は、「中小企業のものづくり基盤技術の高度化に関する法律」を第百六十四回通常国会に提出し、成立させた。

いわゆる川上、川下産業間の情報共有の促進や、基盤技術に関する研究開発への経済的支援など戦略的、重点的な施策を展開した
日本の産業の国際競争力を支え、経済活力の源となっているものづくり中小企業の姿を具体的な姿でわかりやすく示すことで、中小企業のやる気をいっそう引き出し、若者を中心にものづくり分野に関心を持つきっかけとなるよう願い、『明日の日本を支える元気なモノ作り中小企業三〇〇社』という冊子づくりの構想が浮かび上がった。

これは二階大臣から提案されたものであった。しかし官僚としては、あまり歓迎できる仕事ではなかった。「選ぶ」ということは、選んだ人の見識が問われる。

「なぜ、この三百社を選んだのか」を、全国四百三十万の中小企業に納得してもらわなければならない。

三百社から漏れてしまった会社から「なぜ、わが社が選ばれないのか？」という声が、必ず、どこかしこから聞こえてきてしまうのだ。だから、公平性の観点から絶対に取り組めなかった。

二階は言った。

「元気を出してもらうには、ただ『頑張れ』と言っているだけでは駄目だ。やはり、優秀な企業を壇の上に上げることが大事だ。そして、具体的に良い点をみんなに教えて、選ばれなかった人も『ああいうやり方があるんだ』と真似すればいい」

二階の言うことはもっともであった。それでも最初は「大臣の言うことであるから仕方がない」という、消極的な取り組みから始まった。

ところが、二階からの指示が出された。

「いいから、やれ。やってみろ！」

望月は、全組織を使って三百社の選定に着手した。委員会をつくって、公明正大な選定を心がけた。優良企業を選ぶ方法は、全国九カ所にある経済産業局と経済産業部からの推薦を受ける形をとった。そして、最終的に専門家が三百社に絞った。

そして、平成十八年五月、冊子がついに完成した。この冊子は、最初に五千部刷った。が、あっという間になくなってしまい、八千部増刷した。

完成しただけでは、この価値が発揮できない。そこで、掲載された三百社を紹介するために、五月八日から六月十六日までの六週間、経済産業省本館一階ロビーにおいて、ものづくり中小企業の製品や部品を、地域ごとに一週間で入れ替えをしながらの展示会を開催した。

来場者は、のべ一万人。一日、三百人から四百人が展示会場に足を運んでくれた。

望月が懸念していた苦情であるが、やはり「なぜ、うちの会社が選ばれなかったのか」という声は出た。だが、「あの会社を選ぶのはおかしい」といった苦情は一つも聞かれなかった。

つまり、選んだ三百社に、間違いはなかったことになる。

望月は、感慨深く思った。

〈経済産業省は、立派な企業ときちんとお付き合いできていたのだ〉

このものづくり冊子をやり遂げたおかげで、ここに紹介された中小企業同士が知り合えるきっかけが生まれた。お互いの企業がお互いの企業を知るための、縁結びとも言える役割を果たした。「スリーハンドレッドクラブ」というバッジまで出来上がった。異業種連携の産声があがったのだ。

選ばれた三百社には、賞状が授与された。

すると、二階が望月に言った。

「三百社には賞状だけでなく、バッジを作って渡しなさい」

望月は、言われるまま、『スリーハンドレッドクラブ』というバッジを作り、選ばれた三百社に渡した。

なお、平成十八年七月、望月は、中小企業庁長官から資源エネルギー庁長官に就任した。

ある時、望月は、原子力発電所の関係で福井県へ行き、県の会議に出席した。

そこに出席していたある男性が、『スリーハンドレッドクラブ』のバッジを誇らしげに胸につけていた。

その男性は、望月に礼を言った。

「あなたが私を選んでくれた。三百社に選ばれたことは、私にとっても、社員にとっても非常にやる気の出る話で、実に良かった」

望月は、その男性の話を聞いて、二階大臣のアイデアに改めて舌を巻いた。

〈やはり、二階先生は苦労人だから、起業した人たちの心を打つやり方というものがわかるのだな……〉

望月らの発想では、三百社を選んで賞状を渡すところまでは発想できる。が、バッジを作って渡すというアイデアはなかなか出てこない。

また、新たな発見もあった。三百社の中に、千葉県からは二件が選ばれたが、山形県からはその三倍以上の七件が選ばれた。

これには、理由があった。山形県には、実は江戸時代後期に米沢藩の殖産興業をおこなって財政を立て直した上杉鷹山《うえすぎようざん》という藩主がいた。まさに、ものづくりの伝統がある。

東北経済産業局の本部和彦局長は、胸を張った。

「上杉鷹山以来、ものづくりの伝統があるんです。DNAがあるんです」

岐阜県も、ものづくりの伝統を受け継いでおり、九件が選定された。

いっぽうで、千葉県は、京葉工業地帯を重化学工業の大企業がつくったため、機械工業のものづくりが盛んとなり、中小企業が活躍する余地が非常に少ない。

そういうものづくりの文化、歴史までが明らかになったことが、発見でもあった。

そのほか、すごく馬鹿馬鹿しい取引慣行が残っていることも問題だ。たとえば、鋳物がある。鋳物はいまだに原則は重量取引。目方で取引をしている。

ところが、自動車のエンジンブロックにおける競争が発生した。技術開発競争では、三割程度、エンジンブロックから軽量化したいということが、当時自動車産業の課題であった。

中小企業の鋳物屋《いもの》には、軽量化技術を開発して欲しいというオファーが出された。しかし、鋳物屋は、軽量化してしまえば売り上げが低くなってしまう。

「そんな時代の要請と関係のない取引慣行は、おかしいじゃないか。そういうものを直さなければならない」

と望月は動いた。「中小企業のものづくり基盤技術の高度化に関する法律」に、取引慣行や情報流通のしくみを見直し、根幹となる研究開発を支援する、という内容を盛り込んだ。

中小企業にとって大切な政策に対して総合的に取り組んだ結果だった。

二階が、望月に言った。

「『元気なモノ作り中小企業三〇〇社』を、毎年開催しなさい」

望月は戸惑った。すると、二階がさらに言った。

「日本には、中小企業が四百三十万社ある。それだけあるのに、三百社を一回選んだきりで、タネが尽きるようじゃしょうがないじゃないか。やってみろ」

二階の一言で、『元気なモノ作り中小企業三〇〇社』は、企業の元気が出る政策、お金のかからない政策として、毎年行われることになった。二階大臣の言うとおり、翌年に選んだ三百社も、非常に立派な会社ばかりであった。一回きりの選考では、優良企業を探しきれていなかったのだ。

望月は、あらためて思った。

〈やはり、日本は、中小企業が支えているのだな……〉

日本には、最終製品の高度な機能や品質を実現する優れた部品や材料を供給する産業、レベルの高い製造設備を支える工作機械産業などが多数、高密度に立地している。これらの産業は大企業だけではなく、多くは中小企業によって支えられている。が、少子高齢化・人口減少や技術の高度化・複雑化などの環境変化によって、中小企業においても、ものづくり人材の不足、研究開発効率の低下、国内市場の飽和・縮小の懸念などの問題が生じており、いかにしてこれらを解決し、本来の強みを維持・強化していくかが課題となっている。

国外では、汎用品分野を始めとして中小企業の国際展開のための環境を整備することにより、日本産業の競争力の強化とアジア規模での効率的な生産ネットワークの構築などを通じて、産業構造の高度化を図っていくことが重要であった。

高い技術力を持つ日本の中小企業に対しては、外国からも期待が高まっていた。特に、インドについては、WTOでの二階のカウンターパートであるカマル・ナート商工大臣から、優れた日本の中小企業のインドへの進出を熱心に求められた。

二階は、こうした要請を踏まえ、中小企業金融公庫などに要請をして、平成十七年末から平成十八年五月にかけて、合計五つのミッションにより、延べ百二十六社百七十人をインドに送り、直接現地のビジネス環境等を調査した。

中小企業金融公庫総裁の水口弘一を団長としたこの五班のミッションについては、インドのシン首相自らが一部のミッションに直接会うとともに、カマル・ナート商工大臣にはミッション全員と率直な意見交換を行うなど、インド側から大いに歓迎を受け、高い評価を得た。

日本政府としても、日印EPAをはじめとした日印ビジネス関係の強化に向けて全力で取り組んでいく考えを示した。

歴代総理初の特許庁視察を実現

小泉総理に特許庁の視察を進言し、実現させる経済産業省の外局である特許庁の長官を務めた鈴木隆史《すずきたかし》と二階の関係は深い。

ごく一般的な政治家と官僚、大臣と外局の長官というつながりを超えたものがあった。二人の最初の接点は平成十七年十月、小泉純一郎第三次改造内閣で二階が初めて経済産業大臣に就任した時にさかのぼる。このとき、鈴木は大臣官房長の任にあった。

鈴木の二階への印象は「知的財産権に深い関心を持った政治家」というものだった。

数多くの官庁のなかでも、特許庁ほど専門性の高い「テクノラート官庁」は珍しい。しかし、異例にも、日本の行政職のトップに位置する内閣総理大臣が一度も訪れたことがなかった。

二階は思った。

〈これではいけない。イノベーションが重視される時代を迎えようとしているのに、所管の官庁である特許庁に総理が足を運んだことがないなんて。政治の怠慢だ〉

日本の知的財産権行政の第一線で戦っている特許庁の職員の姿を、総理になんとしても見てもらいたかった。

二階は、小泉に進言した。

「総理、一度特許庁視察を」

小泉総理は、平成十四年の第百五十四国会の施政方針演説で知的財産権の重要さに言及。その後、「知的財産立国」という方針を打ち出し、同じ年の暮れには知的財産基本法を制定、翌十五年の五月には内閣府に知的財産戦略本部を設置してきた。小泉の振り付けに一役買ったのは二階である。

平成十八年九月十四日、小泉は歴代総理として初めて東京・霞が関の特許庁の扉を開けた。もちろん、二階も同行した。小泉は、庁舎の一階にある日本の重大発明家の肖像や、初代特許庁長官であった高橋是清《たかはしこれきよ》の胸像を視察した。

その後、日本の楽器メーカーが開発した特殊な消音器を装着した「消音トランペット」で、オペラ「アイーダ」の行進曲などの演奏を聴き、小泉総理は感心したという。

「よく考えているなあ」

小泉総理は、自ら音量を調節できる「消音バイオリン」を手に鳴らしてみた。

その模様はテレビでも報じられ、ちょっとしたニュースとして報じられた。

特許庁の職員の士気は大いに上がることになる。

二階経済産業大臣と特許庁の初めての関わりともいえる出来事だった。

グローバル経済のなか、現代は世界中の企業が競争力の増強にしのぎを削っている。イノベーションを国際的に権利化するのが知的財産権であり、特許はその最たるものだ。研究開発型の企業にとって、「特許競争」を制することが死活的に重要な課題になってきている。

第十章　政界流転

第一次安倍政権の誕生

平成十八年九月には、ポスト小泉を決める自民党総裁選がおこなわれた。古賀誠は、旧知の仲である二階と話し合い、知恵を借りながら誰を推すかをじっくりと決めていきたいと思っていた。

また、公明党の冬柴鐵三幹事長は、総裁選のキーマンの一人は二階だと認識していた。

〈誰が新総裁になっても、やはり二階さんの協力がなければうまくいかないだろう〉

二階は、これまで「観光立国」を掲げ、外国との観光交流や国内観光産業の育成に努めてきたが、いまや政界の脇役でなく主役の一人になった。かつての「三幹」の一人・山﨑拓《やまさきたく》自民党元副総裁も、幅広い活躍を二階に期待していた。

当時野党の民主党国対委員長の渡部恒三は、人の評価に厳しいが、与野党を通じて最も役に立つ政治家は誰かと問われたら、文句なしに「二階俊博だ」と答える。ポスト小泉を決める九月の自民党総裁選でも、二階が担ぐ候補が総裁になるのではないかと渡部は見ていた。

ポスト小泉の有力候補として麻生太郎、谷垣禎一、福田康夫、安倍晋三の四人が、メディアでは「麻垣康三」としてクローズアップされていた。

二階は、内心では、「福田康夫さんが出馬すればいい」と思っていた。

〈まずは、年長の福田さんが総理になる。そこで、安倍さんはしっかりと経験を積んで、その後を引き継げばいい〉

福田、安倍と総裁が引き継がれれば、森派（清和政策研究会）ばかりから総理が誕生するということになってしまうが、それは昔の派閥の次元の話でしかない。人材が一つの派閥に固まっているのであれば、それはそれでいいという思いがあった。二階は、小泉政権下の官房長官・福田の采配が、印象に残っていた。鑑定の守護神として、それぞれの局面での決断力があり、一方で慎重に対処する。政権運営を安心して任せられる人物が福田だった。

しかし、福田は党内各派閥の支持を得られず、ついに出馬しなかった。そうした背景から、「新しい波」（二階派）は、安倍支持となる。

慎重審議に徹する二階国対委員長

平成十八年九月二十日、自民党所属国会議員の投・開票と郵送された党員票の開票がおこなわれた。

安倍晋三が第一回投票で全体の六六％にあたる四百六十四票を獲得し、百三十六票の麻生太郎、百二票の谷垣禎一に大差をつけ、総裁に選ばれた。

九月二十六日、安倍晋三が総理大臣に就任した。

安倍は、二階を国会対策委員長に起用した。国対委員長に就任に際して、二階は心に決めていたことがある。

「少数党や野党の意見を尊重する」

書生論のような「人を以て言を排せず」だが、議会運営には重要なことだ。野党の意見でも、傾聴に値することは国政に反映させていく。そうした野党対応は、おのずと慎重審議になる。

振り返れば、平成十七年の郵政民営化法案の審議の際も、その慎重審議の姿勢を貫いた。郵政民営化に関する特別委員会の委員長として、一〇八時間もかけて、じっくり議論を尽くしたのだ。その心中は、野党の暴走を防ぐことが狙いだった。

十一月、二階は、二つの難問に直面していた。教育基本法の審議と沖縄県知事選である。

第一次安倍内閣の最優先課題であった教育基本法の審議においても二階流の慎重さが徹底していた。一部報道では、「弱腰じゃないか、と党内から批判」と伝えられた。しかし、この報道は、若干修正が必要なようだ。そもそも「弱腰じゃないか」というフレーズは、二階自らが演説で口にした言葉に過ぎないのだ。

「弱腰と言われながらも、野党の意見を聞いている」

二階に面と向かって、「弱腰だから、もっと早くやれ」などという人間は、党内において皆無だった。

また二階には、本会議を取り仕切る河野洋平《こうのようへい》議長の顔に泥を塗りたくないとの思いがあった。河野議長の面前で、野党議員が乱舞するような醜態を曝してはいけないと、心に誓っていた。

「政治の生産性を上げてください」——松下幸之助の諫言

民主党国対委員長の高木義明《たかぎよしあき》は、当初から慎重審議を唱えていた。二階も、できるだけその意向に沿った。

高木は要求した。

「地方公聴会をやれ」

二階は、地方公聴会を開いた。

高木は、また要求した。さらに、民主党の中井洽筆頭理事も強く要求した。

「もう一度やれ」

二階は、自民党の町村信孝《まちむらのぶたか》筆頭理事と相談のうえ、もう一度、地方公聴会をやることにした。

野党国対関係者は、二階にこうささやいたという。

「再三、地方公聴会を提案するのは、中央公聴会をやらなくてもいいようにするためだ」

しかし、民主党は、またまた要求してきた。

「中央公聴会をやれ」

二階の堪忍袋の緒が、さすがに切れかかった。

「これでは、審議の引き延ばしではないか」

が、二階は、堪忍袋を縫い直し中央公聴会を開催した。

二階は、審議が始まって以来の野党の質問の量を精査した。その結果、まるで古いレコードを何回も聴き返すような繰り返しの連続だった。

加えて、問題点が逸れていた。つまり、教育基本法そのものに関する部分が、ほとんど脱落していた。いわゆるタウンミーティングのやらせ問題、いじめ、自殺という、個別の問題提起だった。

政府の方針は、教育基本法を成立させ、その後に、具体的な法案の審議に入っていこうというものだった。優先順位は明白だった。が、野党は、その現実的な優先順位に対してあまりに無頓着だった。ダラダラと審議を延長するだけだ。半ば、言いがかりにすら思えた。

一方、もう一つの難問である沖縄県知事選挙も、二階の政治課題だった。

十一月十日、二階は、沖縄県知事選挙の応援のため那覇《なは》市に入った。そこで、二階は、「政治の生産性」の演説をした。演説は、教育基本法審議を引き延ばそうとする野党への牽制《けんせい》だった。

そもそも「政治の生産性を上げてください」というのは、松下電器創業者の松下幸之助《まつしたこうのすけ》の諫言《かんげん》だ。かつて、経済界の代表として、松下幸之助は、池田勇人総理に直言したのだ。二階のいう「生産性」の真意はこうだ。

「審議拒否のままでは、政治の生産性が上がらないじゃないか」

民主党のなかには、松下政経塾出身の若い議員が多い。野党の審議引き延ばし戦術を、松下政経塾の大義に照らして矛盾を突いた。審議時間をダラダラ更新する野党のやり方への一撃だった。会期には、限りがあるのだ。特に、教育基本法は、安倍新内閣の最初のテーマだ。また、教育改革を最優先課題とする安倍内閣の生命線でもあった。

安倍総理は、こう決意を表明している。

「今国会で、どうしても成立させる」

二階をはじめ、与党は、安倍総理の方針に沿って早期成立が宿命だった。

つまり、二階の「生産性」発言の含意はこうだった。

「闇討ちはやりません。ただし、やるべき時はやりますよ」

与党単独採決も辞さず、を言外に滲ませた。

二階は、野党が時事問題を争点にすることを否定するものではない。自らが少数党として戦った経験があるからだ。とはいえ、二階の堪忍袋の緒は、厳格なタイムスケジュールによって切られた。そして、それを後押ししたのが、沖縄県知事選挙への自民党独自の調査結果だった。

当時、「教育基本法採決が優先か、沖縄知事選が優先か」と言われた。つまり、一般的には、二つは、セットであり、不可分だと思われていたのだ。沖縄を訪問した二階は、自民党県連の幹部と会った。採決を強行したら、どこまで県知事選挙で反発を招くかを探ったのだ。

自民党は独自の世論調査をした。結果は、こうだった。

「県民は経済振興策を望んでいる。教育基本法の問題は、選挙に影響しない」

知事選挙とは関わりなく、教育基本法改正法案についても、賛成が四〇％台後半に達していたという。この調査結果を受けて、二階は、採決への自信を持ったという。

十一月十五日、いざ採決。強行採決のイメージを避けるのが、二階の任務だった。

採決当日、野党は欠席した。結果的に乱闘場面は回避された。二階は、記者団にこう語った。

「教育問題ですから、野党のみなさんも良識を発揮され、欠席という形で意思表示された」

一部報道では、二階が「謝意を示した」とまで書かれている。それまでの経緯を考えると、野党への痛烈な皮肉であった。

十一月十九日、沖縄県知事選挙は、自民党が推薦する仲井眞弘多《なかいまひろかず》が、野党統一候補の糸数慶子《いとかずけいこ》に勝利した。得票数は、仲井眞が三四万七三〇三票。糸数は三〇万九九八五票であった。自民党の独自調査の結果を裏付ける選挙結果だった。

防衛庁「省昇格」を実現

防衛庁の省昇格の歴史を振り返れば、苦難の歴史である。

昭和三十八年、自民党政調審議会と総務会で省移行決議がされた。

昭和三十九年、池田内閣が、防衛省設置法案を閣議決定した。が、国会提出は見送られた。

平成九年、橋本龍太郎内閣が、中央省庁再編に取り組んだ。その際、防衛庁の省昇格も浮上した。が、当時、行革会議でも賛否両論があり、結論は先送りにされた。

平成十三年、二階グループの前身である保守党が、防衛省設置法案を提出した。

平成十四年、自公保の三党が、前年の米国同時多発テロや、相次ぐ不審船への対応の必要を感じた。その対策として、「武力攻撃事態関連三法」などの有事法制成立を急いだ。その後、三党は、防衛庁の省昇格を最優先課題とすることで合意した。

平成十五年、省昇格は、公明党内で根強い反発があった。三党合意にもかかわらず、法案は審議されないまま、衆議院の解散にともない廃案になった。

防衛庁の省昇格は歴史的に見ても、二階自身にとっても、悲願の省昇格法案とも言えた。

そもそも、防衛庁の省昇格には、二大目標がある。「手続きの簡素化」と「他国並みの格の獲得」だ。

手続きの簡素化には、二つの意味がある。防衛庁はいままで外務省や財務省とは異なり、内閣府の外局であった。「予算要求」「法案提出」「幹部人事」は、内閣府の長である総理を通じて、閣議にかけなければならない。煩雑な手続きに悩まされてきた。防衛庁は省昇格で、他省と同様の自立性を手に入れられる。

もう一つは、有事の際の問題だ。防衛出動や海上警備行動等の承認を得るための閣議開催を、直接大臣が要求できるようになる。この手続きの簡素化は、武力攻撃を受けた時の、迅速な対応を可能にする。

また、「格」の問題は長年、防衛庁の悩みの種だった。

米国との合同演習や、イラク復興支援などの国際協力の場面だ。防衛庁の文官・自衛官を問わず、「庁」という格の低さが、なにかとネックになった。他国の軍隊は、総じて「省」である。国際的な仕事をするうえでも、他国並みの格の獲得が熱望されていた。

現在、北朝鮮の核の脅威をはじめ、東アジアの安全保障環境が急変している。

こうした時代性も、防衛庁の省昇格を後押しした。

翌年の平成十九年には、春の統一地方選挙があった。夏には、参議院選挙が控えていた。防衛庁の省昇格に対して、各議員が旗幟《きし》を鮮明にすることを突きつけられる。選挙を控える公明党議員などは、賛否に関わる発言に神経を使う。それは地方議員も、参議院議員も同様だ。タイムスケジュールがずれ込むと「省昇格は、先送りに」という空気が出かねない。自公両党で、先送り論が出てくると、前に進まなくなる。

防衛庁の省昇格に対して、民主党の小沢一郎代表も、もともと賛成論者であった。しかし、民主党内の左派は反対だ。横路孝弘《よこみちたかひろ》ら旧社会党議員は最後まで反対するだろう。二階は、民主党が反対の場合は、民主主義の原則に従って、淡々と採決することも否定しなかった。衆議院議員の数は、自民党は二百九十四人、公明党は三十一人。両党併せて、三百二十五人。それに、復党議員を入れれば、プラス十一人。合計で三百三十六人となる。総議席数四百八十議席の三分の二を余裕で上回る。

一方、民主党も賛成しないと世論の支持を失う。特に、省昇格は、民主党の小沢代表が反対すると、言行不一致の誹《そし》りを免れない。民主党の若手リーダーにも、法案賛成の声があった。

しかし、二階は、沖縄知事選前には、最悪のシナリオも想定していたという。

「沖縄知事選挙の前に、（防衛庁の省昇格法案を）採決に持っていけば、民主党は反対に回る可能性があった」

二階は、最悪それでもいいと思った瞬間がある。沖縄知事選の争点がわかり易くなるからだ。しかし、それは一種の賭けだった。片手に、最重要課題の教育基本法を抱えている。二階は、ギャンブルをするわけにはいかなかった。二階は、政治実務に徹した。

そのため二階は、教育基本法とセットと言われた沖縄知事選の勝利にも、まったく浮かれていなかった。

「治に居て乱を忘れず」

防衛庁の省昇格関連法案は、ついに十二月五日に成立した。

二階には「重量国対委員長」という評価が下った。

「郵政民営化」造反議員復党問題の核心

平成十八年の十一月末に郵政民営化法案に造反した議員たちの「復党問題」が、話題になった。復党を認めるべきか、否か。

一政治家として二階には、複雑な思いがあった。

郵政民営化法案では、選挙を担当する総務局長であった二階は、造反議員に対峙《たいじ》する立場だった。また二階は、郵政民営化法案を審議する特別委員会の委員長でもあった。

郵政民営化法案は一〇八時間に及ぶ慎重審議だった。党議決定した郵政民営化だった。長い時間をかけて、党内で議論をして決めた。そこでは、造反議員にも当然発言の場もあったはずだった。心底反対なら、もっと強く、もっと激しく、委員会をストップさせるぐらいの迫力で反対すると思われた。にもかかわらず、反対票を入れた造反議員は、審議の場においておとなし過ぎた。激しい質問で、当時の小泉総理に迫った議員はほとんどいなかった。二階は、委員長席で質疑をじっくり聴いていた。

平成十七年七月五日、衆議院本会議で郵政民営化法案が採決された。賛成二百三十三票、反対二百二十八票。五票差だった。当時の小泉総理が、攻めの姿勢で衆議院を解散できたのも、五票でも賛成票が上回っていたからだ。ただし、二階は、冷静に当時を振り返る。

〈あれが負けていれば、内閣総辞職に追い込まれている場合だってある〉

造反議員への同情論も、取り沙汰されたが、二階は、腑に落ちないものがある。下手をすれば、自民党は、造反議員にやられていたかも知れないからだ。

二階は、造反議員たちに、郵政法案採決時の判断の甘さと、命乞いのような復党に眉をひそめた。郵政解散で自民党が勝った。普通なら負けていたかも知れない。もし負けていれば、自民党は野党なのだ。造反議員たちは、その時どういう政治行動をとっただろうか。漁夫の利で、与党となった民主党と組んでいたかも知れない。

安倍総理の立場に立てば、造反議員を戻したかった理由もわかる。安倍と親しい議員もいる。平成十九年夏の参院選も視野にあるだろう。第一次安倍政権誕生において復党組は、賛成票を投じている。安倍総理としては、政治家としての義理立てもあっただろう。

復党問題での、平沼赳夫の行動は皮肉交じりだった。嘆願書だけ出し、誓約書提出は拒んだ。結果、嘆願書提出の十二人のなかで、ただ一人復党を拒まれた。

平沼には、希望的観測があったのかも知れない。誓約書なしでも、自民党が譲歩し、受け入れるとの読みだったのだろうか。嘆願書提出の大義は、後付けできる。

二階が不思議なのは、その孤立ぶりだ。

「足並みそろえてやらないと、みんなが帰りにくいから」

「あの時、行動を共にしてくれる人が、三人や四人いなきゃ」

平沼自身も、こう漏らす。

「三人や四人、おれと行動を共にする奴がいるかなと思ったけど、いなかった……」

笛吹けど踊らず。平沼は、苦笑いした。

二階が、仮に同じ境遇なら、こう語るだろう。

「同志に迷惑をかけたくない、おれ一人でたくさんだよ。おれは太平洋の離れ島に日の丸の旗を一本立てて、待っている。やがてまた、大きな船が来るかも知れないと思って、これから晴耕雨読の生活を離れ島で一人でやっていく。気が向いたら、訪ねてくださいよ」

和歌山県知事に仁坂吉伸を擁立

仁坂吉伸《にさかよしのぶ》は、平成十八年十月、経済産業省を退官し、日本貿易会の専務理事に就いた。

それから間もない日、経済産業省の北畑隆生事務次官（当時）は、二階から相談を受けた。二階は、九月二十六日まで第三次小泉改造内閣の経済産業大臣を務め、この時、自民党の国対委員長であった。

「仁坂を知事候補に挙げたいんだけども、どう思う？」

談合事件で木村良樹和歌山県知事の辞職にともない、十二月に出直し知事選挙がおこなわれることになった。

地元和歌山県に対する二階の思いは深かった。

〈今度こそ、失敗は許されない。我々を信頼して支持してくれた県民のみなさんに、大変申し訳ない〉

それゆえ、次の知事候補はあらゆる角度から見て適任者でなければならなかった。

二階の頭の中には、知事候補選考の段階から三つの選考基準が浮かんでいた。

一つ目は、これからの国際化の時代に、和歌山がどう乗り出していくか。国際化という波のなかで、どう飛躍をしていかなければならないか。和歌山は、海岸線の特徴を生かして、地形的にも歴史的にも諸外国との関わり合いが多い場所である。国際的センスのある人物が欲しい。

二つ目は、これからの和歌山は、企業誘致に力を注がなければならない。そのためには、経済産業省を挙げての協力が是非とも欲しい。それが実現できる人材であること。

三つ目は、和歌山県生まれ、和歌山出身者であった。

今度ばかりは、二階も、地元出身者が欲しいと思っていた。もっと広い視野に立てば、どこの生まれであっても、和歌山のために一生懸命働いてくれるという確証さえあれば、それでいいではないかという発想もないではない。しかし、郷土愛という点で希薄になる。

仁坂は、これらの基準をすべてクリアしていた。あらゆる角度から見て、知事候補として適材であった。二階は以前から、仁坂のことは知っていた。同じ和歌山出身である。それから、霞が関での評判も承知していた。外務省に転じブルネイ大使に就任してからも、帰国する度に日本ブルネイ友好議員連盟幹事長の二階のもとへ足を運んでいた。

経済産業省の北畑次官は答えた。

「いいんじゃないんですか。まあ、ちょっと真っすぐだけども、いまの和歌山県にはふさわしいかも知れませんね。ただ、本人は政治家になる気がありますかね」

二階は言い切った。

「それは、自分が責任をもってやる」

なお、仁坂を知事選に担ぎ出した二階は、わざわざ日本貿易会会長の佐々木幹夫《ささきみきお》のもとに足を運び、直接頭を下げたという。

「非常に迷惑をかけました」

木村前知事は、自治省出身の官僚であった。したがって、自民党の市町村長、県会議員、市会議員らから、「また中央官僚を担ぐのか」という反発が起きても不思議ではなかった。が、仁坂は、すんなりと自民党の推薦候補になった。北畑の見るところ、これは、二階の政治力によるものであろうという。

仁坂は、十二月三日午前八時三十分、田辺《たなべ》市湊《みなと》のＪＲ紀伊田辺駅前で街頭演説をした。二階や、真砂充《まなごみつ》敏《とし》田辺市長らが応援に駆けつけた。

仁坂は訴えた。

「和歌山は高速道路が遅れているし、公共インフラもまだまだです。みなさんの先頭に立って頑張りたい」

二階は、紀伊田辺駅のバリアフリー化に触れ、支援を呼びかけた。

「仁坂さんが当選したら、一番に取り組んでもらいたい。誠実な知事を、みんなで選び出そうではありませんか」

仁坂の母校の桐蔭高校の関係者も、立ち上がって仁坂を推してくれた。地元出身ということがプラスに出た。

二階は言っていた。

「衆議院の一区、二区、三区が、自民党。参議院の裏表が、自民党。衆議院の比例区では、地元出身の公明党の西博義さんがいる。我々が一致団結して推せば、民主党なんて食い入る余地はない」

二階は、初めから民主党は問題にしていなかった。

ただし、選挙そのものは、やってみなければわからない。二階らの眼鏡で適ったからといって、県民の支持に結びつくかが問題であった。

二階も、地元選出の谷本龍哉衆議院議員、石田真敏衆議院議員、世耕弘成参議院議員、鶴保庸介参議院議員などと共に、懸命に選挙運動をした。和歌山に、国会議員が何回も入った。県民の反応は、「今度こそ問題いありませんか!?」という顔つきだった。

仁坂は官僚出身で、大使も経験している。聴衆の前で演説することに場慣れしていた。話の内容も緻密でしっかりしたものであった。

十二月十七日の投開票の結果、仁坂は十九万五七一九票を獲得し、当選した。共産党推薦の泉敏孝は、九万六八〇一票であった。

二階の見るところ、仁坂は、問題山積の和歌山県政を極めて積極的に動かしている。

和歌山県の問題点、特性、県民の政治的意思。これらを仁坂自身、日々掴もうとしている。それゆえ、仁坂知事には、土曜も日曜も、盆も正月もない。

人によっては「土日も県庁に出てきて仕事をされるから、部下はかなわない」という声も聞こえてくる。

二階は思う。

〈そんな甘えたような悲鳴も聞くが、その悲鳴の方が間違っている。和歌山県政は、人口減と高齢化のなかで、もう奈落の底へ突き落とされているんだ。そういう状況から這い上がっていくためには、休みなんて無いのが当たり前。いやなら県庁を辞めればいい。県民の意思で、県民に選ばれた知事がやっていることに協力できなければ、県庁を去るしか選択肢がない〉

知事の考え方を変えるのは、選挙で変える以外無理な話である。いやなら、自ら立候補して、挑戦して変えればいい。

それよりも、和歌山県前知事の官製談合事件は、周りの人間の責任というのも大きい。

知事がミスをするということは、傍らにいる者も、朝晩一緒に顔を合わせていた者も、道義的責任を感じなければだめだと、二階は思っていた。

そうした逆境のなか、知事は必死になって、和歌山県の名誉を挽回しようと思って頑張っているのだ。

その姿を和歌山県民は、温かい目を持って拍手で激励するべきではないか。

二階は思う。

〈細かいことは別として、全力を尽くして知事を支援していかなくてはいけない。知事はよく、その期待に応えてくれている〉

安倍総理退陣

平成十九年七月二十九日の参議院議員選挙の結果、安倍総理率いる自民党は、三十七議席と連立を組む公明党の九議席を合わせても過半数を下回る大敗であった。

その直後の七月三十一日の自民党総務会において、党内からも「決断された方がいい」と安倍総理に退陣を促す者が出た。

二階は、その後の内閣改造、党役員人事で党三役である総務会長に就任した。

ところが、それから間もない九月十二日午後一時から、国会で所信表明演説に対する代表質問が予定されていた。が、午後一時直前になっても自民党代議士会が始まらない、議員のなかから戸惑いの声があがった。

「どうなっているんだ！」

すると、テレビが安倍総理辞任の速報を流した。

二階総務会長は、安倍総理の辞任表明の一報を自民党職員から耳にした。

「安倍総裁の様子が、おかしい」

その次に、麻生太郎自民党幹事長が、直接話しかけてきた。

「総裁が、お辞めになる」

二階は、ただただ驚くしかなかった。

〈えッ!〉

だか、驚いてばかりいられない。自民党の三役として、やらなければならないことを考えた。

〈無駄になるかも知れないが、党の五役が安倍総理に会って辞任を慰留させ、今後の対応を協議しなければならない〉

すぐに、安倍総理に会うことを決め、午後一時三十分に、麻生太郎幹事長、二階、石原伸晃政調会長の党三役に、尾辻秀久参院議員会長、山崎正昭参院幹事長の二役を加えた五役で官邸へ出向いた。

ところが、安倍総理にいくら辞任を取りやめるよう説得しても、時すでに遅しであった。

参院選敗北の責任と自身の体調不良(潰瘍性大腸炎)による政治的空白をなくすべきという安倍総理の肚は、すでに決まっていた。

福田康夫との機縁

総裁選のスケジュールが明らかになると同時に、党内から福田康夫を推す声が高まってきた。二階総務会長も、福田を支持することを表明したが、それまでには多少時間を要した。

二階自身が、党三役の役職についている。ただちに決めるということも大事だが、まずは、円満な後継者選びをするということに全力を尽くすべきだ。あまり際だった動きをするべきではないと判断した。

第一、麻生太郎幹事長とは、共に党運営に努力してきた仲でもある。その幹事長が総裁選に立候補するという時に、総務会長の二階が先頭に立ち、先んじて、どの候補者を担ぐかということを決めるのは人情としてもできないことだった。

福田が、はっきりと総裁選に出馬するということを知ったうえで、二階は福田を支持するという意思を明らかにした。それまでには、さまざまな方面から話があった。

二階と福田は、親しい間柄ともいえる。

最初のきっかけは、福田の父・福田赳夫元総理の時代までさかのぼる。二階が、秘書として仕えた遠藤三郎代議士と福田赳夫は、一高、東大の同級生だった。そうした関係から、遠藤代議士はよく福田元総理と食事をし、話し合いの場を持つことがあった。二階は秘書としてそれに同行する機会が多々あった。

その後、福田康夫が官房長官に就任した際には、福田の父を良く知っていたことから、当時、保守新党幹事長だった二階は、党派を超えて、福田官房長官には協力しなければいけないという思いがあったという。

二階派は、この総裁選でそろって福田に投票した。自民党の派閥のなかで、所属する議員すべてが一糸乱れず領袖と行動を共にしたのは、二階派だけであった。

平成十九年九月二十三日、ポスト安倍晋三を決める自民党総裁選がおこなわれ、福田康夫が三三〇票を獲得し、第二十二代総裁に就任した。国会議員票二五四票、地方票七六票であった。麻生太郎は、国会議員票一三二票、地方票六五票の一九七票であった。

二階が自民党に合流して以来、自民党総裁選が幾度となくおこなわれてきたが、自民党総裁選で誤った候補者を推し、非主流派になるようなことは一度もなかった。

泉信也（元国家公安委員長、内閣府特命担当大臣）によると、二階派は、総裁選の度に独自の政策を掲げ、各候補者にその政策についての対応を聞いてまわり、それの反応により、支持を決めてきたという。

もちろん、掲げた政策を取り組まない、などと言う候補者はいない。だが、それでもその返事には濃淡がある。その反応を見ながら、どの候補者が熱心なのかを見定めていくという。

総務会長留任

総裁選に立候補した麻生太郎幹事長から幹事長としての職務を一任され、総裁選を取り仕切った二階俊博総務会長は、無事に大役を終えほっとした。

〈やれやれ、これで一件落着だ〉

その夜、心身ともに疲れていた二階は、めずらしく午後八時過ぎに就寝した。

ところが、わずか一時間後の午後九時過ぎ、枕元に置いていた携帯電話の着信音で起こされた。

二階は、眠気眼を擦りながら電話に出た。

「はい、二階です。おめでとうございます」

電話の主の福田康夫新総裁は言った。

「いやぁ、ありがとう。ところで、次の総選挙は、とても大事です。いろいろな方と相談したところ、やはり選挙対策は、二階さんにお願いしたいと思います。現在の選挙対策総局長を三役と同格の選挙対策委員長に格上げし、党四役と致しますので、引き受けてくれますか？」

二階は受諾した。

「わかりました。それが福田総裁のためになるならば、お引き受け致しましょう」

その際、二階は、幹事長、総務会長、政調会長らの名前は聞かなかった。

福田総裁は言った。

「ついては、明日の十時に、党本部の総裁室にお越しください」

二階は、翌日九月二十四日午前十時、自民党本部四階の総裁室を訪ねると、職員に隣の部屋に通された。

部屋には、伊吹文明、谷垣禎一、古賀誠らが顔をそろえていた。

二階は思った。

〈福田執行部は、こういう顔ぶれか〉

二階らは、しばらく談笑した。

やがて、職員が言った。

「総裁がお呼びです」

二階らは、全員一緒に総裁室に入った。

福田総裁は、一人ひとりにポストを告げていった。

福田総裁は、二階に言った。

「総務会長を、お願いします」

二階は、内心おどろいた。

前夜、二階が言い渡された選挙対策委員長には、古賀が任命された。どのような事情でこうなったか、二階には知る由もなかった。が、仮にここで二階が異議を唱えれば、スタートしたばかりの福田体制に傷がつく。それに、役員人事の決定が長引けば、福田総裁の指導力が問われかねない。二階は、つとめて冷静に総務会長を受諾した。

幻の大連立――韓信の股くぐり

十月十九日午後八時、福田総理は、総理公邸で政権発足後はじめて与党幹部との懇親会を開いた。自民党からは、伊吹文明幹事長、二階俊博総務会長、谷垣禎一政調会長、古賀誠選対委員長、公明党からは、太田昭宏代表、北側一雄《きたがわかずお》幹事長らが出席した。

福田総理は挨拶した。

「みなさんともっと早くこういう場を設けたかったのですが、国会の日程が詰まっており、今日になりました」

福田総理は、懇親会合の直前、北の丸公園の国立公文書館での特別展「漢籍」を視察したことに触れ、漢の名将・韓信が若いとき、ならず者の股をくぐる屈辱に耐えたという逸話「韓信の股くぐり」を披露した。

「千年前の中国の書を見たら、『韓信の股くぐり』が書いてあった。私と一緒だと思った。これからも頑張りますから、協力を願います」

二階は、のちに察するのだが、この時、福田総理は、すでに小沢民主党代表との党首会談を決めていたのかも知れない。小沢との会談には、「韓信の股くぐり」の心境で臨もうと覚悟していたのであろう。

二階も、ねじれ現象に危機感を常に抱いていた。事あるごとに強調してきた。

「野党と少々話し合っても、この状況を打開しなくてはならない」

いま置かれたねじれた政治状況を解消するには、三年後の参院選ではとてもかなわない。六年後の参院選でも、解消できるかどうか。最悪の場合、九年かかるかも知れない。それほどの政治の停滞は、すなわち、国際社会における日本の競争力に、自らの手で縄をかけて身動きできなくしているようなものである。

二階は思った。

〈ねじれ現象を打開するという志のために、どのような低姿勢となっても大連立を成し遂げるしかない。福田総理は、その頃から、そう決意していたに違いない〉

のちに、どちらが先に党首会談を誘いかけたのかが取り沙汰されることになるが、二階は、そのようなことは些細なことであるという。

党首会談が開かれるまでには、さまざまな手順を踏む。念入りな下打ち合わせが、直接、間接の形でおこなわれていたはずである。ある一定の方向性が固まったところで、初めて正式に打診する。

つまり、党首が党首会談の席に着くときには、双方ともに、合意を前提にして臨む。

小沢代表は、参議院選挙後、「次の衆院選で負けたら、政界から身を退く」と政権奪取にむけて並々ならぬ意欲を示していた。しかし、参議院選挙で快勝をおさめたことが、衆院選での勝利を約束したものではないことを十分に認識していた。甘い幻想は抱いていなかった。そこで、党首会談の席に着いたのである。

永田町からの風の便りによれば、読売新聞グループ会長・主筆の渡邉恒雄《わたなべつねお》仲介により構想された自民・民主両党の大連立は、極秘裏に福田総理と小沢代表に折衝が重ねられた。小沢一郎は、閣内協力まで了承し、具体的な閣僚の配分まで話し合われたという。

与党にとって大連立は、閣僚の椅子を五つも六つも失う決断である。だが、政治の停滞を解消するための一大手段である。

二階ら与党議員は、福田総理の決断に従う覚悟であった。

しかし、民主党は、小沢が持ち帰った大連立案を拒否した。

小沢代表の判断に、ある程度が理解を示していれば、政界再編の流れはかなり違っていた。即連立の流れにはならずとも、具体的に話し合う委員会が立ち上がる可能性は十分あった。

大連立に向けてまとまらなかったということは、小沢自身が当時指摘したとおり、民主党にはまだ、国家の行く末を担うだけの訓練が備わっていない証左であった。

万事他人事――福田総理退陣

平成二十年八月一日午後、福田改造内閣が発足し、二階は第三次小泉内閣に続き二度目の経済産業相に就任していた。

ところが政界は大連立の破談、原油価格の高騰、米軍掃海艇への補給艦問題、ねじれ国会による政策の停滞により内閣支持率が低下し、福田政権の基盤が瓦解しかかっていた。

福田総理の退陣は主要閣僚であった二階にも晴天の霹靂《へきれき》だった。福田が会見で総理の職を辞すると発表する直前、二階の携帯電話には、福田からの着信記録があった。

〈今頃、何のことだろうか……〉

二階が考えあぐねていると、耳の早い新聞記者から問い合わせが入り始めた。

「総理周辺の様子がどうもおかしいんです。何か聞いていませんか」

福田の辞意を瞬間的に察知した二階は翻意を促すため、さっそく動いた。

が、福田の返答は実にあっさりしたものだった。

「辞めることはもうすでに何人かの人に話した。その人たちはすでに手続きに入っているはずだ。じきに表にも出る。辞めるなと説得されても、今更どうしようもない。大変お世話になったことを感謝している……」

〈万事他人事と言われただけのことはある。これは福田の美点でもあり、欠点でもあるかも知れない〉

二階は、胸の中でそうつぶやいてみた。

平成二十年九月一日、福田総理は退陣を表明した。

九月九日、二階派は、千代田区平河町の砂防会館四階にある二階派事務所で会合を開いた。メンバーは、総裁選について活発な議論を交わした。

「次期総選挙のことを考えると、誰が自民党の顔としていいのか、それを念頭に置いて判断せざるを得ない」

「そういう意味では、国民的人気のある麻生さんではないだろうか」

愛知には、そのやりとりに耳を傾けている二階の表情は、どことなく高揚しているように見えた。愛知和男は思った。

〈二階君は、こういう乱世になってくると血が騒ぐのだろう〉

この日、二階派は、麻生を支持することを発表した。

九月二十二日、自民党総裁選がおこなわれた。

麻生太郎が議員票二九七票、地方票一三四票、合計三五一票で新総裁に選ばれた。二位が与謝野馨で六六票、三位が小池百合子で四六票、四位が石原伸晃で三七票、五位が石破茂で二五票であった。

二階は、麻生内閣において、経済産業大臣に留任した。

「エコポイント」導入を即断

平成二十年秋、アメリカ発の金融危機いわゆるリーマンショックによる世界的な実体経済の悪化を受け、日本政府は、後退する経済と景気を下支えするための追加経済対策のとりまとめに着手した。

二階は早速、経済産業省として日本経済の活性化を図るべく政策を考案するよう指示した。

その際、次の点に配慮することを付け加えた。

「やっぱり、日本らしいものでなければならない。すなわち、環境や省エネ、そして、技術あるものが必要だ。それと同時に、裾野の広いもの、波及効果の大きいものでなければ駄目だ」

二階からの指示を受け実現したのが、省エネ家電を買うと、商品券などに交換できる、いわゆる「エコポイント」制度である。

特に、欧州では、古い自動車を廃棄し新車に買い替える際、政府が一定額を支援する制度が広がる動きが見えていた。平成二十年十二月に初めてフランスが導入し、翌平成二十一年一月中旬にはドイツ、四月にはオーストリアが開始し、少なくとも七カ国が導入することになっていた。

そして、ドイツでは、開始からわずか二カ月後の三月中旬までに予算枠の半分を消化してしまったことから、補助金を支給する措置を拡大することを決めるほどの盛況ぶりとなっているほどだった。

だが、自動車の買い替えに対する補助金制度はあっても、家庭用電化製品の買い替えに対する補助金制度は、世界中を見渡してみても、まだ存在していなかった。

〈家電への補助金制度が実現したら、世界初になる！〉

そこで、家庭部門の温暖化対策としては、エアコン・冷蔵庫・テレビの三品目の省エネの推進が有効であると判断した経産官僚は議論に入った。

「家電の大物、三つに対する補助金をやろう」

そして、このアイデアを二階大臣に相談してみた。二階から、好感触の返事を得ることができた。

「おお！　こういう、日本らしいところを、やろうじゃないか！」

とりわけ、テレビは、二〇一一年七月から地上デジタル放送に切り替わる時期になっていた。それに向けての対策ともなることから、温暖化対策、景気対策、地デジ普及促進という三つの目標を掲げ、環境省、経済産業省、総務省が一体となって実施するという、これまでに例のない事業になった。

二階も、力強く後押しをしてくれた。

「よし、家電への補助金をやろう」

こうして、世界初となる制度の具体的な検討がスタートした。

ポイント制度の名称は、いくつかの候補名はあがったが、「エコポイント」が一番しっくりきた。

次は制度の中味についての議論に移っていくことになる。

そんななか、平成二十一年四月十日、「経済危機対策」に関する政府・与党会議、経済対策閣僚会議合同会議において「経済危機対策」が決定した。

新たに策定する追加経済対策には、経産省が推し進めていた省エネ家電を購入した人に買い物などで使える「エコポイント」を付与する制度の導入が盛り込まれた。

こうして同年四月二十一日、『エコポイントを活用したグリーン家電普及促進事業』を五月十五日から開始することが、世の中に広まった。

平成二十一年度補正予算の成立が条件だったが、あまりの世の中の反響に見切り発車をするしかなかった。

経済産業省が設置した対応窓口には千件を超える問い合わせが殺到した。

大手家電量販店は、ほっとした表情を見せた。

「買い控え客が、戻った」

ビックカメラは、夕方までに、大型テレビを前年同日比で二から三倍、大型冷蔵庫を二倍、エアコンを一・五倍ほど販売する勢いだった。

二階もこの日、東京都世田谷区の千歳烏山駅前通り商店街にある家電小売店『プラスワンシグマ烏山』を視察した。

「おれは、大手量販店じゃなくて、中小企業だ」

商店街の視察は、二階大臣の希望によるものだった。

そこで、全国商店街振興組合連合会の桑島俊彦理事長の地元である千歳烏山駅前通り商店街が選ばれたのだ。

家電小売店を視察しながら、二階大臣は、一万二〇〇〇点のポイントが付く三二型の地上デジタル放送対応薄型テレビ九万九八〇〇円を購入した。当然、後日エコポイントの申請をした。

二階の決断によりスタートを切ったエコポイント制度は、その導入による効果で、家電製品の売上は好調となった。これも、マスコミに大きく取り上げられたことで、国民の認知度が九十パーセントを超え、大きな注目を浴びたことが影響している。

経済産業省による聞き取り調査を見ても、テレビ、エアコン、冷蔵庫の売上は、制度開始の五月十五日以来、対前年比で増加傾向が続いた。それも、テレビに関しては、前年が北京オリンピックの開催年ということもあり、売上が前年比で三割増した年と比較しての増加である。一昨年と比較すれば、六割から七割の増加となった。

また、メーカーも製品の生産体制を強化した。

個人消費ばかりではなく、その製品の部品を製造している中小企業にいたるまで、相当な効果が出ていることは、明らかとなった。

こうして、五月二十九日、平成二十一年度補正予算が成立し、エコポイントの活用によるグリーン家電の普及予算として二九四六億円がついた。これも、二階大臣の力によるものだった。

対象製品の販売は、五月中旬から六月下旬にかけ、前年同月比約二十％程度増。五月中旬から六月下旬にかけ前年同月比、テレビは約三十％程度増、エアコン約二十％程度増。冷蔵庫約三十％程度増。

そのうえ、エコポイント制度は、国際的にも注目され、経済産業省に問い合わせが寄せられるほどとなっていた。

第十一章　自民党幹事長　権力の実相

3・11と二階俊博

平成二十二年二月二十七日、日本時間の午後三時三十四分、南米のチリでマグニチュード八・八の大地震が発生した。この地震は、チリでは、昭和三十五年五月のチリ地震に次ぐ規模のもので、世界でも発生当時の観測史上、五番目の大きさであった。

この大地震の影響により、発生した津波は、翌日の二月二十八日、日本にも到達することが予想され、政府の関係機関や各自治体は、対策に追われた。

和歌山県では、津波に警戒するために、午前九時三十三分の気象庁による津波警報発令を受けて、午前十一時四十五分に、災害対策本部を設置し、仁坂吉伸和歌山県知事を先頭に職員が情報収集などの対応に追われた。各自治体は、沿岸の住民に対して、避難勧告や避難指示を発令した。

二月二十八日は日曜日だった。この日は、自民党の各議員が全国で一斉に街頭演説をおこなう予定であった。

安政元年（一八五四年）十一月五日、安政の大地震が起こった。紀伊半島一帯を大津波が襲った。今の和歌山県広川町《ひろがわちょう》の庄屋であり、かつ千葉県銚子の『ヤマサ醬油』七代目であった浜口儀兵衛《はまぐちぎへえ》（梧陵《ごりょう》）は、取り入れるばかりになっていた高台の稲の束である稲むらすべてに火を放った。この火を目印に暗闇の中を逃げ惑っていた村人を安全な高台に避難させた。

さらに四年がかりで私財を投じ堤防を造り、津波から村人を守った。

二階俊博は、このいわゆる『稲むらの火』の舞台である有田郡広川町を含む和歌山県第三区の選出である。筆者は、二階のすすめで、『11・5津波救国　濱口梧陵伝』を上梓している。

二階は、街頭演説の責任者だった。津波の到達予測時間が和歌山県沿岸部では、午後二時三十分以降だったこともあり、二階は、新宮市から、有田川町、田辺市などを予定通り遊説した。

二階は、演説を終えたのちに、聴衆が避難してくれることを切に願っていた。

が、演説が終わったあと、聴衆はすぐに帰宅しようとはしていなかった。ほとんどの人が津波に対して危機感を持って行動していなかったのである。

二階は思った。

〈これでは、もし本当に大きな津波が来た時は、ダメだ。法律をつくって、本格的に国民に避難と、その訓練を呼びかけなければいけない〉

平成二十二年六月十一日、国会に津波対策推進に関する法律案が議員立法として提出された。

提案者は、自民党の二階俊博、林幹雄、石田真敏《いしだまさとし》、小野寺五典《おのでらいつのり》、谷公一《たにこういち》、長島忠美《ながしまただよし》、それに公明党の石《いし》田祝稔《だのりとし》の七名だった。また、この法律案には、自民党や公明党に所属する五十九名の衆議院議員が賛同者として名を連ねた。

しかし、時の菅直人《かんなおと》内閣と民主党は、二階たちの提案にまったく応じなかった。この法案は、無視され続けたのだった。

ところが、平成二十三年三月十一日の午後二時四十六分、宮城県の牡鹿《おが》半島沖を震源とする東北地方太平洋沖地震が発生した。この東日本大震災は、日本の観測史上において、過去最大のマグニチュード九・

○を記録する未曾有の大地震であった。津波による被害が甚大なものだった。一万六千人近くの人が、この大地震によって命を失ったが、死因の九割以上が水死であった。

二階は、悲惨な被災地の状況に胸を痛めた。また、それと同時に痛感した。

〈自分たちが提案した津波対策法案が成立していれば、もっと多くの人が避難することができたかも知れなかった……。ほんとうに残念でならない〉

実は、平成二十二年六月に二階が中心となって提案した津波対策法案では、『津波防災の日』が定められていた。その日は、『稲むらの火』の故事にちなみ、十一月五日であった。

もし、すぐに国会で審議し、与野党で合意できていた場合、十一月五日以前に成立していたかも知れなかったのだ。成立していれば、大震災が起こる四カ月前の十一月五日に全国的な避難訓練を実施することができたのである。

大津波から身を守るためには、現在は、高台避難以外に確実な方法はない。あらかじめ訓練していれば、より多くの人が迅速に避難し、多くの人命が救われたかも知れなかったのである。

二階は、この法律を成立させることができなかったことを悔やんだ。と同時に、なんとしてもこの法律を成立させなければいけないという強い使命を感じた。

震災後、二階をはじめとする法案に関わった主要メンバーは、民主党の幹部を訪ね、法案の審議入りを強く要請し続けた。

「津波対策には、与野党関係ありません。民主党からも修正案があれば、どんどん提案していただきたい。超党派で取り組みましょう」

二階たちの必死の熱意に動かされ、与党の民主党も、徐々にその重い腰をあげて動き始めた。

平成二十三年六月九日、二階俊博は、津波対策推進法案を審議する衆議院災害特別委員会の総括討論で語った。

「残念なことに、法案は、提案後、一年も審議されることなく、日時は無為に過ぎ去りました。その間、三月十一日に、東日本大震災が発生し、津波に伴い多くの人命、財産を奪い、被災地は壊滅的な惨状と化しました。我々の提案した法案が成立しておれば、多くの人命を救い、被害を未然に軽減できたのではないかと思うと、まさに法案成立の遅れは痛恨の極みであり、誠に残念でなりません。いま思うことは、賛成したくなければ、せめて国会の委員会審議だけでもやってくれておれば、津波対策の必要性を一人でも多くの国民の皆さんに伝えることができたはずです」

平成二十三年六月十日、津波から国民の生命や財産を守り、被害を防止、軽減するため観測体制の強化などを盛り込んだ津波対策推進法案が衆院本会議において全会一致で可決された。

法案では、東日本大震災の被害を踏まえて「これまでの津波対策が必ずしも十分でなかったことを国として反省し、対策に万全を期する必要がある」と指摘し、津波対策はソフト、ハード両面から総合的に進めなければならないとしている。

ソフト面では、国が観測体制の強化や津波の記録収集など調査研究を推進。自治体は避難計画の策定・公表や被害予測などに努める。国と自治体は津波の警報や避難指示が的確に伝えられ、住民が迅速に避難できる体制を整備する。

ハード面では、国と自治体は最新の知見に基づく津波対策の施設整備、石油コンビナートなど危険物を扱う施設の安全確保に取り組む。自治体は土地の利用制限などにより津波に考慮した街づくりを進める。

結局、「津波防災の日」は、民主党の主張する三月十一日ではなく、二階らが最初に提案した「稲むらの火」にちなんだ十一月五日に定められた。

平成二十三年六月十七日、議員立法で二階俊博衆院議員ら自民、公明両党が提出した津波対策推進法案は、参院本会議において全会一致で可決し、成立した。

二階たちが提案してから、成立するまで一年と六日が経っていた。

なお二階は、この十一月五日を世界津波の日にまでするよう運動していく。

津波からの防災に懸ける二階のエネルギッシュな活躍が実り、国連の委員会で満場一致により、十一月五日を「世界津波の日」に制定する決議案が採択された。その後、十二月二十二日に、この決議案は、国連総会において全会一致で採択された。

決議採択により、十一月五日は正式に国連が定める「世界津波の日」となったのである。

今後、早期警報や住民避難など津波対策の重要性を広めるため、各地で啓発運動がおこなわれることになる。日本はその活動を後押しする方針だ。

二階は意気込んでいる。

「日本が提案者であるという責任を感じながら、津波対策を各国に呼びかけたい」

習近平との会談

自民党の二階俊博総務会長は、平成二十七年三月二十八日、中国・海南島で開かれている「ボアオ・アジアフォーラム」に出席した。その記念の写真撮影の際に、習近平国家主席と短時間言葉を交わした。二階によると、五月に観光業関係者ら三千人と共に訪中することを紹介、習主席は「民間同士の交流は大変大事だ。大歓迎する」と述べ、歓迎の意を示した。

二階は、日中の観光・文化交流の推進を目的とした東京芸術大学名誉教授である洋画家の絹谷幸二《きぬたにこうじ》を団長とする「観光文化交流団」三千百十六人もの民間大使を伴い、五月二十一日、中国を訪問。

五月二十三日、中国の習近平国家主席は、二階と同行した三千百十六人の訪中団に対し、日本側の想定を超える形で歓待した。面会はこの日夜に人民大会堂でおこなわれた習主席と訪中団との夕食会で実現。

二階は、安倍晋三総理から託された親書を習に手渡した。

二階は、記者団に対し、親書を渡した際、習主席が「安倍総理によろしくお伝えください」と応じたことを明らかにした。

また、習は「互いに戦略的互恵関係を推し進めれば、両国関係は良い結果になると期待している」と述べたという。

習主席は、夕食会で、訪中団を前に語った。

「みなさま、こんにちは。二千年前、中国の大思想家の孔子《こうし》は、『友、遠方より来る、また楽しからずや』」と述べた。

二階は、冒頭に日本人のほとんどの知る孔子の言葉を持ってくる習主席のつかみの上手さに感心した。

習主席は続けた。

「本日、三千名の日本各界の人々が遠方から訪ねて来て、北京の人民大会堂に集い、日中友好交流大会を共に開催した。これは、近年における両国民間交流の大きな出来事であり、我々は非常にうれしく感じている。まず、私は中国政府と人民を代表して、また、個人的な名義で、日本の友人らの来訪に対して、熱烈な歓迎を申し上げる。我々は、みなさんを通じて、多くの日本国民に対しても、心からの挨拶とすばらしいお祝いを申し上げる。

日中は一衣帯水であり、二千年以上にわたり、平和友好が両国国民の心の中の主旋律であり、両国民は相互に学びあい、各自の発展を促進し、そして、人類の文明のために重要な貢献をおこなった。

一週間前、インドのモディ総理が私の故郷の陝西省《せんせい》を訪問した。私はモディ総理と共に、西安において、中国とインドの古代の文化交流の歴史を振り返った。隋、唐の時代、西安は日中友好往来の重要な窓口であり、当時、多くの日本からの使節や留学生、僧などがそこで学習し、生活をしていた。代表的な人物は阿倍仲麻呂《あべのなかまろ》であり、彼は、大詩人の李白《りはく》や王維と深い友情を結び、感動的な美談を残した。

私は、福建省で仕事をしていた時、十七世紀の中国の名僧隠元《いんげん》大師が日本に渡った物語を知った。日本に滞在していた期間、隠元大師は、仏教を普及させただけではなく、先進的な文化や科学技術を持ち込み、日本の江戸時代の経済社会に重要な影響をもたらした。

二〇〇九年、私は日本を訪問した際、北九州などの地方を訪ね、両国国民間の割くことのできない文化的な淵源、歴史的関係を直接的に感じた。

近代以降、日本は拡張的な対外侵略の方向に向かい、日中両国は悲惨な歴史を経験することになり、中国人民に重大な災難をもたらした。七〇年代、毛沢東《もうたくとう》主席、周恩来《しゅうおんらい》総理、鄧小平《とうしょうへい》氏、田中角栄氏、大平正芳氏など両国の古い指導者らが、高度な政治的智慧をもって、重要な政治的決断をおこない、さまざまの困難を克服し、日中国交正常化を実現し、また、平和友好条約を締結し、両国関係に新しい世紀を切り開いた。廖承志氏、高碕達之助《たかさきたつのすけ》氏、岡崎嘉平太《おかざきかへいた》氏などの有識者が積極的に奔走し、多くの仕事をおこなった。歴史は証明しているが、日中友好事業は両国および両国人民にとって有利であり、アジアと世界にとってても有利である。これは、我々がいっそう大切にして、一心に擁護する価値のあるものであり、引き続き努力を続けていく」

習主席は、三千人を超える日本の民間大使に呼びかけるように語りかけた。

「来賓のみなさまおよび友人のみなさま！　隣人は選ぶことができるが、隣国は選ぶことができない。『徳は孤にならず、必ず隣あり』（本当に徳のある人は、孤独であるということは無い）である。日中両国の人民の誠意と友好、および徳をもって隣を為すようにしさえすれば、必ず世代をわたり友好を実現することができる。日中両国は共にアジアと世界の重要な国であり、両国の人民は勤勉で、善良で知恵に富んでいる。日中の平和、友好、協力は人心の向かうところであり、大勢である。

中国は高度に日中関係の発展を重視しており、日中関係は歴史の風雨を経てきたが、中国側のこの基本方針は終始変わっておらず、今後もまた変わることはない。我々は、道を同じくして、日中の四つの政治文書の基礎の上に、両国の隣人としての友好と協力を推進していくことを願っている。

今年は中国人民抗日戦争および世界反ファシスト戦争勝利七十周年である。当時、日本の軍国主義が犯した侵略行為を覆い隠すことを許さず、歴史の真実は歪曲することを許さない。

日本の軍国主義が犯した侵略の歴史を歪曲し美化を企てるいかなる言動に対しても、中国の人民とアジアの被害を受けた人民が応えることはなく、正義と良知がある日本の人民も応えることはないと信じている。『歴史を忘れず、将来の戒めとする』。歴史を銘記することは、未来を創るためである。戦争を忘れないことは、平和を擁護するためである。

我々は、日本の人民もあの戦争の被害者であると考えている。抗日戦争が終結した後、中国の人民は徳をもって恨みに報い、百万人の日本人が帰国するのを手助けし、数千名の日本の戦争孤児が成人するまで養い、中国人民の心の広さと大きな愛を示した。

今日、日中双方は『歴史を鑑《かがみ》とし、未来に向かう』精神に基づき、平和の発展を共に促進し、共に世代をわたる友好をはかり、両国で共に美しい未来を創り、アジアと世界のために協力して行かなければならない。

みなさま、日中友好の基礎は民間にあり、日中関係の前途は、両国民の手に握られている。両国関係が不調であればあるほど、両国各界の人々の積極的な行動がより必要となり、民間交流をより強化する必要があり、両国関係の改善・発展のために条件と環境を作り上げなければならない。

『青年が立てば、国家も立つ』

本日、多くの若者もここに坐っている。中国政府は、両国国民の民間交流を支持し、両国各界の人々、特に若い世代が積極的に日中友好事業に身を投じ、交流・協力をおこなうなかで理解を増進し、相互信頼を樹立し、友情を発展させていくことを励行する。

『先人が植えた木の木陰で、後代の人々が涼む』

私が真に期待するのは、両国の青少年が友情の信念をしっかりと持って積極的に行動し、友情の種を不断なく播き、日中友好を大樹に育て上げ、これをうっそうと茂る森にまで成長させ、そして、日中両国人民の友好を世々代々と継続させていくことである。

最後に、日中友好交流大会の円満な成功と日本の友人の中国滞在が愉快なものとなるようお祈り申し上げる。ありがとう」

習主席に続き、二階が挨拶に立ち、謝意を述べた。

翌日の五月二十四日付の中国共産党中央委員会の機関紙「人民日報」は、「習近平は中日友好交流大会に出席し重要講話を発表」という見出しで、大々的に習主席の演説を報じた。

自民党幹事長就任

二階俊博総務会長は、平成二十八年八月三日の自民党役員人事で、安倍晋三総理大臣から幹事長に指名された。その直前まで、幹事長の職に就いていた谷垣禎一が、七月十六日、趣味のサイクリング中に転倒。当初、谷垣幹事長のけがの程度は軽いとされていたが、八月三日の党人事までの復帰は困難な状況であることが判明、幹事長職の続行は難しいとの結論が出た。

二階は南米・ペルーを訪問中に安倍総理からの電話を受けた。八月一日に一人で総理官邸に来てほしいという。

〈「一人で来てほしい」ということは、人事面の相談事だろうな〉

二階にはそう察しがついた。

二階は八月一日の午前十一時、総理官邸を訪れると、安倍総理から、こう告げられた。

「幹事長をお引き受けいただきたい。すべてをお任せします」

その言葉を受けて、二階は思った。

〈大変重要な役割を命ぜられた。全力を尽くして、総理を支えていかなくては〉

第一次安倍内閣と第二次安倍内閣を比較して、自民党の幹事長代理として幹事長に就任した二階を支えた下村博文は人事面に関しても、変化を感じた。

安倍総理はもともと人を見る目があったのだと思う。しかし、一度目はお友達内閣と批判されたように、安倍自身の視野の範囲内の人材をどう活用しようかという部分があったように思う。それは、信頼関係が築かれていない人を活用することの難しさということを含めて、あえて一緒に汗を流したことのある人間を選んだのだろう、という。

昔は、派閥推薦で第三者が選んだ人物を指名すれば良かったわけだが、小泉政権以降そのような派閥推薦は受けない流れとなった。自薦他薦含めて、データは安倍総理のもとに集まって来ていたはずだが、安倍総理は、自分の心眼で人物を鑑定してきたのだろう。その人物評価眼には、なかなか優れたものがあるな、と下村は見ていた。

その選択眼はまさに、挫折の経験から培われたのではないか。安倍の、まだ花開いていない能力を見極める鑑定力には、相当のものがあると下村は感じている。

二階幹事長という人選に関しても、世間は当たり前のように受け入れているが、就任前はあり得ないことだと思われていた。そうした人事に関しても、安倍の人物鑑定眼が生かされている。

菅官房長官（当時）と二階幹事長のように、考え方の流れの異なる人々を同時に引き寄せている。思想的に一致することはないが、彼らは安倍に対して強い忠誠心を持っているという。

特に、二階幹事長は自分が総理大臣になろうとは思ってもいないだろうし、今の立場でやるべきことをとことんやろうと考えているだろう。下村からすると、二階は総理大臣というよりは幹事長タイプの人物だ。

安倍には、敵でも味方にしてしまう、人たらし的な魅力があった。

第一次安倍内閣の際、中川秀直が幹事長を担当していたが、彼にはプライドがあった。中川は当選回数も多く、政治経験も安倍より長い。中川にとって、安倍は弟分という感覚があったから、官邸は官邸、党は党という捉え方があったように見受けられた。

しかし、二階にはそうした考えがない。変な対抗意識がなく、包み込むような対応をしている。二階幹事長自身、あと十年も第一線で政治に携わるという年齢でもないから、トップを目指すという野心などないのだろう、という。

「二階幹事長」論

かつて衆議院副議長や、自治大臣、厚生大臣、通産大臣などを歴任し、平成二十四年十一月に民主党顧問を最後に引退した渡部恒三は、二階俊博をよく知るひとりである。

渡部は、二階が自民党幹事長に就任するや、都内の料理店で二階と会食した。渡部は、幹事長に就任した二階を激励した。

二階にとって、渡部は、田中角栄元総理が率いた自民党田中派の先輩にあたる。

渡部は、その席で語った。

「最近、新聞を読まなくなったが、二階幹事長になってから読むようになった。田中幹事長以来の幹事長だ。残りの人は、忘れた」

渡部は、二階を幹事長にした安倍総理の人事を絶賛する。

「やっぱり、戦後の歴代の自民党幹事長を見てきたけど、田中（角栄）幹事長が一番。その次が二階幹事長。安倍総理もワンマンなところがあるけれど、その欠点を補える人事だ。また、中国ともパイプがあるし、安倍総理のようなタカ派なところもないから、多くの人たちが安心感を持って見ることができる。残念ながら、この人事のおかげで安倍政権は続いてしまうよ」

渡部は、田中角栄と二階の違いについても語った。

「ちょっと比較するのは無理だ。田中角栄は、まさに天才政治家。二階君はそんな天才ではないものの、地味だけど、非常に立派な実績をつくってコツコツとやっていくタイプ。まさに努力の人。一度は自分たちと一緒に自民党を出たけれども、いまの自民党では、最高の適任者。二階君の他に、誰がいるのかと思う」

渡部と二階は、自民党を飛び出し、新生党、新進党と行動をともにした後、二階は、自由党、保守党、保守新党を経て、自民党に。一方、渡部は、衆議院副議長を務めたあと、無所属を経て、民主党最高顧問を務め、袂を分かった。だが、渡部と二階の人間関係は党が異なることになっても、変わることはなかった。

渡部が語る。

「二階君の良いところは、極めて誠実で、そこが最も信頼できるところだ。最も信頼する政治家といえば、百人が百人、二階俊博って言うんじゃないか」

渡部は、小選挙区制が導入されたことにより、かつての中選挙区時代のように政治家がそれぞれ人間性を磨き、切磋琢磨する雰囲気がなくなったと嘆く。

「田中角栄ブームが起こったように、現代の政治家は弱い立場の人の気持ちがわかるような政治家がいなくなってしまった。それは与野党含めてで、与党も野党も、国会議員がみんなサラリーマンになっている。そういうなかで田中角栄の時代を想い出させる政治家は二階俊博ただ一人。十年後、二十年後、三十年後の日本を考えたら、本当に心配だ」


かつて自民党幹事長や運輸大臣を務めた古賀誠は、二階俊博を古くから知る一人だ。

古賀が語る。

「政界再編の時期は、政党をコロコロ変える議員がたくさんいました。いま彼らのほとんどは、消えていってしまいました。ですが二階さんは違います。立派に活躍なさっています。それはなぜか。二階さんは、所属する政党の名前こそ変わってきたかもしれませんが、本人の政治家としての姿勢はずっと変わることがなかった。だから他の政治家とは異なり、現在も政治家を続けていらっしゃる。やはり、それは本人の姿勢、政治家としての軸足が変わらないからだと思います」

二階は、自民党の議員たちのなかでも中国や韓国などアジアとの強いパイプを持っている。

「二階さんは、非常に人脈を大事にします。やはり国と国をつなぐのは、人と人です。それを大事にする二階さんの姿勢は、日本の外交にとっても非常に重要だと思います」

二階の自民党の幹事長としての活躍について語る。

「二階さんは、小泉政権において、郵政民営化委員会の委員長を務められた際もそうですが、非常にご自身の役職におけるガバナビリティをとても大事にされます。ご自身の考えがあっても、その役職の重要性を考えて行動されます。かつて、大平（正芳）先生が福田（赳夫）内閣の時代に幹事長を務めていましたが、国会で難しい局面が続いたときには、大平先生が自民党を代表して野党と交渉して、話をまとめられていました。福田先生と主義主張が違っても、自民党の幹事長という立場である以上は、共に歩いていくという立場を徹底されていました。二階さんも、大平先生のように、幹事長としてしっかり職責を果たすのじゃないでしょうか」

安倍総理の側近であった今井尚哉総理補佐官・政務秘書官（当時）と二階との縁も深い。これまで出会った政治家のなかで、政治家中の政治家として、今井がひたすら尊敬の目を向けるのが幹事長の二階俊博である。

第一次安倍政権において、国対委員長の責を担ったのが、二階であったが、当時、衆議院で与党が三分の二の議席を確保していたなかで、円満に、次々と予算や難しい法案を処理する二階の手腕に、今井は目を見張っていた。

平成二十年九月、麻生政権の下で、二度目の経済産業大臣に就任していた二階に、今井は大臣官房総務課長として仕えることになる。

毎日毎日、国会対応で大臣室に入る今井を驚かせたのは、国会対策や政策調整などに長けている二階が、外交においてもその手腕を発揮する政治家であったことである。

ベトナムやインドネシア、インドといったアジアの大国との人脈は凄まじいものがあった。

中央アジアや中東の資源国とも、驚くべきパイプを持っている。

そして、中国。中国とのパイプは、日本一、二を争うといっても過言ではない。国内で力があるだけに外交力も発揮できる。

この時、今井は感じたのである。

〈外交力とは、結局、内政力である〉

二階幹事長が語る安倍長期政権

二階は長い政治家生活の中で、複数の官邸を見てきている。その経験からしても、第一次安倍内閣と比較して、第二次安倍内閣の人事面の采配はとてもうまくいっていると感じている。

例えば、人事でいうと、菅義偉官房長官（当時）については、安倍総理と最も気が合う人材を登用していると感じる。具体的には、総理に話した内容は、官房長官に言わなくても必ず伝わっている。

また、官房長官に話を通せば、総理にも必ず伝達される。この両者の信頼関係が、内閣運営において大きな効果を発揮している。

〈生意気な言い方になってしまうかも知れないが、やはり、安倍総理自身が、ご苦労されたことによって、人間的にさらに、大きくなられたのだろう〉

人材登用の面はもちろんだが、安倍総理は自信と経験を蓄え、演説もずいぶん上達したと二階は思う。

また、ひところは総理大臣が一年交代という時期があった。しかし、第二次安倍政権は長期政権として安定し、諸外国の交渉の際にも有利に働いた。

安倍内閣は、長きにわたり政府や党で政治に取り組んできた重鎮のベテランを起用した。

二階は、安倍総理が思い描いている政策を実現できるような環境づくりに勤しんだという。

時折、二階は記者から質問を受けた。

「ポスト安倍は誰ですか？」

二階は、こう答えていた。

「安倍総理の後は、安倍総理です」

じっくり長期政権で政治に取り組むことにより、外国の政治家からの評価が高まる。各国の首脳が集まるような場で、安倍総理が中央にいた。その姿を見て、二階は、日本が国力を付けてきたと同時に、安倍総理自身が能力を高めていったことを強く感じた。

二階は、第一次安倍政権と第二次安倍政権の違いは、安倍総理に対する党内の評価、世間的な評判が大きく向上した点だと考えている。二階の長い議員経験から見ても、これはやはり、安倍総理自身が自信を持って政治に取り組んでいるからにほかならない。

昔から、総理大臣が就任すると、党内からなるべくその内閣を早く終わらせようとする勢力が現れる。政治目標のひとつとして、内閣を潰しにかかるようなグループが居たりするのである。

しかし、第二次安倍政権に関しては、少なくとも自民党内には、総理の座から引きずり降ろそうなどと考えている者はいないと二階は見ている。皆が、安倍の政治手腕に満足していた。

外交ひとつとってみても、世界中をまわって国際的に見事なコミュニケーションを実現した。このことに対して、党内からは賞賛の拍手が鳴り止まない。

なぜ安倍外交は順調だったのか。それは、安倍総理自身の祖父の岸信介元総理、父親の安倍晋太郎元外務大臣と、大物政治家に囲まれて育ってきたという家庭環境も大きい、と二階は考えている。

さらに、これまでの外交が成功し続けていることの好影響もあるだろう。

平成二十七年八月、二階率いる志帥《しすい》会は、秩父での夏期研修会で九月の自民党総裁選を前に全会一致で安倍総理の再選を支持する旨を記した書状を作成している。

二階は語る。

「派閥なんてね、一致団結しなければ何の意味もない。一人でも欠ける者が出たり、消極的賛成なんてあったりしたら価値がないんだ。さらに言えば、当然、決断は早い方が良い」

大晦日に被災地・糸魚川視察

平成二十八年十二月二十二日の昼前から二十三日の夕方まで、新潟県糸魚川《いといがわ》市で大規模火災が発生した。糸魚川駅近くの中華料理店で発生したこの火事は、強い南風が吹いていたことや、発生地域が昭和初期に建造された雁木造の商店街や木造住宅の密集地域であったことにより、日本海方向に拡大、延焼した。その規模は、多発的に出火する地震や津波の二次災害を除いて、単一出火の延焼では、日本国内において過去二十年間で最大となった。人的被害は、消防団員十五名を含めて、負傷者十七名で、死者は発生しなかった。

その一方、建物への被害は激しかった。慶安三年（一六五〇年）創業で新潟県最古の酒蔵として知られている加賀の井酒造の酒蔵、相馬御風に所縁の品を所蔵し過去の糸魚川での大火を免れて一九五年にわたって存続してきた割烹『鶴来家』、北大路魯山人《きたおおじろさんじん》、美空《みそら》ひばりなどの多くの著名人が宿泊したことで知られる旅館『平安堂』などが焼失した。

この災害からの復興にいち早く動いたのが自民党幹事長の二階俊博であった。

二階は、被害状況を聞き思った。

〈これは、自然災害以外の何物でもない。被災者生活再建支援法が絶対に適用されるべきだ〉

被災者生活再建支援法は、自然災害の被災者への支援を目的とした法律で、阪神・淡路大震災をきっかけに平成十年に成立した。

この法律が適用されると、住宅の被害程度に応じて、全壊した自宅を新築で再建した場合は最大三百万円、大規模半壊で新築した場合は最大二百五十万円などが支給される。また、新潟県、糸魚川市の制度で上乗せ額は全壊が百万円、半壊が五十万円である。

新潟県内では、平成十六年の中越地震で適用された。また、平成十九年の中越沖地震を契機に、それまで家財道具購入などに限られていた用途が住宅再建などにも拡大された。

だが、この法律はこれまで地震による被害などが中心で、火災による被害での適用はなかった。

しかし、二階は適用するべきだと強く思っていた。すぐさま、自民党として取り組みはじめた。

十二月二十七日には、自民党災害対策特別委員会・総務部会の合同会議を開催した。

この会議で、すでに現地視察をおこなった自民党新潟県連の報告や要請を踏まえて、今回の火災災害を強風による「自然災害」と位置づけて、被災者生活再建支援制度を活用することができないか、政府に早急の検討を求めることを決定した。

こうした声を受けて、政府内でも検討が進んでいく。松本純防災担当大臣、麻生太郎財務大臣らが調整し、最終的に安倍総理大臣が適用を決断した。

十二月三十日には、第二回の自民党災害対策特別委員会・総務部会の合同会議が開催された。

この席で、松本防災担当大臣は、糸魚川大火で住宅被害を受けた人に被災者生活再建支援法を適用し、支援金を支給することを明らかにした。

こうして火災では初めてとなる支援金の支給をおこなうことが決まったのだ。

自民党の幹事長代理を務める林幹雄衆議院議員は、ホッと胸をなでおろしていた。

〈良かった。住宅再建のメドが立ち、被災者の方たちも安心して年が越せるな〉

林は、会議終了後、自民党幹事長室を訪れ二階に言った。

「幹事長、すぐに適用が決まって良かったですね」

そう言って、林は幹事長室を引き揚げようとした。

林の後ろ姿に、二階から声がかかった。

「よし、これから現地に行くぞ」

林は驚いた。

「えっ、幹事長、これからですか？」

二階が続けた。

「折角、決まったんだったら、すぐに報告しに行こう。それに現地の視察をして激励もしなきゃダメだ。この寒空の下、被災者の方たちは不安になっているだろうから励まさないといけない。それだけじゃなく、今後についての要望もあるだろうから、それも聞いて次の取り組みに進まないといけない」

「わかりました」

林はすぐに糸魚川市まで視察に向かう調整に取りかかった。なにせ年の瀬の十二月三十日である。一年のうちで最も飛行機や新幹線のチケットが取りにくい時期だ。

すぐに調べた。飛行機も北陸新幹線も、ほぼ売り切れだった。

林は困った。

〈どうするか、こうなったら、ヘリをチャーターするしかないか……〉

そう思ってヘリコプターの運航会社に問い合わせてみた。だが、それも無理だった。

〈最悪、バスをチャーターして一晩かけて行くしかないか……〉

そう思っていた時、たまたま羽田空港発富山空港行きの最終便である全日空三二一便に十三席ほど空席があることがわかった。

林はすぐに言った。

「よし、それを押さえてくれ」

富山市から新潟県の西端にある糸魚川市まで車で一時間ほどだ。

林は、富山市で一泊したのち、翌日の朝早くから視察するスケジュールを組んだ。

と同時に、米山隆一《よねやまりゅういち》新潟県知事や糸魚川市の米田徹《よねだとおる》市長など現地の首長にもすぐに連絡した。

実は、被災者生活再建支援制度の適用のほかに、もう一つ心配事があった。

それは、火災により大量に出現したがれきの処理費であった。火事の場合は、本来がれきの処理は自己負担になる。だが、自然災害の指定を受けるとそれも自己負担がゼロになる。被災者にとってみれば、その方が経済的な負担は軽減されるし、復興に向けた足がかりにもなる。がれきの処理費をめぐっては、糸魚川市は、原則として八割を負担し、所有者の負担は二割を上限にする方針を示していた。

二階は、糸魚川市役所で米山知事、米田徹市長らと意見交換した際に語った。

「災害廃棄物（がれき）の処理費は被災した方々の心配事なので、個人負担はゼロにしよう」

その後、二階たちは、被災現場を視察した。

火災からまだ一週間ほどだったため、市の中心部には深刻な火災の影響が残っていた。

二階は、報道陣に対し、個人負担ゼロの方針について語った。

「この方針通りやる。一つひとつ市長や知事とよく相談しながら対応したい」

二階の発言を受けて、米田市長は、この日午後の記者会見で語った。

「力強い言葉をいただいた。国が費用を何割負担するかなど、詳細は年明けに協議したい」

視察を終えると、二階たち一行は北陸新幹線で夕方に帰京した。

二階の行動は、その後も迅速だった。

現地でのヒアリングをおこなうと、すぐさま聞いた五項目の要望について、自民党の災害対策特別委員長の三原朝彦に指示を飛ばした。

「委員長、この要望を今すぐ各省庁に伝えてくれ。三十一日でもやっているはずだ。それで年が明けた六日におこなう三回目の対策会議でその結果が報告できるようにしてくれ」

林は、一瞬も気を緩めることなく、大晦日の最後の最後まで仕事に徹する二階の凄まじさに驚嘆した。

年の明けた平成二十九年一月五日、この日は自民党の仕事始めであった。

安倍総理は、自民党役員会の席で二階に礼を言った。

「二階幹事長に心からお礼を申し上げたい。三十一日の大晦日に被災地に赴き、現地の要望を改めて聞いて対応してくれてありがとうございます。国民に自民党がいかに仕事しているかアピールしてくれて、本当に感謝しています」

一月十二日、糸魚川市は、被災した建物のがれき撤去費用について、全額を国と市が負担すると発表した。

その後の調整もあり、最終的には、国が費用の九割を負担し、残る一割を市が負担することで調整がついた。視察時に二階が提案した通りの結果になったのだった。

「一帯一路」

二階俊博幹事長は、平成二十九年の大型連休前、五月十四日に北京で開催される現代版シルクロード経済圏構想「一帯一路」の国際協力首脳会議に出席する意向を表明した。

「一帯一路」はもともと日米が主導する自由貿易の枠組みである環太平洋パートナーシップ協定（ＴＰＰ）に対抗して生まれた。中国主導の経済圏を築き、その影響力を安全保障に及ぼす意図が込められている。

首脳会議には、アジア各国の首脳が顔を揃えた。例外は日本政府だ。安倍晋三総理はもちろん欠席。中国側から打診があった世耕弘成経済産業大臣も出席を見合わせ、松村祥史《まつむらよしふみ》経産副大臣の参加でお茶を濁した。

日本政府の冷たい対応に直面した中国が、日本のトップとして白羽の矢を立てたのが二階である。

共産党独裁の中国では元来、党組織が重く見られる傾向にある。幹事長として自民党では総裁に次ぐ地位を占める二階は「副総理」格としてもてなしを受けた。

今回の訪中には官邸から今井尚哉総理秘書官も参加した。一部には今井を二階の「お目付役」と観測する記事もあった。だが、今井の参加を決めたのは、二階だった。総理以外の外遊に秘書官が同行するのは極めて異例のことである。

経済産業省出身で安倍政権の「シナリオライター」とも目される今井が加わったことで、この訪中は官邸と党を挙げてのもの、という意味が加わった。

これに榊原定征《さかきばらさだゆき》日本経団連会長（当時）も加わった。経済界にはもともと安倍政権の対中政策に不満の声があった。

「一帯一路は大きなチャンス。日本もこれを生かしてやっていくべきじゃないか」

人口にして十四億人に近い中国。加えて、周辺諸国も加えれば、一帯一路にはとてつもない需要が見込まれる。日本企業がビジネスチャンスと捉え、それを取りに行くのは自然なことだ。

一帯一路経済圏会議について二階は思う。

〈政府はもともと反対だった。だが、今井秘書官を連れて行き、党と政府、財界を挙げての出席という形に持って行った。中国について何も知らん者にとって、これは大きい〉

二階は五月十三日、習近平との会談を前に「一帯一路」について語った。

「日本も、積極的に協力する決意を持っている」

習近平との会談の調整が進むなか、さらに語った。

「『両国が話し合っていけば、非常にすばらしいことになる』と受け止められるような話し合いがされると思う」

首脳会議は五月十四日に北京で開幕。参加国は、合計で約二十カ国以上に上った。

習近平国家主席は開幕式で、中国からアジア、欧州、アフリカをつなぐ一帯一路の沿線国のインフラ整備を積極的に支援し、中国が新たな国際秩序の構築を主導すると意気込みを示した。

「『一帯一路』の建設を通じ、協力の新しいモデルを作っていく」

宣言に続いて、中国が平成二十六年に設立した「シルクロード基金」に千億元（約一兆六千億円）を追加出資するほか、今後三年間にわたり発展途上国に六百億元規模の資金援助をおこなうと表明。途上国支援にも触れた。

「他国の内政に干渉せず、社会制度や発展モデルを輸出したり、押しつけたりしない」

これはアメリカをはじめ西側諸国の国際援助に対する姿勢を意識した発言と見られる。

十五日、二階は北京で記者団に語った。

「今回の会議に出席しなければ、日本は置いてけぼりになった」

アジア太平洋地域のインフラ需要は平成二十八～四十二年で計二十六兆ドル（約二千九百兆円）との試算もなされていた。

二階は十六日、中国・北京の釣魚台国賓館で習近平国家主席と会談した。

二階は安部晋三総理に託された親書を習近平に手渡した。この時、二階は近いうちに習近平を含む中国首脳級が日本を訪問するよう要請した。

親書は日中両国の安定的な関係を築くため、首脳が定期的に行き来する「シャトル外交」を呼びかける内容だ。首脳間の交流について「今後、ハイレベルの対話を重ねながら、相互訪問を目指す」と表明している。一回に限定した往来ではなく、両国首脳が複数回にわたって定期的に訪問し合うことを思い描いていた。

習近平は国際会議に出席した各国首脳の対応に追われていた。にもかかわらず、二階からの会談要請には応じている。習近平体制による二階への「厚遇」を象徴するかのような振る舞いだった。

会談で習近平は二階に「古い友人」と呼びかけた。さらに、こんなリップサービスまで贈っている。

「二階氏が出席されたことは、『一帯一路』イニシアチブへの日本側の積極的な態度を表しており、高く評価したい」

習近平は日中関係の改善に向けての前向きな姿勢も隠さなかった。

「未来志向の精神に基づいて両国関係を発展させたい」

同行して取材したメディアの記者たちは現場で驚愕していた。

同行団の一員が語る。

「二階さんと習主席の双方が発言する時間がちゃんと取ってありました。もちろん、オープンに撮影できる形で。普通の首脳会談であれば、当たり前のことなんですが、少なくともここ数年の間、日中の要人が会談する際、双方のやり取りをカメラが捉えることはなかった。これには本当に驚きましたね」

「春暖」――この訪中で二階が日中関係の現状を表現する上で用いた言葉だ。

正確には、「春の暖かさが感じられつつある」と発言している。

平成二十九年六月に入ると、安倍晋三総理も「一帯一路」構想への協力姿勢をより鮮明に打ち出し始めた。

安倍総理は六月五日、東京でベトナム、ラオス両国首相やアジア各国の政府高官などが出席した国際会議に顔を見せ、「一帯一路」について述べている。

「洋の東西、その間の多様な地域を結びつけるポテンシャルを持った構想」

一定の評価といっていい。万人が利用できるよう開かれることが必要と留保はつけながらも、「日本も協力していきたい」と言明した。

対中国政策について安倍政権の姿勢の変化を指摘する人も増えた。二階はそうした声を聞くたびに感じていた。

〈「変わってきている」んじゃない。「変わらざるを得ない」んだよ〉

幹事長として国政選挙を陣頭指揮

安倍晋三総理による衆議院解散の情報が流れはじめていた平成二十九年九月十五日、自民党幹事長の二階俊博は、外遊先のインドから戻った直後の安倍総理と二人だけで食事をしている。

その後、自民党本部に戻ってきた二階に、幹事長代理の林幹雄は直接聞いた。

「総理と、選挙の話は出ませんでしたか」

「いや、出なかったよ」

二階は瓢々と答えたという。

同じ日の午後三時、与野党幹事長会談のあとで、公明党の井上義久幹事長が林に聞いてきた。

「林さん、選挙の話、聞いてない？」

「いや、聞いてないですよ」

林は答えた。

「二階さんにも聞きましたが、そんな話は出なかったと言ってましたよ」

「マスコミがざわざわしていて、凄いんだよな。本当に選挙になるなら、準備しないといけないし」

井上はそうこぼしながら、去っていった。

翌十六日、林が千代田区永田町一丁目の自民党本部に行くと、二階も出てきていた。

「幹事長、選挙の話でマスコミがもちきりですよ。臨時国会で解散だとか言ってますけど、どうなんですか」

林に問われると、二階はいつもの調子で言った。

「なら、総理に確認してみようか」

「じゃあ、私が電話します」

林はそう言って、安倍総理に電話をかけた。

すると、安倍は逆に林に聞き返してきた。

「あれ、林さん、幹事長から聞いてない?」

二階は、「二階の懐刀《ふところがたな》」と言われている林にまで安倍総理から伝えられていた衆議院の解散について漏らさなかったのである。

もし、マスコミが報道するように、臨時国会で解散がおこなわれる場合、公認の調整など準備はたくさんある。

林がそのことを伝えると、安倍は「そうか。林さん、選対委員長代理だもんな」と言い、さらに続けた。

「月曜日に国連総会に出席するためにニューヨークに向かわなければならないんだけど、その前にちょっと幹事長と一緒に来てくれませんか」

林は、その場で二階の了解を取り付けて、九月十八日の月曜日に安倍総理と会うことになった。

九月十八日の月曜日、安倍総理は、午後二時過ぎにニューヨークに向けて羽田空港から出発する。その直前に総理の私邸に行くことになった。

しかし、選挙近しの風向きを感じて、与党の幹部には常に番記者がマークしていた。これでは動きが取れない。

林は、何食わぬ顔で赤坂の議員宿舎の玄関を徒歩で出て、記者が見えなくなってから二階の車に乗り込み、合流した。

それから、安倍の私邸がある渋谷区富ケ谷に向かった。

地下一階、地上三階の私邸の二階が安倍夫妻の住居だ。

私邸の一階に車で乗り入れると、二階にエレベーターで上がった。そこに、安倍総理が昭恵夫人を伴って待っており、二階と林の二人は応接室に通された。

いきなり、安倍は切り出した。

「解散の話は、国連から戻ってから明確にするけれども、冒頭解散も頭に入れて公認調整を急いでください。解散時期については、国連総会から戻って判断するので、まだ口外しないでください」

林は類推した。

〈「冒頭解散も頭に入れて」ということは、これは解散するということだな〉


実は、この衆院選の事前の情勢調査の結果は芳しいものではなかった。当選一回、二回の若手はこれまでの選挙では風で勝ってきていた。みんな吹き飛んでしまうのではないかという予想もあった。一時は、「七十議席減」という数字まで上がっていたほどだ。

二階は野党の実力や選挙態勢を正確に把握していた。「大負けはしない」との確信もあった。それでも、こんな思いはあった。

〈多少は議席を減らすかもしれんな。とはいえ、勝つ見込みがあるからこそ、解散に踏み切ったわけだ〉

九月二十三日から二十六日にかけて、自民党は衆議院選挙の議席予想を調査している。これによれば、自民単独で二七二議席。公明を合わせると、三〇四議席となっている。公示前の自公勢力は三一九議席だから、一五議席を失う計算だ。九月初旬の調査と比べても、五議席マイナスとなっている。

小池百合子東京都知事が九月二十五日に、「希望の党」の結党を発表しても、二階は動じなかった。

〈飛び上がっている場合じゃない。よく見極めなきゃいかん〉

九月二十九日には、小池百合子の「排除」発言も飛び出した。

案の定、希望の党はここから失速を始める。

〈「排除します」「さらさら受け付けません」の「一言」だもんな。怖いもんだ。特にテレビは持ち上げるだけ持ち上げて、落とすときはガクンと落とす〉

選挙が公示されてから二日後の十月十二日、二階幹事長は、自民党の全候補者に向けて緊急通達を送った。新聞各紙が序盤情勢として与党の優勢を報じた直後であった。

二階の緊急通達は、「あたかも我が党が優勢であるかのような報道がされているが、一瞬たりとも楽観を許さない極めて厳しいものであることを肝に銘じてほしい」という内容であった。

この緊急通達は、自民党の候補者たちの気を引き締めるのに大きな効果があった。

自民党に追い風が吹き始めても、二階は「いい気になるな」「風が吹いていない選挙区もある」と、手《た》綱《づな》を引き締めるのを忘れなかった。

平成二十九年十月二十二日に投開票がおこなわれた衆院選は、蓋を開けてみれば、自民党の大勝で、事前の予測を上回る議席を獲得した。

公示前二八四議席だった自民党は、小選挙区で二一八議席、比例区で六六議席、合計二八四議席だった。議席自体は、プラスマイナスゼロの現状維持だが、定数が十議席削減されたなかでは十分な結果であった。

一方、連立与党の一角をしめる公明党は、五議席減の二十九議席だった。

二階にとっても、幹事長として衆議院選挙の差配をしたのは初めての経験だった。「減らして当然」という空気の中で何を思っていたのか。

〈負ければ、責任を取らなければならん。石もて追われることになるかもしれん。そこは度胸を決めていた。勝った場合のことは考えなかった〉

二階は、自民党の勝因は一つしかないと思っている。

〈日常の政治活動、選挙活動を党全体でしっかりやっておったということだ。この点を国民の皆さんが評価してくれたんだろう〉

一方、小池知事が代表に就任した希望の党は「強い」と言われていたお膝元の東京の各選挙区でも、長島昭久が小選挙区で勝っただけで、多くの候補者が枕を並べて討ち死にした。

二階はその結果を聞き、強く思った。

〈やはり日常活動だ。その大事さがこの結果にもよく表れている〉

空海という巨人

平成二十九年十二月二十四日から二十七日にかけて二階俊博自民党幹事長と井上義久《いのうえよしひさ》公明党幹事長は中国福建省を訪問し、宋涛・中国共産党中央対外連絡部長が主催する「第七回日中与党交流協議会」に参加した。

福建省は習近平にとっても馴染みの深い地である。一九八〇年代半ばから二十年近くに渡り、以下のような要職を歴任してきた。

福建省党委副書記、福建省省長、同代理省長、福州市党委書記、福州市人代常務委主任、福州市副市長。

まさにエリート中のエリートと言っていいだろう。

福建省は、宋部長の出身地でもある。二人にゆかりの場所を選んだのは林幹雄だ。もちろん、二階の指示に従い、中国側に提案した。

もう一つ、福建省での開催には意味がある。習近平体制が主導し、二階も熱い視線を送る一帯一路経済圏構想。福建省はその重要な拠点と目されているのだ。

「陸のシルクロード」と「海のシルクロード」を結ぶ福建省において、日中間で一帯一路の具体的な協力のあり方を協議した上で北京に入る。これが二階の目論見だった。

安倍政権が抱える内政の課題とも、福建省は実は深いつながりがある。それは沖縄問題だ。

十二月二十五日、第七回日中与党交流協議会がおこなわれた。

二階は、開会式で基調講演をおこなった。

十二月二十七日、二階は開元寺を視察した。弘法大師・空海が中国に渡って最初に入ったゆかりの深い寺院である。

空海を乗せた第十六次遣唐使船四艘は、八〇四年（延暦二十三年）六月、肥前国田ノ浦（長崎県平戸市大久保町田ノ浦）を出港した。一行は、途中暴風雨に遭い、うち二艘は消息を断ち、空海の乗った第一船は三十四日間も漂流した。そののち、「福州長渓県赤岸鎮已南ノ海口」へようやく辿り着いた。この浜に着岸した空海を乗せた第一船は、この後、赤岸鎮から追われるようにして福州の観察処置使である閻済美のところへ向かった。

福州では、大使の藤原葛野麻呂が同船していたにも関わらず、国書も印符もないために一行は罪人扱いのまま上陸も許されなかった。船も閉め出され、河畔の砂上で留め置かれてしまった。

ここで一行の命運を開いたのは、当時無名の留学生として一行に加わっていた空海であった。空海が大使に代わって書いた上申書『大使の為に福州の観察使に与ふるの書』の文章のあまりの壮麗さであったという。

その後、空海は、福州の開元寺に約一カ月間滞在している。

二階は、公明党幹事長・井上義久や中国共産党中央対外連絡部長・宋涛、それに和歌山県知事・仁坂吉伸を伴い、この寺を訪れた。

二階は和歌山県御坊市出身である。同県高野町に高野山金剛峰寺を開いた空海は郷里の大先達に当たる。和歌山を「紀北」と「紀南」の二地方に大きく分けると、御坊市は高野町と同じ紀北に区分される。空海と二階の起源を辿っていくと、同根に突き当たるのだ。

その空海ゆかりの寺院を日中の要人と共に訪れる。二階にとっては感慨深い経験となった。感慨だけではない。空海に関しては「愛着が違う」と思っている。

〈空海が勉強されたその地に、日中与党交流協議会のメンバーと行くことができた。空海は遣唐使として中国に渡る宿願を果たすため、何度も挑戦している。福建省は日本海を渡りきることに初めて成功した空海が辿り着いた地だと言われる。現代の視点で空海の足跡の端緒となった福建航路を眺めるだけでも、胸に迫ってくるものがある〉

二階は、福建でその足跡を辿りながら素直に思えた。

〈厳しい状況の下、空海和尚ご本人も大変な苦労をされたんだろうな。空海和尚はよくおやりになった。結果を言えば、運もよかったんだろうが、単に運の一言で片付けられるほど、平坦な道ではなかったとい

うことであろう〉

空海が当時、世界有数の文明圏だった唐から持ち帰った最先端の文物は日本を変えた。仏教はもちろん、科学や医学、文学に至るまでさまざまな文献をもたらしたことで後世に名を残している。

二階はこの点にも敬服するしかない。

〈文学や政治のありようといったことに対しては、いくらか理解できるところもある。だが、空海が関わった分野はあまりに幅が広すぎる。なかには讃岐うどんの研究までである。やはり、空海は「巨人」だ〉

空海は文字通り命をかけて、日中両国の間に橋を掛けようとした。二階の対中外交はそれに倣ったものだ。日本が中国から学べるものは学び、生かしていく。隣国同士が攻撃し合ってばかりいても、何も生まれない。

〈空海さんと私のやろうとしたことは、時空を超えて共鳴し合っているのかも知れない。日中交流についてとやかく言いたがる人はいる。「だったら、ご自分でやってごらんなさい」と言いたい〉

二階―習近平ルート

二階俊博は、一度吐いた言葉は必ず実行する。言葉だけではしょうがないのだ。

二階は、その後、北京の清華大学を訪問した。北京にある清華大学は中国でも有数の名門大学である。中国国家主席・習近平の母校でもある。

二階は、今回、清華大学から「名誉教授」の称号を授与されたのだ。清華大学が名誉教授の称号を授与したのは、世界で七人目となる快挙である。現役の自民党幹事長が中国の名門大学でこうした処遇を受けるのは異例の事態と言っていい。

清華大学の実力にも林幹雄は驚嘆せざるを得なかった。世界各国の大学の実力を示すランキングで、今や清華大学は日本の最高学府・東京大学の上を行っているのだ。国際的評価は日本のどの大学より高いということになる。その大学から二階は名誉教授の称号を授与された。

〈参っちゃうよなあ〉

林は一人、苦笑せずにはいられなかった。

名誉教授といっても、特別な拘束は何もない。二階は思う。

〈別に向こうから注文をつけて来ることはない。学生への講義にしても、向こうは「ご随意に」ということだ。「いい時に来て、やってください」と〉

さはさりながら、二階はこれまでの訪中でも、時間を作っては学生に語りかけて来た。

〈せっかく名誉教授となった大学だ。大学には必ず立ち寄る。若者に話をするのは大切なことだ。それに日本の政治家、特に保守政治家が中国の大学からこうした場面を提供してもらえるのは、非常に名誉なことでもある〉

二階は平成三十年夏、清華大学の学生三百人を日本に招待した。

二十八日には、二階は、北京の中央党校で講演した。

この学校の創立は、昭和八年（一九三三年）。毛沢東の命で造られた。中国国家主席・習近平にとっても縁のある学校である。かつて校長を務めた経験があるからだ。

組織としては中国共産党中央委員会の直属で、中国共産党高級幹部の養成機関と位置づけられている。

歴代校長は「次期総書記」が就任するのが慣例。前総書記である胡錦涛や習近平もかつて国家副主席・政治局常務委員時代にこの学校の校長を務めている。

二階の講演会場には特例として中央党校で最も広い講堂が使われた。八百人ほどは収容できるだろうか。過去にこの講堂で講演したのは、ドイツの首相をはじめ各国の元首クラスばかりだという。日本の政権与党でナンバーツーとはいえ、元首クラスと同等の扱いである。二階に対する中国共産党の評価がここにも表れている。

二階は、「世界の中の日中関係〜日中『共創』の時代へ」のタイトルで語った。

今回の訪中でも、自民党幹事長・二階俊博と中国国家主席・習近平の会談が予定に組み込まれていた。習近平とこれだけ数多く会談をこなしてきた人物は日本政界広しといえども、二階をおいて他には見当たらない。

今回の同行団の一人はこんな見方を示した。

「これまで交流協議会の枠組みで中国国家主席が議員団と会見・会談したことはありません。トップが交流団を歓迎したのは初めてのことです。議員団を率いている人物が二階幹事長であることを中国側は非常に重視している。その現れでしょう。長い年月をかけて人と人が築き上げてきた人間関係、信頼関係。中国はそうしたものを極めて大切にしています。地道な交流を続けてこられたのが二階さんという政治家、人間です」

二階と習近平との会談は、同年五月以来、今回で四度目だった。

林幹雄は、いずれにせよ、冷え切っていた日中関係に回復の糸口を用意したのは「二階外交」だと見る。

自民党にとっても、官邸にとっても、まさに天佑だった。

〈従来の外務省ルートに頼っているだけでは、とても打開はできなかった〉

訪中前、二階は同行する議員団のメンバーに、関心分野に応じて個別テーマを割り振っていった。

林は中国でインフラにおけるパワーのすごさを目の当たりにした。中国の高速道路は現在、距離にして総計一三万キロを超えている。

〈桁が違う。大変な数字だ。日本の高速道路は今、全体で九千キロ。中国は年間九千キロを新たに造り、伸ばしている。軽く抜かれたのも無理はない〉

同じ構図は新幹線にも見られる。「日本のパクリ」とも言われた中国新幹線だが、距離に関しては日本の九倍とすでに圧倒している。

二階俊博と習近平の間には隣国の首脳同士という間柄を超えた信頼関係が構築されている。林幹雄は思う。

〈今や「二階―習近平ルート」と呼ぶ人もいるくらいだ。外務省や経産省には真似できない独自の外交チャンネル。これを党人派の二階さんが一つ一つ積み上げてきた意義はとてつもなく大きい〉

安倍晋三が総理となって以来、国内メディアは「反中」報道にいっそう力を入れるようになった。そんな風圧のなかで、日中外交に地道に実績を積み上げてきたのが、二階俊博だ。

〈気に入らん日があれば、そこは片目をつぶってでも、次の段階を待ち受ける。そういう度量がなければいかん。人と人との付き合いと一緒だ〉

平成二十七年十二月二十五日、中国の主導でアジア向けの国際開発金融機関「アジアインフラ投資銀行

（ＡＩＩＢ）」が発足した。日本は米国と共同歩調を取り、平成三十年に入っても、参加を見送っている。

二階俊博は、ＡＩＩＢに関しても積極的だ。

〈参加したって別にいいんじゃないか〉

新潟県知事選、勝利への執念

森友・加計学園問題で、苦境に立っていた安倍政権を救ったのが、平成三十年六月十日投開票の新潟県知事選だった。

二階幹事長と幹事長代理兼選対委員長代理を務める林幹雄にとっても、新潟県知事選挙は負けられない戦いであった。

自民党内にはかなりの危機感があった。もし、この知事選で敗れれば「安倍では来年夏の参院選に勝てない」との見方が自民党内に広がり、総裁選で安倍の対抗馬と目されていた元幹事長の石破茂への支持が広がりかねなかった。

この選挙は、現職の新潟県知事の米山隆一が週刊文春にスキャンダルを報道されたことを理由に、四月十八日に辞任を表明したことによっておこなわれた。

元々、米山は、平成二十八年の新潟県知事選挙で、共産党や社民党、自由党などの支持を受けて当選していた。

自民党はこの選挙で長岡市長の森民夫《もりたみお》を擁立したものの敗れていた。

そのため、林や二階ら自民党執行部にとってみると、なんとしても負けられない知事選であった。

林たち自民党執行部にとって重要なのは、まず誰を候補者に擁立するかだった。急な選挙のため、すぐに白羽の矢を立てないといけない。

二階は、すぐに動いた。

「花角《はなずみ》君に連絡をとってくれ」

二階は、花角英世《ひでよ》の人柄について、思っていた。

〈本人の人柄と今までのキャリアから新潟県知事にふさわしい。この選挙に勝てるのは花角君しかいない〉

実は、国土交通省出身の花角は、二階との縁が深かった。二階がかつて小渕恵三内閣から森喜朗内閣にかけて、運輸大臣に就任していた際、花角は大臣秘書官を務めていたのだ。

平成二十四年には、国土交通省大臣官房審議官（海事局、港湾局併任）に就任し、その翌年の平成二十五年に、泉田裕彦《いずみだひろひこ》知事の下で新潟県副知事に就任した。平成二十七年九月に副知事を退任すると、国土交通省海上保安庁次長に就任していた。

林と二階は、ちょうど二人で会食をしていた。

林は、花角に連絡をとり、すぐに二階に代わった。

二階は、電話越しに花角を口説いた。

「もう君しかいない。そろそろ覚悟したらどうなんだ？」

実は花角は、過去にも新潟市長選挙に立候補するように地元の自民党から要請されたことがあった。が、花角は辞退していた。

花角は、泉田裕彦が新潟県知事の在職中に、副知事を二年半ほど務めていた。その時の評判が非常に良く、地元の県会議員や、さまざまな団体から「花角氏に立候補してほしい」という声が上がっていたのだ。県知事の泉田は、自民党新潟県連との関係はあまりしっくりいっていないようだったが、副知事の花角の評判は良かった。

最初、電話をした時の反応は悪くはなかった。

だが、まだ決断はつかないようであった。

「ちょっと考えさせてください。相談をする人もいるから、時間をください」

そんな返事だったと林は記憶している。

二階自身の様子からは大丈夫だろうという感触だった。

二階からの打診を受けた花角は、その週末、地元の新潟に帰った。

知事選に出馬するかどうか、地元の同級生たちの意見を聞くためだった。

そうこうしているうちに、自民党新潟県連からも、二階や林の元に「花角元副知事を擁立したい」という要望が届けられた。

自民党新潟県連は、これまで分裂することが多かった。だが、候補者が花角になったことにより、一致団結して戦おうという姿勢になった。いつも分裂含みで選挙のたびに揉めていた新潟県連にしては珍しい出来事であった。

林自身も、花角の人柄を以前からよく知っていた。花角が二階の運輸大臣時代の秘書官だったこともあり、宴席をともにする機会も多かった。そのため、花角と党本部や地元とのパイプ役は林が引き受けた。

自民党新潟県連の幹事長で県会議員を務める柄沢正三とも、平成二十九年の衆院選の際に、新潟県五区に泉田裕彦の擁立を巡って、様々なやりとりをしていたため、林にとってはやりやすかった。

林自身は、花角が出馬すれば勝てる、と思っていた。

当初は、公明党が推薦か支持かで揉めた。

これは自民党新潟県連の幹事長と公明党の責任者の間に多少の諍いがあったからだった。公明党サイドには、前回の新潟県知事選で、自民党の推した候補を一生懸命に応援したのに、肝心の自民党県連が一枚岩でなかったことに不満があった。出会い頭に公明党の責任者がその時の不満を訴えたところ、自民党側が開き直ったのが原因だったという。

「いやぁ、本当にご迷惑をかけました」

そうひと言、言えば丸くおさまる話だったが、「そんなこと今更、言われても」と開き直ったため、感情的なしこりが残ったようだった。

林は、その関係を修復することに尽力したが、最終的には公明党は推薦ではなく、支持というかたちでまとまった。推薦は受けなかったが、公明党は実際にはかなり力を入れてくれて、推薦以上の支援をしてくれたという。

花角のことを「抜群の人材」と目をかけていた二階は、幹事長として、この選挙に全力を注いだ。関係者によると、新潟県知事選にかける二階の意気込みは強いものがあったという。

また、新潟県知事選は、与党にとっても、絶対に負けられない選挙であった。

前回、自民党が敗北した選挙では、東京電力柏崎刈羽原子力発電所の再稼働をめぐる是非が争点となり、雪崩を打つように敗れたというのが与党陣営のトラウマになっていた。そのため、当初から、原発再稼働問題を争点化したくないというのが自民党新潟県連の意向だった。

いざ、選挙が始まると、自民党本部も新潟県のさまざまな友好団体に支援を要請した。また、新潟県と縁のある国会議員が頻繁に応援に行き、全党を挙げて総力戦をおこなった。

二階派では、派閥独自の選対を作り、派として全面的に支援をすることにした。自民党県連の事務所のなかに、選対を置き、派閥の秘書が常駐し、派閥に所属する各議員もその秘書も、積極的に新潟入りをしていた。

当初は、政党色をあまり出さないようにと議員が表立って応援することを避けようというムードもあったが、最終的には、全面的に応援することになった。地元の自民党新潟県連は、自民党色が前面に出ると、原発の再稼動の是非が争点になりうることを危惧していたようだった。

東京にある二階が会長を務める志帥会の事務所は選対本部を設置し、本部長の河村建夫衆院予算委員長が陣頭指揮を執った。

各議員に名簿を提出してもらい、電話かけを徹底的におこなった。一通り電話作戦を終えると、その名簿を新潟の選対に送り、新潟でも、もう一度やってもらうようにした。現地に行った秘書軍団は、ローラー戦術で地域をくまなく周り、街頭でも旗持ちや宣伝活動など何でもやっていた。

林は振り返って思う。

〈昔、政界では田中派の秘書軍団が恐れられていたが、それを彷彿させるような勢いだったな〉

現地には、百四十八人以上の国会議員が応援に入った。もはや政党色を薄めるどころの話ではなかった。

六月六日には、二階のほかに、林幹雄幹事長代理、江﨑鉄磨元沖縄北方担当大臣ら志帥会の幹部が新潟入りし、企業や団体回りに奔走した。志帥会に所属する国会議員の秘書も、十人以上が現地に張り付いて、選挙戦の最前線で奮戦した。

関係者によると、序盤、林は、自公の候補であることを前面に出して、徹底的に戦うことを考えていたようだった。

一方、二階は、一見無頓着そうに見えた。そうしたことは選挙テクニックの範疇だから、地元のやりやすいように党本部が手伝ってやればいいというスタンスだった。

関係者は思った。

〈これは二階さんのある種の凄みだな。地方の選挙の戦い方を知っているからこそ、地元が最終的に納得するようにそれまで我慢できるわけだ〉

二階は、地元で選挙を戦う陣営のモチベーションを高める作業を少し時間がかかってでも、丁寧にやっていた。

ある記者には、よく二階が口にする言葉が印象に残っている。

「選挙というのは、その地域の住民が戦う気持ちになり、候補者を押し上げる気にならないと選挙にならない」

この選挙では、花角が二階の秘蔵っ子だったために、メディアからは二階の同行がおおいに注目された。二階が行けば、それだけで大々的に報道される。そのため、選挙戦の中盤に丸一日新潟入りすることになった。街頭には立たずに、マスコミの目を避けて、隠密行動で動いた。

まずは、県西部の糸魚川市に入った。平成二十八年の年末、糸魚川市が大火の被害に遭った際に、二階と林はすぐに動き、大晦日に緊急視察した。

その時の縁もあり、糸魚川市長や関係者などに花角の支援を頼むことになった。

選挙結果をみると、糸魚川市は、花角がトップの票を獲得していた。二階は、糸魚川市で旧知の市長らと面会した後は、新潟県中部の中心都市で、田中角栄のお膝元である長岡市に入った。

元々は、新潟市内で農協などをはじめ数カ所の会合をセットしていたが、そこは林が代わりに引き受けることになった。林は、代わりの会合に参加すると、長岡に向かい、そこで二階と合流した。

二階は、全国土地改良事業団体連合会長を務めている。長岡市では、土地改良区の理事長たちとの懇談会や企業関係者に商工会議所に集まってもらい意見交換をおこなった。

米どころの新潟は、煎餅などの米菓メーカーも多い。米菓メーカーも含めて、様々な業者との会談を六〜七箇所こなし、いずれも花角の支援をお願いしてまわった。

情勢調査では、対立候補とほとんど差はなかった。そのため、林自身は、厳しい戦いになると認識していた。

やはり、原発の再稼動の是非とモリカケ問題は、与党にはダメージとなっていた。

さらに、花角が国土交通省のキャリア出身ということについても、中央からの天下りとの批判も聞こえていた。

脱原発を訴える小泉純一郎元総理が野党側の候補者を激励したというニュースも飛び交っていた。

が、小泉元総理は、街頭で野党の立憲民主党や国民民主党、社民党、共産党、自由党らが推す池田千賀《いけだちか》子《こ》の支持を訴えたわけではない。

小泉元総理は、県知事選の告示日の前日の五月二十三日に、新潟県魚沼市で「原発ゼロ社会の実現」を訴える講演をおこなった。

その講演会場に、池田と彼女の選対本部長を務め、新潟四区選出の菊田真紀子《きくたまきこ》衆院議員が駆けつけたに過ぎなかった。

そのため、花角陣営に不利に働くようなことではなかった。

今回の選挙では、自民党の切り札ともいえる小泉進次郎《こいずみしんじろう》の新潟入りはおこなわれなかった。自民党新潟県連からの要請はあったものの、小泉進次郎の方から「今回は勘弁してほしい」と言ってきた。父親の小泉元総理の行動がニュースになっていたため、小泉親子の動きがメディアの格好のネタになることを避けたいようであった。

しかし、結果的に小泉進次郎の応援がなくても、接戦に勝ったことは自民党が地力を示した証左でもあった。

二階や林は、投開票日の六月十日は、永田町の自民党本部に集まった。萩生田光一《はぎゅうだこういち》幹事長代行や、金田勝年《かねだかつとし》幹事長代理、塩谷立《しおのやりゅう》選対委員長も集まり、幹事長室で開票結果を待ちつづけた。

投票は午後八時に締め切られ、午後十時半になると、ＮＨＫが花角の当確を打った。

林は思った。

〈十一時過ぎになるかと思ったが、意外と早かったたな〉

事前の接戦予想以上に、花角が差を広げていたことが背景にはあった。

ふたを開けてみると、花角は、五四万六六七〇票を獲得。五〇万九五六八票を獲得した池田に対して、四万票近くの差をつけて勝利した。

選挙結果を見て、林は手応えを感じた。

〈勝因は県都・新潟市で勝ったことだな〉

花角は、出身の佐渡《さど》市や、糸魚川市などでリードを奪い、無党派層の多い大票田の新潟市でも、池田を上回った。

林自身は、選挙戦の途中からは手応えを感じていた。

〈接戦になるが、なんとか勝てるだろう〉

実際の票差も事前の調査に近い数字であった。

花角の当選確実が出ると、すぐに幹事長室から花角に電話をかけた。

「おめでとう」

林は思った。

〈やはり選挙は何よりも候補者の人物だな〉

新潟は、自民党にとっては言わば鬼門の地で、沖縄と同じように野党側の勢力が強い地域であった。野党共闘に成功したモデル地域であり、平成二十八年の参院選と知事選で与党サイドは連敗していた。

さらに平成二十九年の衆院選でも、県内の六選挙区のうち四選挙区で野党側が勝利をおさめ、勝ち越していた。

関係者が振り返って思う。

〈今回の選挙は、自民党らしい地方選挙、つまり秘書軍団が活躍し、国会議員が関係する団体への浸透を

はかり、組織を固めて、一票ずつ積み上げて、当初の予測を上回る差で勝った。自民党にとっても大きかっただろう〉

与党にとっては、非常に厳しい地域の首長選を勝ったことは、モリカケ問題で苦境に立っていた安倍政権を救う結果となった。

林は、振り返って思う。

〈もし負けていたら、政局になっている可能性もあった選挙だったな……〉

実際、新潟県知事選挙で与党側が敗北していたら、九月の自民党総裁選で三選を目指していた安倍総理の戦略に影響を与えた可能性は高い。

まさに新潟県知事選は、安倍総裁任期延長へのターニングポイントだったと言えるだろう。

野党側が擁立した池田千賀子は、新潟県議だが、三年前の統一地方選で当選したばかりで県議としては一期三年のキャリアしかなかった。

もし、野党側が知名度の高い候補者を擁立していた場合、勝負の行方は違っていたかも知れない。

林が新潟知事選を通じて感じたのは、有権者が原発再稼動について敏感になっている点であった。

経済産業大臣時代に、エネルギー問題に取り組んでいた林は思った。

〈やはり、今スパッと原発をやめてしまうと日本の経済には大きな影響を与える。新規の原発の建設はしないというなかで、安全を第一に再稼動できる原発は再稼動して、新エネルギーの利用拡大につないでいくことが良いのではないだろうか〉

選挙後、自民党の役員会が開かれた。

安倍総理も上機嫌で参加し、言っていた。

「新潟の知事選挙は良かった。ありがとう、勝つと負けるとでは、大違いだ」

がけっぷちだった政権を救った二階は、翌日の記者会見で、知事選の勝利と総裁選を絡めた記者からの質問がとんだ際に語った。

「昨日の結果が総裁選にすぐに影響するとか、そんな飛躍的な考えは持っていませんが、選挙に勝ったことは総裁選挙にもプラスになっていくには違いありません」

懐刀・林幹雄

志帥会のメンバーで、元沖縄北方担当大臣の江﨑鉄磨によると、普段は温厚な元経済産業大臣の林幹雄だが、幹事長代理として二階幹事長の元で仕えるようになってからは、時と場合によっては、二階が言いにくいような厳しいことでも、代わりに言うようになってきたという。

志帥会の会合でも、若手議員などが問題発言をすると、林が「うるさいぞ！」と叱咤し、厳しく戒めることもある。

江﨑は、そんな林のことを見て思う。

〈まさに黒子だな。二階さんが幹事長として抜群の政治手腕をこれだけ発揮できるのも、林さんの支えがあってこそだ〉

二階一筋の政治家人生を歩んできた江﨑にとってみれば、二階を全身全霊で支える最近の林の姿には頼もしさすら感じるほどだ。

江﨑は思う。

〈これからも二階さんを支え、そして、二階派のまとめ役として活躍していってほしい〉

議員生活二十五年を超えた林幹雄は、今後は、どのような政治家人生を目指すのか。

「どこまでやれるかはわからないが、自分としては、自分で手を挙げてワーッとやるよりも、補佐役が向いていると思っている。だから、現在、二階幹事長のもとで党務のサポートをすることはとても性に合っていると思う」

二階は、平成二十八年八月に自民党の幹事長に就任して以来、幹事長代理としてコンビを組む林幹雄について、以前からの政治家としての印象について語る。

「林さんが山崎派から志帥会に入ったのは平成二十五年一月からですが、その前から、仕事をともにする機会は多かった。落ち着いた性格で、じっと腰を据えて物事に取り組むことができる数少ない有能な政治家の一人として頼りにしていました」

さらに二階は、幹事長代理としての林の仕事ぶりについても語る。

「付き合いが長いから、いちいち説明しなくてもお互い阿吽の呼吸でやれることが多い。なにより、とても助かっています。幹事長の職務をこなすうえで、林さんの存在は非常に大きい」

二階は、幹事長としての自身のこころがけについても語った。

「自民党には有能な政治家がたくさんいますから、彼らにさまざまな舞台で政治家として働いてもらえるように後押しをすることが大事だと思っています。政治家は足のひっぱりあいばかりなどと言われますが、私はそういうケチなことはしません。いつも自分に常に言い聞かせています」

終章　ラストボス　二階俊博の覚悟

最高の同志――妻・怜子との別れ

平成三十年十二月二十六日早朝午前五時、長年連れ添ってきた二階の妻の怜子が亡くなった。家族が見守るなか、痛み苦しむ様子もなく眠るような最期だった。七十七歳であった。

二階は、悲しみのなかで、妻とのことを、あらためて振り返った。

二階は、仕事にのめり込むと、決して手を抜かない性格だ。夜中まで仕事に打ち込んでいる。二十四時間仕事のことばかりで、食べる物でも、一回も文句を言ったことがない。妻の怜子に「美味しい」とか「まずい」とか口にしたことがないという。

怜子が語っていた。

「そういうことはどうでもいいんです。仕事をしていれば楽しい。ある意味幸せな人かもしれません」

怜子は、二階の仕事ぶりを見ながら思っていた。

〈この人、たえず、まるで断末魔のような動きをしている。でも本望なんでしょうね〉

怜子は本心では思っていた。

〈早く政治家を辞めて、おだやかな生活を送って欲しい……〉

が、二階に「辞めてほしい」ということは決して口にできなかった。

〈この人に仕事を辞めろということは「死ね」ということと同じだから〉

二階は、怜子との思い出をあらためて振り返る。

「家内は、当たり前だけど、政治とか選挙とかは基本的には好きな方ではなかった。私も政治家になる時に、『選挙をやるけれど、お前に何かしてもらうつもりはないから』って言ったんです。でも、徐々に政治家の妻という自分の立場を理解してくれて、肚をくってやってくれました。本当に感謝しています。

友人やさまざまな関係で知り合うみなさんが、一生懸命応援してくれる姿を見たら、家内も『黙ってついていく以外にしょうがなかった』って言ってましたよ。私は、『これをやってくれ』と言うようなことはなかったんだけどね。後援会のみなさんの姿を見て『やらなきゃ』と思ってくれて、最終的には、オレよりも活発なくらいだったね」

国会議員として二階が多忙を極めるなか、怜子は家庭を守り続けてくれた。

二階が語る。

「私は自分の家庭について、普通の家庭のように、時間をかけてかえりみることはできませんでした。わざとやっているわけじゃなく、忙しくて物理的に構っていられないんです。だから、家庭のことは彼女にほとんどのことが振りかかっていく。彼女も実家が事業をしていたこともあって、度胸がありました。だから、困ってオロオロするようなことはなかったけれど、なんでも自分一人でやっていくと覚悟を決めてやってくれていました。

だからなのか、私の政治家としての活動を制約するようなことは一度も言いませんでした。普通は、我々の活動を怖がるところがあると思うけれど、そういうことはなかった。私にも『家庭も守ってくださいよ』なんてことは一度も言わなかった。だから何か二人で意見が違ったとか、言い合いをしたとか、そういうことはなかった」

二階怜子は、平成十六年に肺がんを患い、東京で手術を受けたのち、横浜に転居し三男の伸康と暮らし、それ以来、通院治療を続けながら闘病生活を送っていた。

「その時も、私の活動の邪魔にならないようにと、病気のことは、おくびにも出さなかったね。実は、私は一回も病院に付いていったこともないし、入院した時に病院に行ったこともない。毎日の仕事を優先したら、家内の入院先に一日中いることなんてできないんだよね。そういうことはいつでもできると思っているから、結果的に家内に不義理をしてしまったことがたくさんあったと思う。それでも家内は闘病中も、私の選挙の際は必ず帰郷し、挨拶まわりを続けてくれました」

二階は、怜子と共に歩んだ自らの半生について語った。

「政治の道は、誰でも結果が得られるわけではありません。普通ならば家庭の奥さんは、『これから先、うちの生活はどうなるの?』とか、『これから先、子供たちはどうなるの?』なんて心配するものです。結果的にはそれがどこかで政治家としての活動のブレーキになるわけですよね。だけれど、家内はそういうことは一切言わずに、ひたすら我慢していたんだと思います。幸せなことに、私は政治家を続けられて、今は幹事長をやらせていただいています。それは、やっぱり応援してくれたみなさんのおかげであり、一緒にこの道を歩いてくれた家内のおかげだと、いつも思っていました。家内は私の政治活動を陰ながら支え続けてくれた最大の支援者であり、最高の同志でした」

ただし、政治状況もあり、妻の怜子の死は、その日の発表はあえて伏せていた。

二階俊博幹事長と自民党の幹事長代理兼選対委員長代理を務める衆院議員の林幹雄にとって、平成三十一年一月二十七日に投開票を迎える山梨県知事選挙は非常に重要な選挙となった。

この知事選では、二階幹事長の山梨入りがいつの時期になるかも焦点となっていた。

だが、対抗馬の後藤《ごとう》斎《ひとし》陣営の選挙戦略が県民党を標榜し「中央の権力と対峙する地方」というキャンペーンを張っていたこともあり、すぐに山梨入りをするのではなく、時期についてはタイミングをみることになった。相手側が二階の山梨入りを逆宣伝に使おうとしていたこともあり、大量動員をする集会に行って演説するようなことはしなかった。

結局、二階が山梨県に入ったのは、年の瀬の十二月二十七日だった。

実は、その前日、二階が長年連れ添った妻の怜子が亡くなっていた。が、二階はそのことをごく親しい関係者のみにしか伝えず、事前の予定通り、山梨入りをおこなった。

山梨入りした二階は、最初、甲府市にある自民党山梨県連会館に足を運んだ。

二階は、自民推薦の長崎幸太郎《ながさきこうたろう》が同席した選挙対策の会合で、県連会長の森屋宏参議院議員や、山梨選出の国会議員、集まってくれた県会議員たちにお願いをした。

「長崎氏は日本一の知事になる素養を備えている。我々は必ずこの選挙で勝利する。どうかお力を貸してください。必ずそのご恩に報いる」

その後、二階は、創価学会の山梨県本部に足を運び、ここでも先日決まったばかりの長崎への推薦のお礼を伝えた。

その後は、甲府市の地元の市議会議員たちに長崎への支援を要請した。

その後、二階が山梨入りした翌日の十二月二十八日、二階の妻の怜子が二十六日に亡くなったことをマスコミがつかみ、この日の夕刊で報じられた。

林によると、マスコミからの問い合わせが多かったため、記者にメモで、都内で家族のみで家族葬をおこない、翌年の二月二十三日に和歌山県御坊市で「偲ぶ会」をおこなうことを明らかにしたという。

二階の妻の怜子が死去していたことを知った山梨の県議や市議たちは「二階幹事長は、こんな時でも訪問してくれるのか」と心を打たれたらしく、さらに陣営は引き締まったという。この二階の覚悟の山梨訪問により、それまで熱心に動いていなかった地方議員も、積極的に動くようになったという。

二階が怜子の死去を伏せて、山梨入りした際の心境について語る。

「みんなが選挙に向けて頑張っているところに自分が行って、わざわざ自分のことから話すわけにはいかない。勢いがついていることに水を差すようなことはよくありません。そういうことはあとでもいいことだから、言わなかっただけですよ」

長崎も、二階に山梨入りを振り返って語る。

「後から聞いて、驚きました。と同時に、ここまで尽力してもらって、もし落選した場合、幹事長の責任問題にでもなれば申し訳ないと思って、奮い立ちました」

平成三十一年一月二十七日、山梨県知事選挙の投開票がおこなわれた。

大接戦が予想されていたが、長崎は一九万八〇四七票を獲得し、一六万六六六六票の後藤に三万票以上の差をつけて、勝利した。

翌一月二十八日、安倍総理は、国会内で開かれた自民党両院議員総会で、長崎の勝利について声をはずませた。

「大きな逆転勝利を収めた。この勢いで統一選、そして参院選を勝ち抜いていきたい」

統一地方選、参院選の前哨戦と位置づけていた知事選の勝利に、自民党は自信を深めた。

志帥会の本質

二階が国会で質問に立っていたこの日、もう一つのニュースが永田町を駆け巡った。

かつて民進党の代表代行や幹事長を務め、環境大臣や内閣府特命担当大臣を歴任した細野豪志《ほそのごうし》が自民党への入党を目指し、志帥会（二階派）に入会することが明らかになったのだ。

細野は、平成十二年の衆院選に当時の民主党から出馬し、初当選。前原誠司《まえはらせいじ》や小沢一郎などの代表時代に重用され、菅直人政権では震災後に原発担当の内閣府特命担当大臣として初入閣を果たした。

野党転落後、民主党時代には幹事長や政調会長を務めるも、民進党に移行後の平成二十九年八月に「もう一度、政権交代可能な二大政党制を作りたい」と民進党を自ら離党した。その後、翌九月には、小池百合子東京都知事らとともに希望の党を結成していた。

だが、結党直後の十月の衆院選では希望の党は、小池都知事の「排除」発言の影響もあり、躍進を果たせず、「排除」された側の議員たちが結党した立憲民主党の後塵《こうじん》を拝した。

小池都知事の意向を受けて、野田佳彦《のだよしひこ》元総理や菅直人元総理らの排除を主導した細野は、その後、居場所を失っていく。結局、希望の党と民進党による国民民主党の結成には参加せず、無所属のまま活動しており、その動向が注目されていた。

平成三十一年一月三十一日、砂防会館でおこなわれた志帥会の総会で、細野豪志の特別会員としての志帥会入会が認められた。志帥会には、多くの無所属議員や無派閥だった議員、もしくはかつて他の派閥に所属していた議員が入会している。

メディアは、田中角栄の信奉者である二階が「数は力」とばかりに派閥の拡大に熱心であると頻繁に書きたてる。

が、林幹事長代理によると、その実情は少し異なるという。

実際には、会長の二階は「来る者拒まず、去るもの追わず」というスタンスは一貫しているが、よく周囲に言っているという。

「一緒に仲間として働きたいと向こうが言ってくるのなら良いが、こちらから派閥に来て欲しいとは決して頼まないでくれ」

志帥会から勧誘しているわけではなく、政界のさまざまな人間関係のなかで、細野のように「志帥会に入りたい」と入会希望の議員の方からアプローチされるケースがほとんどなのだという。

二階自身も、派閥について考えている点を語ってくれた。

「政治家をやっていると誰しも経験することですが、自分の派閥から議員が、一人、二人……と抜けていく時は、自らの体から血が抜けていくような気持ちがするもの。そのたびに『嫌な世界に俺も来てしまったな』と思ったものです。だから、派閥に人を集める話をみんなしますが、自分はあまり好きではないんです。人を入れると、抜けられる日もいつか来る。余計嫌な思いをするわけです。だから、初めから抜けるような人物は入れません。来る方も、志帥会がうるさ型の派閥だってことは知っていますけどね」

ただし、二階は、迎え入れる時、厳しい目で見るという。

「我が派に入り、力を借りなければ選挙に勝てないという人は歓迎しません。自ら勝ち抜ける力のある人を迎え入れているのです」

実際に志帥会には、細野のほかにも、山口壯《やまぐちつよし》や、長島昭久《ながしまあきひさ》、鷲尾英一郎《わしおえいいちろう》など、かつて民主党に在籍していた議員が入会しているが、いずれも厳しい選挙戦を勝ち抜いた議員たちばかりである。

怜子夫人を偲ぶ会

平成三十一年二月二十三日、和歌山県御坊市にある御坊市民文化会館大ホールで、二階の妻の怜子を偲ぶ会がおこなわれた。

会には、政界関係者や、各界の著名人をはじめ、地元関係者や後援会関係者など約五千人が参列した。

参列者たちは、政治家の妻、三人の息子の母親として二階家を支えた二階怜子の在りし日の姿をしのびながら、遺影の置かれた献花台に怜子の好きだった御坊産のガーベラを手向け、安らかな冥福を祈った。

政界からは、大島理森衆議院議長、安倍総理の代理として出席した菅義偉官房長官、伊吹文明元衆院議長、武部勤元幹事長、斉藤鉄夫公明党幹事長、漆原良夫元衆院議員、世耕弘成経産大臣、石田真敏総務大臣、片山さつき地方創生大臣、岸田文雄政調会長、森山裕国会対策委員長、古賀誠元幹事長、仁坂吉伸和歌山県知事、小泉進次郎衆院議員、細野豪志元環境大臣、辻元清美立憲民主党国対委員長らが参加した。

現職の国会議員だけでも八十人ほど、元職の国会議員も三十人ほどが参加した。

林によると、前日のうちに菅官房長官から参加の連絡が電話であったという。

「ちょっと遅れるけど、参加します」

林は、二階からの言を伝えた。

「長官、幹事長も無理しなくていいですよ、と言ってますよ」

が、菅は言った。

「いやいや、少し遅れるけれど、大丈夫です」

林は応じた。

「わかりました。幹事長に伝えます」

財界人では、キヤノン会長で経団連の会長も務めた御手洗冨士夫、自動車メーカー「スズキ」の鈴木修会長、「すしざんまい」を展開する株式会社喜代村の木村清社長も参加した。また、日本医師会の横倉義武会長も参加した。

海外の要人では、ガルージン駐日ロシア大使、タスリブ駐日インドネシア大使、朴智元韓国国会議員なども参列した。

著名人では、二階と親交の深い王貞治福岡ソフトバンクホークス会長、俳優の杉良太郎らも参加した。

そのほかに、和歌山県内の首長や地方議員、一般の参列者も訪れ、会場は立錐《りっすい》の余地もなく、外には順番を待つ人たちで長蛇の列ができた。

二階によると、東京で開催すると多くの参加者に足を運んでもらうことになり迷惑をかけると思い、ふるさとの御坊市で開催することにしたという。が、予想をはるかに超え、五千人を超える参列者であった。

二階は振り返って語る。

「結果的に、多くの方に御坊まで来ていただくことになって、とても感謝しています」

偲ぶ会では、冒頭、怜子の幼少期から二階との出会い、結婚、政治家の妻、三人の息子を育てた母親としての一生を映像で振り返った。

また、生前、筆者のインタビューを受けた際の音声も流された。

「主人は政治の仕事をするために生まれてきたような人」

「選挙で事務所や後援会の方が必死に動き回ってくれているのを見て、主人の言うことは聞かないが、事務所や後援会の方の言うことは聞こう」

実行委員会会長の榎本長治新風会会長は、怜子の人柄を紹介しながら、開会の挨拶をおこなった。

「朗らかで明るく気さくな方で、誰からも愛され、慕われていた。精神的支柱として二階先生、ご家族を支えられた」

その後、怜子を偲び、黙とうを捧げた。

続いて仁坂吉伸知事が語った。

「怜子さんは地元を歩き、選挙区の人たちと数多くのご縁を紡いできた。まさに政治家の妻の鑑。怜子さんが愛してくださった和歌山をさらに発展させるため、残された私たちが全力を尽くしたい」

二階の友人代表としては同期当選にあたる大島理森衆議院議長が語った。

「政治家の妻、三人のご子息の母親とし、理想的な人」

家族ぐるみの付き合いがあった武部勤自民党元幹事長も挨拶に立った。

「怜子さんがおられたから二階先生の今日がある」

怜子の友人代表では、川湯温泉の旅館「冨士屋」の女将である小渕祥子が追悼の言葉を述べた。

「いつもたくさんの元気、笑顔をありがとう」

二階は、遺族を代表し挨拶に立った。

「遠いこの地までおいでいただきましたご厚意に対し、私共はなんと申し上げて良いかわかりませんが、おそらく故人も心の底から手を合わせていると思います。残された私たち家族一同、力を合わせ、皆さまから頂戴しましたお心、ご恩に報いるため、これからもそれぞれのポジションでしっかり頑張ります」

また、会場には、世界から多くの弔電が届き、安倍晋三総理とインドネシアのジョコ・ウィドド大統領の弔電が読み上げられた。

その後、親族、特別来賓、来賓、後援会、一般の順にガーベラを手向けた。

参院選の勝利のために一万三千キロ縦断する

二階俊博幹事長と甘利明選対委員長は、令和元年七月の参議院議員選挙を前に、連名で衆院議員を対象に参院選候補者への支援活動の計画書を五月末までに提出するように要請した。

どこでどのような規模の街頭演説や集会をおこなうのかなどの予定を記入させて提出し、衆院議員が参院選に積極的に協力するように意識を徹底させた。

二階幹事長によると、参院選前に安倍総理が衆院を解散し、衆参同日選を断行するとの憶測が広がるなかで、衆院議員の引き締めも狙ってのことだったという。

令和元年七月四日、第二十五回参議院議員選挙が公示された。

二階は、幹事長として自民党の情勢調査などを踏まえて、激戦区を中心に日本各地を応援のために飛び回った。

二階は、平成二十八年八月に幹事長に就任して以来、平成二十九年の衆院選や、苦戦が予想されていた新潟県知事選挙や山梨県知事選挙を勝利に導き、自民党の内外に選挙に強い幹事長として強く認識されていた。

幹事長代理兼選対委員長代理を務める林幹雄によると、公示日から投開票日前日までの二階の総移動距離は、なんと約一万三千キロにも及んだという。東京とカリブ海に浮かぶキューバの直線距離が約一万二千五百キロだからそれよりも長い。

ちなみに、安倍総理の参院選中の総移動距離は約二万キロだったたという。

選挙の結果、自民党は選挙区で三十八、比例区で十九、合計で五十七議席を獲得した。

選挙区、比例区でともに七議席を獲得し、合計十四議席だった公明党と合わせて、自公は七十一議席を獲得した。

非改選の七十三議席と合わせて、百四十四議席となり、過半数の百二十三議席を上回る結果となった。

その一方で、焦点となっていた憲法改正を可能にする三分の二となる百六十四議席には改憲に前向きな日本維新の会の十六議席を合わせても、到達しなかった。自民党、公明党、日本維新の会の三党の合計は、三分の二に四議席足りない百六十議席となった。

自民党単体での選挙結果は、公示前の六十七議席から十議席減という結果であった。

が、三年前の参院選での獲得議席の五十六議席と比較すると、まずまずの結果ともいえるものであった。

二階は、参院選後、筆者のインタビューを受けて、今回の参院選についても語った。

「議席は一つでも多い方がよいわけで、勝利に対しての意欲はキリがありませんが、それでも、順当なところであったのかなと思っています。わかりきったことを言うようで恐縮ですが、政治は選挙に勝たないとダメです。選挙がすべてと言うと、なんか選挙ばかり考えているようですが、国民のみなさんが何を考えているのか、どんな注文があるのかを掴むのが選挙なんです。だから選挙の結果は政治家が国民のみなさんの声にどう応えているかという問いへの結果でもあるわけです」

幹事長続投——二階イズム

令和元年九月十一日、自民党は臨時総務会を開き、新役員を決定した。

二階は、この人事で幹事長を続投することになり、四期目に突入した。

人事の直前は毎回のことながら、さまざまな噂が自民党内を駆け巡っていた。なかには、「二階が三期務めた幹事長を退任し、副総裁に就任する」という噂もあった。

が、林幹雄幹事長代理は確信していた。

〈交代という話が出ても、では誰にやらせるのかという具体的な話はまったく出てこない。どう考えても、二階幹事長の続投以外あり得ないだろう〉

しかも、二階は幹事長に就任して以来、平成二十九年の衆院選、令和元年の参院選と陣頭指揮を執った国政選挙で連勝していた。

さらに、国政選挙だけでなく、比較的野党が強い新潟県や山梨県の知事選挙でも自民党系の候補者を勝利させていた。

林はそれらの事績を振り返りながら、思った。

〈やはり選挙で結果も出し、党内も安定しているなかで、わざわざ幹事長を変えるという道理はないだろう〉

結果的に林の予想通り、二階の幹事長続投が決まり、林も引き続き幹事長代理に就任した。

二階や林が所属する志帥会（二階派）からは、武田良太《たけだりょうた》が国家公安委員長兼内閣府特命担当大臣（防災、行政改革、国家公務員制度、国土強靭化）に、衛藤晟一《えとうせいいち》が内閣府特命担当大臣（沖縄及び北方対策、消費者及び食品安全、少子化対策、海洋政策、一億総活躍、領土問題）に就任した。二人とも初入閣だった。

参議院議員の衛藤は、もともとは衆議院議員で平成二年二月の衆院選で初当選を果たしていた。そのため、林や安倍総理ら平成五年初当選組の一期先輩にあたる。

衛藤は、特に安倍総理と昔から親しかった。安倍が若き日に自民党の社会部会長に就任したのも、衛藤との関係があったからだと言われていた。

衛藤は、かつては清和会に所属し、亀井静香らとともに派を飛び出した。志帥会が平成十一年三月十八日に結成された時から参加している。現在の志帥会では、河村建夫や伊吹文明、中曽根弘文らと同じく古参メンバーの一人だ。

志帥会からのもうひとりの入閣は、武田良太（現・総務大臣）だった。衆議院議員の武田は、平成十五年の衆院選で福岡県十一区から出馬し当選、現在六期目である。

林によると、武田の評判はすこぶる良いという。

〈幹事長特別補佐兼副幹事長を二期務めていたので、二階幹事長と私とも一緒に仕事をする機会が多かった。すごくフットワークが良い。嫌な仕事を避けたがる議員も多いなか、武田は仕事を頼まれたら男気を感じてやり遂げるタイプなんです。お酒も強いので、若い議員の面倒見も抜群に良い。うちの中堅議員のなかでは伸びるでしょう〉

志帥会は、平成二十四年十二月、第二次安倍内閣の発足にともない、それまで志帥会の会長を務めていた伊吹文明が衆議院議長に就任し、志帥会の会長を退任することになった。後任として二階俊博が志帥会の会長に就任し、志帥会は伊吹派から二階派へと衣替えした。

二階の会長就任後、志帥会からは多くの閣僚を送り出している。

平成二十六年九月に発足した第二次安倍改造内閣では、西川公也が農水大臣に、平成二十七年十月に発足した第三次安倍第一次改造内閣では、林幹雄が経済産業大臣に就任した。

さらに、平成二十八年八月に発足した第三次安倍第二次改造内閣では、今村雅弘が復興担当大臣に、鶴保庸介が沖縄・北方担当大臣に就任している。

平成二十九年八月に発足した第三次安倍第三次改造内閣では、二階派の江﨑鉄磨が沖縄・北方担当大臣に就任した。のちに、江﨑の後任にも二階派に所属する福井照が沖縄・北方担当大臣に就任した。

林は、志帥会の議員たちについて語る。

「うちのメンバーは仕事をやらせればしっかり仕事をやります。二階会長は口癖のように、二言目には『政治家は一度言ったことは絶対実行しろ。できないなら、言うな』とよく言ってますが、その二階イズムは派閥の議員たちにも浸透しています。一番の実践者の二階会長を間近で見ているわけだから勉強になりますよ」

さらに志帥会に所属するわけではないが、政調会長時代から当時、総務会長だった二階と良好な関係を築いている清和会（細田派）に所属する稲田朋美も、今回の人事で筆頭副幹事長から幹事長代行へと昇格した。

稲田は、次期総裁選への出馬についても意欲をみせていた。

林は語る。

〈稲田さんも六十一歳だから、あまり悠長にはしていられない。総裁選への出馬も、もちろん安倍総理が三選で引退する場合に出馬するという意味だろうけれど、女性議員のリーダーを目指す資格は十分にある。細田派が派の総裁候補として推すかどうかにもよるが、注目は集まるはず〉

二階は、二階に近い林幹雄幹事長代理の留任についても語った。

「他の部署でさらに活躍する場面があってもいいんじゃないかと思いますが、やはり幹事長代理というのは、幹事長に代わり、さまざまな仕事をしますから、ここでおおいに経験を積んで、次のステップに備えてもらいたいと思っています。林君はお父さんの林大幹先生も立派な方でしたが、林君自身も、政治家として人に信頼されるという点では抜群のものをもっていて、私自身が教えられることも多いですよ」

二階幹事長―林幹事長代理のコンビも、令和元年八月からは四年目に突入した。

林が語る。

「今の自民党は二階幹事長の重しが効いていることもあって、変な不協和音がまったくありません」

幹事長在任期間が四年目になったこともあり、幹事長室では党内融和を図るために、各派閥の会長や事務局長と積極的に食事会をおこなうようになった。

令和元年九月二十五日の夜には、二階と林は、宏池会（岸田派）の岸田文雄政調会長と望月義夫事務局長、根本匠《ねもとたくみ》前厚生労働大臣らと東京都内の中華料理店で会合を開いた。

二階は、この席で次の総裁選への出馬が取り沙汰される岸田を激励した。

「宰相の座に駆け上がってください」

さらに十月三日の夜には、二階と林は、石破茂元幹事長と会食した。この時には、石破の側近の山本有二元農林水産大臣が同席している。

山本は、平成二十九年の衆院選で、高知県二区から出馬したが、選挙区では敗れ、比例の四国ブロックで復活当選を果たしていた。

令和元年八月に尾崎正直高知県知事が次期衆院選の高知県二区から自民党公認で立候補を目指す考えを表明した。尾崎が九月の志帥会の派閥研修会に講師として参加したこともあり、石破派は二階派に対して、警戒感があるなかでの開催だった。

が、林によると、この日は和気あいあいとした雰囲気の会食になったという。

十月十六日夜には、二階と林は、都内の日本料理店で麻生太郎副総理兼財務大臣、麻生の側近の松本純国対委員長代理と会食した。

会合は麻生政権の同窓会でもあった。麻生政権では、二階は経済産業大臣、林は幹事長代理や国家公安委員長、松本は官房副長官を務めていた。二階や麻生は、各地に甚大な被害をもたらした台風十九号への対応や臨時国会の運営などについて意見交換したという。

さらに、二階と林は、翌十七日には、無派閥の野田聖子元総務大臣らとも会食した。

十月二十三日の夜には、二階と林は、都内の日本料理店で、安倍総理の出身派閥で党内最大勢力の九十七人の衆参議員が所属する清和政策研究会（細田派）を率いる細田博之憲法改正推進本部長と会食した。二階と林の他に、金田勝年幹事長代理と稲田朋美幹事長代行、細田派では細田のほかに、塩谷立元文部科学大臣、下村博文元文部科学大臣、派閥の事務総長を務める松野博一が同席した。

十月二十四日夜、二階と林は、都内のホテルで、第二派閥の平成研究会（竹下派）の茂木敏充外務大臣、派閥の事務総長を務める山口泰明自民党組織運動本部長と会食した。

このほかにも、十一月三日には、谷垣グループの逢沢一郎元外務副大臣ら、十一月二十二日には石原派の石原伸晃元経済再生担当大臣と会食。石原との会食には、野田毅と坂本哲志も同席したという。

林が、幹事長室がおこなった一連の会食について語る。

「メディアは面白おかしく書き立てますが、どこの派とも終始良好な雰囲気で、安倍政権をしっかり支えていきましょうという話をしました。個々の問題について、そういう時にはわざわざ話しません。それはお互い様ですからね」

首里城再建

林幹雄は、二階の指名を受けて、自民党の観光立国調査会の会長を務めている。

令和元年十月三十一日未明に、沖縄県那覇市にある首里城で火災が発生し、正殿と北殿、南殿が全焼し、合わせて七棟の建屋、延べ四千八百平米が焼失した。

首里城は、沖縄最大規模の城郭で、四百五十年間にわたり琉球王国（一四二九年〜一八七九年）の政治と文化の中心地だった。

正殿は戦前、国宝に指定されたが、昭和二十年に第二次世界大戦の沖縄戦で焼失した。

戦後、昭和三十三年に守礼門が復元され、昭和六十一年には国が国営公園整備事業として首里城の復元が決定され、平成四年に正殿などが完成した。

平成十二年には、首里城跡が「琉球王国のグスク及び関連遺産群」として、世界遺産に登録された。この年七月の九州・沖縄サミットでは各国首脳を迎えた社交夕食会も開かれた。

消失した首里城は、その後、国費で復旧することになり、最終的に令和二年三月二十七日に、令和八年（二〇二六年）までの完成を目指すとする工程表案が閣議決定され、令和四年から本格着工されることが決まった。

首里城は、沖縄観光における重要なスポットだ。林や二階も、国費での復旧に向けて、必死に動いた。

令和元年十二月三十日には、二階や林は、那覇市の首里城を視察した。

二階は、視察後、記者団に語った。

「沖縄の負担となることがないように再建に向けてやれることは、国、自民党が先頭に立って全力を傾けて取り組んでいきたい」

二階はさらに呼びかけた。

「一緒になって首里城の再建、復活に向けて、きょうから立ち上がろうではないか」

視察には、自民党沖縄県連の幹部や沖縄県の謝花喜一郎副知事も同行した。

二階は、さらに那覇市内のホテルでおこなわれた自民党沖縄県連の幹部との会合にも出席した。

林によると、二階は令和二年六月に予定される沖縄県議会議員選挙に関して、各候補が選挙区内をくまなく歩き回るよう檄を飛ばした。

「第一党になって県政を牛耳るくらいにならなきゃダメだ。それには他人のせいにしないで、一人ひとりが徹底して歩いて、当選してくれ。候補が履く運動靴は嘘をつかない。運動靴なら何足でも買って差し上げる」

二階の檄は功を奏した。

令和二年六月七日投開票の沖縄県議会議員選挙で、自民党は改選前の十四議席から三議席増の十七議席となり、勢力を伸ばした。

米軍普天間飛行場（宜野湾市）の名護市辺野古移設に反対する玉城デニー知事の支持派が二十五議席を獲得して過半数を維持したものの、玉城県政の求心力低下をうかがわせる結果となった。

ジャック・マーからの手紙

令和二年、中国で新型コロナウイルスが猛威をふるうなか、二階俊博幹事長は、旧知のアリババグループの創業者であるジャック・マーから「防護服を手配してほしい」という依頼を受けた。

二階は、その要請を受けて、日本の各方面に当たり、十二万四二〇〇着の防護服を確保。最終的には、そのうち十万着を日本からの寄付とし、二万四二〇〇着をアリババグループが買い取ることになった。

その後、二月後半から日本でも新型コロナウイルスによる感染者が増えはじめ、マスク不足が問題になると、ジャック・マーは、二階のために動いた。

三月一日、ジャック・マーは、自身が設立したジャック・マー公益基金会とアリババ公益基金会を通じて、日本にマスク百万枚を送った。

マスクを入れた段ボールには「青山一道　同担風雨（青山も雲雨も共に見る友よ、一緒に困難を乗り越えましょう）」という漢詩が添えられ、三月三日に日本に到着した。

このマスクは、二階幹事長に対するジャック・マーからのお礼だったという。

ジャック・マーは、二階と日本国民に対する感謝の手紙も送った。手紙の全文は以下の通りだ。

「二階俊博様

これまでの一カ月にわたる新型コロナウイルスとの戦いを経て、中国にいる私たちはようやく最も困難な時期を乗り越えることができました。

感染が拡大し、中国の医療物資不足の危機が差し迫っていた時、二階さんに『中国のために、必要な医療物資を日本で探していただけないか』とお尋ねしたところ、『親戚が病気になっているなら、手を差し伸べるのは当たり前です。国の力を結集して中国を助けましょう』というお返事を頂いたことを、はっきり覚えています。

その後、二階さん自ら各方面にお声がけされ、約一二・五万着の防護服を新型コロナウイルス対応の最前線で昼夜なく戦う中国の医療関係者に提供くださいました。

日本からの数え切れない、心からの支援に中国の皆が感動し、感謝感激しました。

残念なことに、日本も現在厳しい困難に直面しています。今度はその困難をよく知る私たちが、友として、日本の皆さまを何とか助けたいと強く願っています。

そこで先日、私たちは百万枚のマスクを緊急調達し、二階さんに託すことにしました。ぜひ医療物資を必要としている日本の医療機関などにお渡しください。日本が一日も早く新型コロナウイルスとの戦いに打ち勝てるよう、心よりお祈り申し上げます。

今回のマスクは、アリババ公益基金会とジャック・マー公益基金会が共同でかき集めたものです。しかし、アリババだけの気持ちではなく、多くの中国の人々の気持ちでもあります。私たちはこれまで日本の皆さまからいただいたご支援に心から感謝し、胸に刻んで、その恩に報いたいと思います。

現在、私たちは同じ困難に立ち向かっています。これからも相互に助け合い、共に困難を乗り越えられると信じています。

日本の平穏、中国の平穏を祈り、改めて感謝の気持ちをお伝えします。

日本の皆さまのご健康を心よりお祈り申し上げます。


ジャック・マー（馬雲）」

ジャック・マーからの百万枚のマスクは、日本に到着後、二階と親交がある「一般社団法人医療国際化推進機構（IMSA）」を通して、配布されることになった。配布先や枚数は、マスクの受給逼迫度合いや、人口や感染者数などを勘案し、各都道府県の医療機関を中心に配布された。

ジャック・マーは、さらに五月十三日にも、アリババ公益基金会を通じて、マスク三十万枚と防護服十五万枚を日本に寄贈した。

この時は、一般社団法人日本医療国際化機構がアリババ公益基金会と日本医師会の橋渡しを担い、日本医師会に一括で寄贈されることになった。

物資は、日本医師会に到着した後、全国の都道府県医師会等の医療現場最前線に届けられた。

ジャック・マーは、二階と日本医師会の横倉義武会長宛ての親書のなかで語っている。

「日本は現在、ウイルスとの戦いのなかで厳しい局面を迎えておりますが、夜明けは間も無くでしょう。勝利はそこまで来ております。この重要な時に最善を尽くさなければならないことは、医療の最前線で奮闘している医療スタッフを守ることです。病院は戦場であり、医療スタッフはウイルスと戦う戦士なのです。彼らを守ることではじめて勝利が見えてきます」

二階が中国と日本の関係について語る。

「やはり国と国との関係も、友人隣人との関係と同じ。こちらが日ごろから心がけていないと相手もこちらに対して親切にはしてくれない。普段いろいろ対応していることがいざ、という時に助けてくれることになります」

小池百合子東京都知事の再選をリード

令和二年七月に改選を迎える小池百合子東京都知事について、二階はどう思っていたのか。

二階は、小池百合子東京都知事と長い付き合いである。かつては新進党、自由党、保守党で歩みを共にし、小池は平成十四年に自民党に入党している。二階も、保守新党を経て、平成十五年に自民党に合流し、小泉政権時代には、二階は総務局長や経済産業大臣として、小池は環境大臣としてともに活躍し、長期政権を支えた。

二階が小池都知事について語る。

「小池さんは、衆院議員の頃から、非常に先見性があり、勇気と度胸もあり、政治家としての高い資質を持っていました。現在、都知事として新型コロナ対策に辣腕をふるう姿を見ても、非常に行動力と実行力があります。機を見るに敏という表現もありますが、先を読んでパッと瞬時に決断し、行動することは政治家にとって何よりも大事な要素です。彼女はそれを備えています」

小池は、平成二十八年に都知事選に初出馬する際、自民党東京都連と決別する形での立候補になった。

二階が語る。

「彼女は、都民の支持を背景に自分ひとりの力で挑戦して、選挙で当選しました。私は、いま改めて、当時の彼女自身の決断を正当に評価すべきだと思っていますよ」

小池の決断の果断さは、女性政治家ならではのものだと二階は高く評価している。

「女性だから、かえって決断できるということはあるかもしれません。派閥やさまざまな政界の付き合いなどを気にしなくてもいい。勇気を持ってリスクをとりつつ決断できることは、彼女の政治家としての素晴らしさでしょう」

自民党内では東京都連を中心に、小池の再選に対してさまざまな声があがっていた。だが、二階は小池の再選に肯定的なスタンスを終始崩さなかった。

二階と小池は、たびたび面会をし、意見交換をする仲でもある。

二階は、令和元年五月二十八日、小池や都民ファーストの会の荒木千陽代表と会食している。

二階は、会食後、記者団に語った。

「小池知事が立候補を決意したら、自民党が応援するのは当たり前だ」

二階は、令和元年八月二十日、都内で開かれた小池の後援組織「百乃会」の催しに講師として参加した。

令和元年九月二十六日の昼下がり、小池は、東京永田町の自民党本部四階の自民党幹事長室に二階を訪ねた。ソファに腰掛け一通りの説明を終えた小池は、二階との距離を詰めて、人払いを求めた。同席していた職員や議員らが、その場を離れ、あとには小池と二階だけが残った。

会談後、都知事選をめぐり意見を交わしたのかどうか記者団に問われ、小池は語った。

「特に話はしておりません」

政敵が多い小池だが、二階に対しては「私と同じくらい図太い人」と、小池流の言い回しで親愛の情を示している。

二階と小池は何を語ったのか。

二階は、会談後つぶやいた。

「この時期に俺に会いに来るのは、そういう思いがあるからだ。『あなた、心変わりしていないわよね』とな」

令和元年十二月二十四日にも、小池が自民党本部を訪れ、二階と面会した。

終了後の取材で、小池は、二階からの言葉として「東京都としてよくやっているねという話で、お励ましをいただいた」と明らかにしている。

令和二年に入っても、二月四日に二階と小池は会談し、感染が広がっている新型コロナウイルスの予防に向け、国と東京都で連携して対策を進めることを確認した。

小池は、新型コロナウイルスの感染拡大に関して、医療用の防護服を追加で日本政府に提供する意向を二階に伝えた。

小池は、会談後、記者団に語った。

「都の備蓄はあり、追加で五〜十万着を対策に使ってほしい。詳細を詰める」

小池によると、東京都はすでに防護服二万着を提供していたという。

さらに、五月十四日には、自民党本部で二階と小池は、会談し、新型コロナウイルス感染症対策で、地方創生臨時交付金を東京など大都市に重点配分することや、家賃支援の充実について話し合っている。

東京都知事選をめぐり、自民党の下村博文選挙対策委員長は、五月十八日、官邸で安倍晋三総理と会談し、独自候補の擁立を見送る方針を確認した。

現職の小池に勝てる候補が不在なうえ、新型コロナウイルス対策に追われる小池との対決を避けるべきだと判断だった。

都知事選は六月十八日告示で、七月五日の投開票。この日、下村は安倍総理に候補擁立を見送る考えを伝えたところ、安倍総理も「やむを得ない」と応じた。

下村は、会談後、記者団に語った。

「自民として候補者を立てて選挙ができる状況ではない」

自民党内では、小池から支援を要請された場合、「応じるべきだ」との声も強くなっていた。

二階が六月の東京都知事選について語る。

「私自身は、一貫して、小池都知事に勝てるような優れた候補者がいるなら議論しましょう、まずそこからです、と自民党東京都連に呼びかけ続けていました。ただ小池都知事に勝る知名度、政治家としての決断力、その両方を兼ね備えた候補者を探すことは難しかったようですね。それでは議題になりません。東京都は四十七都道府県のうちの一つですが、日本の首都であり、世界の東京です。東京の成長は中央の政治を左右しかねない大きなテーマです。だから、それだけ責任感と使命感を持って議論をしてもらわないと困ります。都知事選は東京都のトップを決める選挙ですから、単なる好き嫌いで決めるわけにはいきませんから」

令和二年七月五日、東京都知事選の投開票が行われた。

小池は自民党支持層の八割、公明党支持層の九割超と無党派層の五割を固め、三六六万一三七一票で勝利をおさめた。前回の二九一万二六二八票より七四万八七四四票も上乗せしての勢いであった。

立憲民主党や共産党、社民党が支援した宇都宮健児が八四万四一五〇票で二位であった。三位がれいわ新選組公認の山本太郎で六五万七二二七票であった。

二階は、小池知事をどう見ているのか。

「よくできたというか、多くの人のバックアップのもとにその上に立ってというより、彼女の場合は、自分で決断して、それで進んでいくじゃないですか。そこが素晴らしいですね。それだからこそ、都民の信が集まるわけで、党が旗振って宣伝広告会社にお願いしても、そんな効果は出ませんよ。小池さんの大きな勝利ですね。自民党も支援しています。自民党の支援がなかったら、どういうことになるかわかっているわけで。小池都知事とは、古い間柄ですし、決断したらぶれないし、立派な方です。小池さんに関しては、女性にしてはと、考えたことはないです。国の指導者としても充分通用する人です」

小池都知事は、平成二十九年の衆院選では自ら希望の党を結党し、代表に就任するなど、国政への意欲を見せた時期もある。

果たして、今後再び国政への意欲を見せることはあるだろうか。二階は語る。

「それは小池都知事ご本人にそういう決意や気分があるかどうかですから。外野がいろいろ言ったところで意味はありません。国の指導者としても十分通用する人です。ただ、これは私の想像ですが、東京都知事は仕事の範囲も広く、国際社会においても非常に注目を集める重職です。小池都知事にとって、仕事として今、十二分にやりがいを感じる立場だと思いますよ」

菅総理と小池都知事の距離感

令和二年九月二十三日、東京都の小池百合子知事は、新内閣発足後、初めて菅総理との会談に臨んだ。会談には二階の側近の林幹雄幹事長代理も同席した。官邸での菅総理との会談を終えると、小池は言った。

「国と都が連携することで国益、都民の利便性に資するという点では考え方は一致している」

この日は、新型コロナ対応や東京五輪などでの連携を確認。会談の冒頭には記者団を前にグータッチし、良好な関係を演出してみせた。

だが、二人のこれまでの関係は決して良好とは言えない。両者の間に亀裂が生じたのは、平成二十七年の自民党総裁選。菅が安倍を担いだのに対して、小池は石破茂元幹事長を支援した。この時から、二人の関係は悪化の一途をたどった。

新型コロナの対応でも、菅が七月、都内での感染者急増について「この問題は圧倒的に東京問題と言っても過言ではない」と指摘。すると、小池は菅が主導した「GOTOキャンペーン」について、「整合性を国としてどう取っていくのか、冷房と暖房と両方かけることにどう対応していけばいいのか。これは国の問題」と返した。

菅総理との関係修復に向けて、小池が頼りにしたのが、七月の都知事選で、自民が小池を実質支援する流れをつくった二階俊博幹事長だ。

関係者によると、総裁選の直前に小池と面会した際、二階は、自分の担ぐ菅を念頭に「ぜひ、都知事と仲良くしてもらう」と発言。小池周辺も「菅さんと手打ちする際、二階さんが音頭を取ることになる」と語っていた。小池によると、今回の菅との会談は二階を通じて実現したという。

新型コロナ対策とワクチン接種

二階俊博幹事長は、令和三年一月二十日の午後、白いマスク姿で、第二〇四回国会の代表質問に立った。まず、「ワクチンの国民への接種」について、質問した。

「総理は、二月下旬までにはワクチン接種を開始できるよう準備すると表明されております。ワクチンの安全性や有効性を最優先に、迅速な審査を行い、承認後は速やかに摂取できるよう接種体制の整備など、接種に向けた準備も最大限急ぐべきだと思います。海外ではすでに実施している国もあり、我が国も一刻も早く、ワクチン接種を開始すべきと考えますが、総理にワクチン接種についての準備状況、そして自ら先頭にたってこれらの事に対処するという決意をうかがいたいと思います」

これに対して、菅総理は述べた。

「ワクチンは感染対策の決め手になるものであり、国民のみなさんに安全で有効なワクチンを速やかにお届けしてまいりたいと思っています。このため、審査をおこなったうえで、自治体と連携して万全な接種体制を確保し、できる限り二月下旬までには接種を開始できるように準備を致しております。さらに一日も早く開始できるよう、あらゆる努力を尽くしているところであります。

また、政府全体としての連携体制を強化するために、河野大臣に、全体の調整とともに国民へのわかりやすい情報発信を指示したところであり、引き続き、政府を挙げて全力で取り組んでまいります」

二階は、新型インフルエンザ等対策特別措置法についても、質問した。

「新型インフルエンザ等対策特別措置法に基づき、昨年三月、政府に対策本部が設置されました。そして、同年四月七日には緊急事態宣言をおこなわれ、今年一月七日に再び緊急事態宣言を発令されました。

また先般、菅総理は、感染拡大のリスクをより小さくするために、海外での変異種発生による国民の不安等を考慮し、水際の防疫措置を一層強化するという観点から、ビジネス入国を一時停止する判断をされました。全体の状況やタイミングを見て、果断に対応されたものと思っております。

政府はこれまで特措法に則って、臨機応変に事態に対処してまいりましたが、よりすべての国民が危機意識を共有し、感染症のまん延防止にあたれるように、まん延防止等重点措置の創設など、特措法を改正する必要があると考えます。また、感染症法や検疫法についても改正が必要と考えますが、これら三本の法改正について、総理の基本的な考え方をお尋ね致します」

菅総理は述べた。

「この一年間に得られた知見や経験を踏まえ、対策をより実効的なものとし、何としても感染を抑えていかなければなりません。このため、今回、特措法、感染症法及び検疫法について、党でのこれまでのご議論も踏まえ、法改正をすることとします。事業者や個人の権利にも十分配慮しつつ、支援や罰則の規定を設けるなど、新型コロナ対策として必要な見直しをおこなうことにしております。引き続き、与野党の御意見も伺いながら、速やかに法案を国会に提出してまいります」

二階は、経済・雇用対策についても質問した。

「政府は、令和二年度第一次補正予算を含む『新型コロナウイルス感染症緊急経済対策』および令和二年度第二次補正予算における各施策を、国と地方を挙げて迅速かつ着実に実行することにより、感染拡大を防止するとともに雇用の維持や事業の継続、生活の下支えに万全を期してまいりました。今後は、医療提供体制の確保、ワクチン接種体制の整備、そして感染症の厳しい影響から雇用と生活を守っていくための雇用調整助成金、金融機関による実質無利子・無担保融資が柱になっていきます。それがゆえに、第三次補正予算の一日も早い成立を願うものです」

さらに、公衆衛生分野の強靭化についても質問した。

「昨年十二月に閣議決定された『防災・減災、国土強靭化のための五か年加速化対策』は、誠に時宜を得た適切なものと考えております。『公衆衛生インフラ』も、そのなかの大きな柱です。私は、もとより妊娠・出産や予防及び予防的検査も医療に含めるべきだと申し続けてまいりました。そのようななかで、不妊治療やＰＣＲ検査に対する全国民への支援を総理が決断されたことは誠に勇断であったと思います。

感染症の分野に対しては、戦後、結核がほぼ収束した時以来、人的・財政的資源が十分には配分されていませんでした。コロナ禍の今こそ、この公衆衛生に、もう一度光をあて、これまで以上に尊厳をもって皆さんに働いていていただけるような環境を早急に整備しなければならないと考えます。総理に公衆衛生分野の強靭化策についてお伺い致します」

菅総理は答弁した。

「これまでの反省を踏まえ、また、職員の方々がよりいっそう誇りを持って働いていただけるように公衆衛生分野の強化を図っていくことが必要だと考えています。今般の新型コロナ対策では、地域の公衆衛生対策の中核である保健所の体制強化のため、全国的な広域派遣や国からの専門職の派遣など、必要な体制強化を図ってまいりました。一方で、感染症のための公衆衛生対策は、平時からの対応が極めて重要であります。このため、有事に即応できるよう、国立感染症研究所や保健所の体制及び機能の強化、専門人材の育成などに取り組んでまいります」

東京五輪開催の意義

二階幹事長は、コロナ禍における「東京五輪・パラリンピック」開催の意義について強調した。

「観光の語源は、『易経《えききょう》』にある『国の光をみる』から引いたものと言われますが、私はこの光が『子供の笑顔』であるべきだと思います。コロナ禍の時代、コロナ後の時代に、子供たちの笑顔をどのようにして取り戻すことができるか、いま、我々に課せられた喫緊にして大きな課題であると考えます。東京オリンピック・パラリンピックの開幕まであと一年となった昨年七月、大会組織委員会が国立競技場で開催したイベントで、白血病からの復帰を目指す競泳女子の池江璃花子《いけえりかこ》選手が登場し、世界に向かってメッセージを発せられました。

聖火の入ったランタンを掲げた池江選手は『スポーツが、決してアスリートだけでできるものではない、ということを学びました』との自身の経験を踏まえながら、『世の中がこんな大変な時期に、スポーツの話をすること自体、否定的な声があることもよくわかります。ただ一方で思うことは、逆境から這い上がっていく時には、どうしても希望の力が必要だということです。世界中のアスリートと、アスリートから勇気をもらっているすべての人のために。一年後の今日、この場所で希望の炎が輝いていて欲しいと思います』と、池江選手は世界に語りかけられました。

我が国が、オリパラの開催を目指すのは、決して自国のためだけではありません。オリパラの成功が、世界中のアスリートの支援に繋がり、それを観て、次の時代に挑もうとする世界中の子供たちの笑顔と希望に繋がると確信しているからであります。政治が、オリンピック・パラリンピックを開催できるように努力するのは、当然のことです」

菅総理は、「東京五輪・パラリンピック」開催について、次のように答えた。

「安全、安心な大会を実現するため、ＩＯＣ（国際オリンピック委員会）や各競技団体とも相談しながら、感染対策の具体的な内容を検討しています。ＩＯＣのバッハ会長とも東京五輪を必ず実現し、今後も緊密に協力することで一致しており、引き続き、東京都や大会組織委員会などと緊密に連携しながら準備を進めていきたい」

「三十五人学級」と技術立国

二階幹事長は、日本の教育改革とイノベーション戦略について、持論を展開しながら菅総理に質問した。

「公立小学校の学級編成基準について、令和三年度から五年間をかけて、三十五人以下に引き下げるとの政府方針が合意されました。学級編成基準の計画的な引き下げは実に四十年ぶりであります。三十五人学級が実現すれば、一人ひとりの先生が児童・生徒と向き合う時間が増え、学校が子供たちの命と笑顔を守る拠点になることが期待されます。学校現場からは『歴史的な快挙だ』との喜びの声が多く出ておりますが、これで終わるわけではありません。

今後は何よりも、新たに必要となる教職員の質の確保、そして将来的な課題として残る中学校での導入などに向けた検討が重要であります。コロナ禍にあっても、我々は、あらゆる知恵と努力を振り絞り、子供たちの命と笑顔を守らなければなりません。それは、すなわち、この国の未来を築くことになるからでもあります。三十五人学級方針のご決断と、今後の教育への想いについて総理に伺いたいと思います」

菅総理は答えた。

「三十五人学級と教育への思いについてお尋ねがありました。今回の公立小学校三十五人学級は、四十年ぶりの学級人数の大改正です。学校現場で子供の状況を把握し、一人ひとりにきめ細かい教育を実現してまいります。教育は、今後の我が国の社会を担う子供たちを育むものであります。一人一人の多様な個性や能力を最大限伸ばすことができるように取り組んでまいりたいと思います」

二階は、はやぶさ2の示す「あきらめないこと」の尊さについて、質問した。

「『はやぶさ2』は、平成二十六年の打上げから、距離にして約五十二億キロメートル、六年間という長い航行を経て、昨年末、地球への帰還に成功されました。ミッション全体を通じて、多くの『世界初』の業績を達成することができました。地球への帰還をあきらめなかった一号機の偉業と、それを踏まえた関係者のさらなるチャレンジ精神が『はやぶさ2』の一層の飛躍を生み、多くの人々に深い感動を与えたわけであります。コロナ禍に沈む空気のなかで、輝かしい偉業を成し遂げたすべての関係者の皆さんに敬意を表したいと思います。『はやぶさプロジェクト』のように、当初は『やや無謀』『不可能』と言われるような課題に、日々挑み続ける科学者の皆さん、研究者方々、国を挙げて支援することは非常に重要であると改めて思います。総理に科学技術、イノベーションへの想いを伺います」

菅総理は述べた。

「我が国の研究力が長年低迷するなか、総力を挙げて世界をリードする科学技術立国日本を取り戻します。日本の中小企業が数多く参画をし、数々の世界初の偉業を成し遂げた『はやぶさ2』のような事業をしっかりと進めてまいります。若手研究者の育成、十兆円規模の大学ファンドの創設、大学改革などに取り組むとともに、今後五年間で官民の研究開発総額の目標を百二十兆円とし、積極的に科学技術、イノベーションの創出を促していきます」

「カーボンニュートラル」と被災地の現在

二階は、「2050カーボンニュートラル実現推進」についても質問した。

「二〇五〇年の脱炭素社会の実現に向けての総理のご決断に敬意を表します。道のりは、決して楽な事ではありません。しかし、世界に約束したことは必ず実施するという総理の決断は、すべての国民と事業者にその心が伝わりお互いの行動へと繋がるものと信じています。自由民主党も『二〇五〇年カーボンニュートラル実現推進本部』を立ち上げました。既に昨年、政府に提言申し上げたところです。

　今年の夏までには、エネルギー基本計画と地球温暖化対策計画を、それぞれ二〇三〇年を目標年次に改訂しなければなりません。成長戦略会議で議論がなされたように、各分野、各業界で一刻の猶予がないどころか、産業革命にも匹敵するイノベーションが必要です。政府は、そのための基金も準備しようとしていますが、何よりも『絶対に実現する！』という、総理ご自身のリーダーシップが最も大事です。今後も力強い指導力を発揮していただきたいと思います」

　これに対して菅総理は答えた。

「二〇五〇年カーボンニュートラル実現は電力分野の脱炭素化が大前提であり、省エネ、再エネに加え、原子力も含めあらゆる選択肢の議論を進めていく」

　二階は、発生から十年となる「東日本大震災」についても質問した。

「本年三月十一日に、東日本大震災から十年を迎えます。震災によって亡くなられた多くの皆様に改めて哀悼の誠を捧げます。また、いまだご不便な生活を強いられている皆様にも、お見舞いを申し上げます。今年開催される東京オリンピック・パラリンピックは、奇跡のような復旧・復興をなしとげた東北の皆さんのご様子を世界の人々に見ていただく絶好の機会であると捉えています。東京電力福島第一原発事故で、一時、全町避難を余儀なくされた福島県・浪江町《なみえまち》が、二〇五〇年までに二酸化炭素排出実質ゼロの目標を掲げ、水素を利用した町づくりを進めています。昨年三月には、世界最大級の水素製造施設である『福島水素エネルギー研究フィールド』が稼働を開始しました。

ここでつくられた水素が、東京オリンピック・パラリンピックの聖火台やリレー用トーチの燃料として使われる予定であります。一時は、震災によって絶望の淵にありましたが、そこから立ち上がり、日本全体の二〇五〇年のカーボンニュートラルを牽引《けんいん》していくことは、多くの国民に勇気を与えるものだと思います。この勇気と希望あふれる万感の想いが、あらゆる困難を乗り越え、聖火リレーによって全国津々浦々の皆さんにと伝わることを念願します」

これに対し、菅総理は述べた。

「発災から十年を迎え、復興は着実に進展している。一方で、今後も被災者の心のケアなどの課題が残り、福島の復興、再生には中長期的な対応が必要だ。政府の最重要課題として、本格的な復興に全力を尽くしていく」

誰一人見捨てない

二階は、政治哲学と地方創生についても訊いた。

「我々に求められているのは、『聞く力』、『見る力』、そして『感じる力』、さらに『共感する力』ではないでしょうか。どんな困難にあっていても見逃すことがないよう、今後も一人ひとり全ての国民と絆を結びあわせなければなりません。

『本当に助かりました。仕事がなくなり、お米がなくなってきて、おかゆでふくらませながら、二人の子供に食べさせていたので』、『年末に給付された〝ひとり親世帯臨時特別給付金〟は、本当に助かりました』、昨年末、〝ひとり親支援〟を行うＮＰＯ団体の皆さんが、官邸で菅総理に感謝を述べられました。『誰一人忘れない、誰一人見捨てない、誰一人ひとりぼっちにさせない』という総理の想いが理解された瞬間だと思います。この給付金は、まさに菅総理の決断によって実行されたものです。

菅総理は国民本位で、国民目線で、『国民のために働く』ということを就任当初から仰ってこられました。弱い者の側に立った政治を実践するということがライフワークだと常々私たちにも言われており、地方の実情や地方に住む人々の心を十分に理解されている政治家の代表だと思います。総理、この機会にもう一度、総理の地方の地方のみなさんに対する哲学・想いを語っていただきたいと思います」

菅総理は答えた。

「私は、政治家を志して以来、現場の声、皆さんの声に幅広く耳を傾け、国民目線で政治を進めてきました。そして、私自身、活力ある地方をつくる、その思いのなかで、総務大臣当時にふるさと納税、そして官房長官のときは企業版のふるさと納税をつくり、企業にぜひ地方に目を向けていただきたい、地方に進出していただきたい、それが地方の活力につながる、このように思っています。

新型コロナの影響が長期にわたるなか、国民の暮らしと雇用を守っていくことは、これは政治の責務です。とりわけ経済的に厳しい状況にある一人親世帯の皆さんに、年末年始を前に、いち早くお手元に資金をお届けしなきゃならない、そうした思いのなかで今回の給付の決断に至りました。まずは、一日も早く感染を収束させ、皆さんが安心して暮らせる日常、そして、地方も含めて、日本全体がにぎわいのある町を取り戻すべく、全力を尽くしてまいります」

安全保障と憲法改正

二階は、領海警備について質問した。

「現在、尖閣諸島をはじめ東シナ海、日本海などにおける領海警備や治安の維持にあたる海上保安官は、常に危険と隣り合わせの厳しい現場で、二十四時間三六五日、高い使命感に支えられて、緊張の連続で職務を遂行されておられます。現場の海上保安官には相当な負担がかかっていることを、我々は忘れてはならないのであります。海上保安庁業務の強化について、総理の見解を伺います。なお、拉致問題について総理の決意をいま一度伺いたいと思います」

菅総理は答えた。

「海上保安庁の諸君は、領事警備の最前線において、絶え間ない緊張感の下に、日夜命懸けで我が国の海を守っており、深く敬意を表しております。我が国周辺海域の厳しい状況を踏まえ、政府としては、平成二十八年に決定をした海上保安体制強化に関する方針に基づき、体制の強化を進めています。今後とも、我が国の領土、領海を断固として守り抜くとの決意のもと、周辺海域の警戒警備、国民の安全、安心の確保に万全を期してまいります。拉致問題についても、お尋ねがありました。拉致問題は菅内閣の最重要課題であり、拉致被害者のご家族もご高齢となるなかで、拉致問題解決には一刻の猶予もない、このように思っています。私自身、条件をつけずに金正恩委員長と向き合う決意の下で、北朝鮮に対し働きかけをおこないながら、何としても解決をしたい、拉致被害者の一日も早い帰国実現に向けて頑張っていきたいと思います」

二階は、最後に憲法改正についても質問した。

「憲法改正についても一言触れておきたいと思います。コロナ禍にあらためて、危機管理としての国会の意思決定の重要性を認識させられました。昨年十二月、自民党・立憲民主党の幹事長・国対委員長会談において、憲法改正国民投票法改正案について、この通常国会で『何らかの結論』を得ることで合意したところであります。ぜひ、この国会において、しっかりと結論を出すとともに、憲法改正に向けての活発な議論が行われることを期待しておりますが、総理のご所見をお伺い致します」

これに対し、菅総理は述べた。

「憲法は国の礎であり、そのあるべき姿を最終的に決めるのは主権者である国民の皆様です。そして、憲法審査会において、与野党の枠を超えて建設的な議論を重ね、国民の理解を深めていくことは、私たち国会議員の責任ではないかと考えております。国民投票法改正案について今国会で何らかの結論を得ることで合意されたと承知しており、この合意の実現に強く期待しております」

菅義偉総理と二階俊博幹事長。この二人による政権運営が、コロナ禍という「危機の時代」にある日本の命運を握る……。

自民党幹事長《じみんとうかんじちょう》　二階俊博伝《にかいとしひろでん》

2021年3月11日　初版第1刷発行

[著　者]　大下英治《おおしたえいじ》

[発行人]　山口康夫

[発　行]　株式会社エムディエヌコーポレーション
〒101-0051　東京都千代田区神田神保町一丁目105番地
https://books.MdN.co.jp/

[発　売]　株式会社インプレス
〒101-0051　東京都千代田区神田神保町一丁目105番地

[印刷・製本]　中央精版印刷株式会社

定価はカバーに表示してあります。

【カスタマーセンター】
造本には万全を期しておりますが、万一、落丁・乱丁本などがございましたら、送料小社負担にてお取り替えいたします。お手数ですが、カスタマーセンターまでご返送ください。

■落丁・乱丁本などのご返送先
〒101-0051　東京都千代田区神田神保町一丁目105番地
株式会社エムディエヌコーポレーション　カスタマーセンター
TEL：03-4334-2915

■書店・販売店のご注文受付
株式会社インプレス　受注センター
TEL：048-449-8040／FAX：048-449-8041

●内容に関するお問い合わせ先
株式会社エムディエヌコーポレーション　カスタマーセンターメール窓口
info@MdN.co.jp

本書の内容に関するご質問は、Eメールのみの受付となります。メールの件名は、「自民党幹事長　二階俊博伝　質問係」とお書きください。電話やFAX、郵便でのご質問にはお答えできません。ご質問の内容によりましては、しばらくお時間をいただく場合がございます。また、本書の範囲を超えるご質問に関しましてはお答えいたしかねますので、あらかじめご了承ください。

ISBN978-4-295-20105-2　C0031